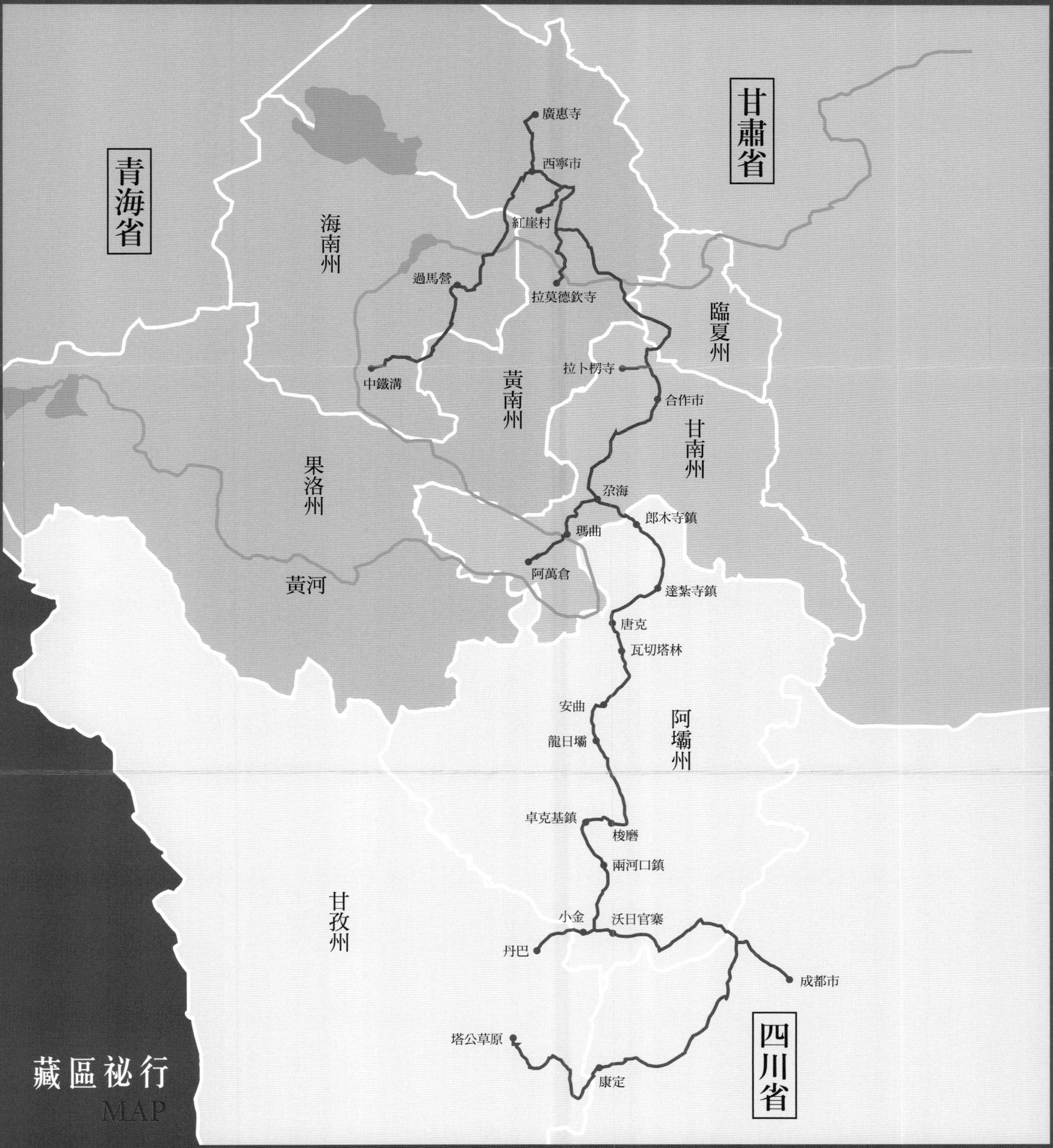
藏區祕行
MAP
青海省
甘肅省
四川省
海南州
黃南州
果洛州
甘南州
臨夏州
阿壩州
甘孜州
黃河
廣惠寺
西寧市
紅崖村
過馬營
中鐵溝
拉莫德欽寺
拉卜楞寺
合作市
尕海
郎木寺鎮
瑪曲
阿萬倉
達紮寺鎮
唐克
瓦切塔林
安曲
龍日壩
卓克基鎮
梭磨
兩河口鎮
小金
沃日官寨
丹巴
成都市
塔公草原
康定

旅伴：X 和 H 在梭磨河的吊橋上

旅伴：KD、J 和 Moma

瓦切塔林

梭磨河邊的西索村

草原上的母子倆

唐克—黃河第一彎

1958 年之前的合作寺

米拉日巴佛閣，卓尕措自焚抗議處

練習金剛舞的年輕僧侶

夏瓊寺廢墟

藏在閉關洞裡的達賴喇嘛照片

鎖在大殿裡的達賴喇嘛照片

達賴喇嘛出生處，如今改建為小佛堂，右側為達賴喇嘛鍍金塑像

第十四世達賴喇嘛故鄉青海省平安縣紅崖村

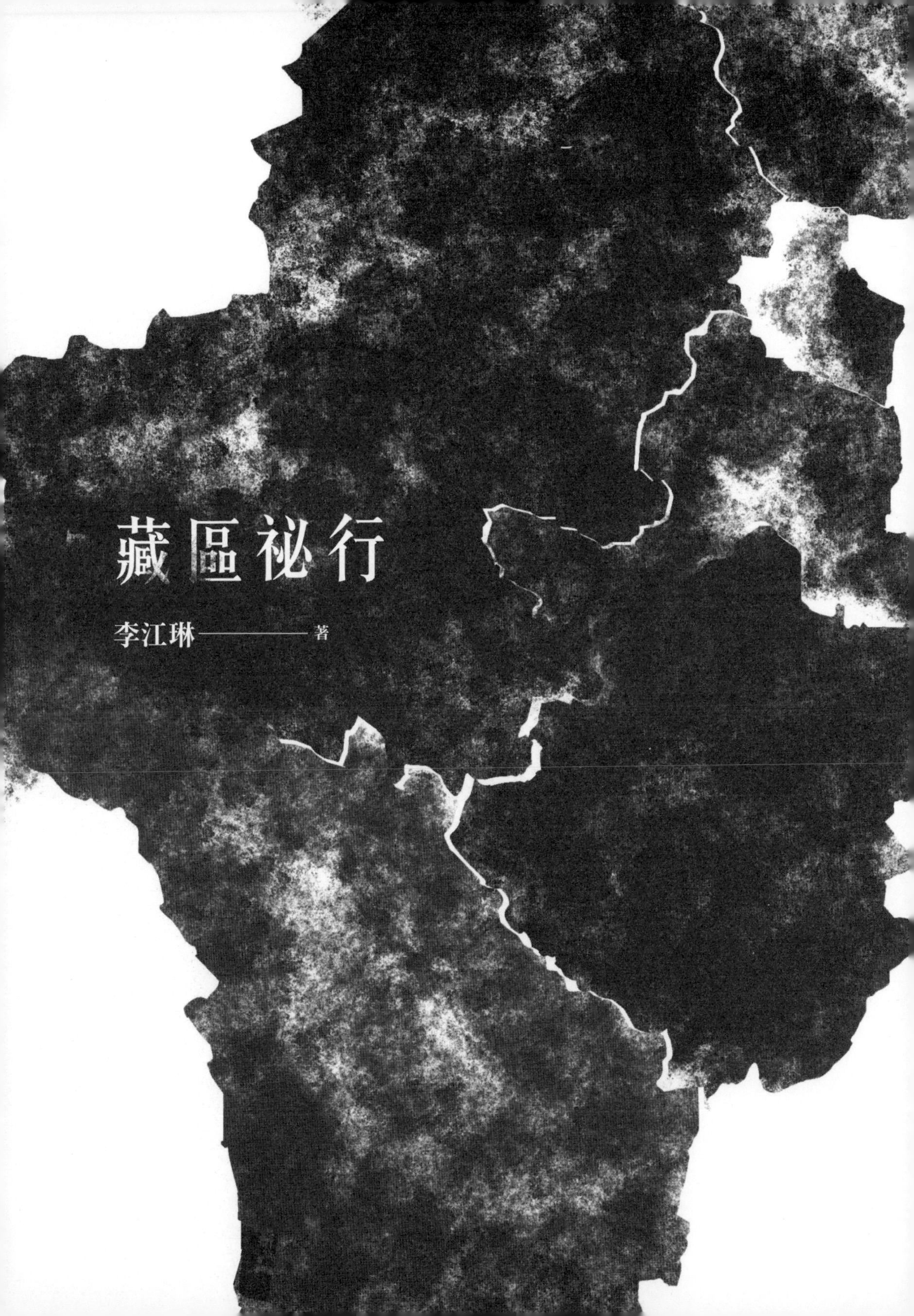

藏區祕行

李江琳——著

祕行緣起

為了研究一九五〇年在西藏三區發生過的一系列重大事件，幾年來我在美國、台灣、印度、香港等國家和地區的檔案館裡收集資料，並五次前往印度，在印度、尼泊爾的十七個西藏難民定居點採訪了幾百位來自西藏三區的第一代流亡者，以親歷者的口述歷史作為文獻記載的佐證。幾年努力的成果，是《一九五九：拉薩！》和《當鐵鳥在天空飛翔：一九五六—一九六二青藏高原上的祕密戰爭》這兩本書。

二〇一二年六月底，紐約炎熱的夏季剛剛開始，我完成了《鐵鳥》的最後校訂，並與台灣聯經出版公司談妥出版事宜。

我隨即束裝返國。幾年中，我在印度做歷史調查的時間遠遠超過在中國的時間。研究告一段落後，我應當去陪伴高齡的母親。此外，我的內心深處始終有個願望：以研究者的身分返回歷史現場。我想在茫茫草原上，在蒼蒼藍天下，在浩浩黃河邊，對那些死在解放軍槍炮炸彈下的牧人、農民、商販、僧侶，老人、婦女、孩子的亡靈說一聲：歷史絕不會因掩蓋而消失，我已將你們的遭遇告訴了全世界。

想在二〇一二年的夏天裡進入藏區旅行並非易事。自二〇〇八年起幾乎遍及藏區的抗議事件發生後，目前行政規畫下的「四省一區」藏區形勢一直高度緊張。二〇〇九年，四川阿壩藏族自治州發生了第一起僧人自焚抗議事件，此後短短一年多時間裡，境內藏人僧俗自焚抗議事件多次發生。中國政府加強戒備、封鎖消息，藏區形勢因此更加緊張，持外國護照的旅行者被禁止進入西藏自治區，持續數月之久。旅遊旺季時，拉薩雖然向西方旅行者開放，但只能「團進團出」。在我逗留大陸期間，西藏自治區周邊四省的藏人被禁止進入拉薩。因此，我向「有關方面」提出去拉薩的申請立即被拒，倒也不出意料。

不過，我的研究重點是傳統的西藏三區之康和安多，即現今之四川、甘肅、青海、雲南藏區。除了某些「高度敏感」的地點，這些地區還是開放旅行的。因緣巧合，我無意中得到了一個在這些地區旅行的機會。

八月中旬的一天，我帶著簡單的行裝，把手機留在家裡，悄然而去。一路上，我和我的旅伴們儘量避開大城市，盡可能不出示自己的護照，以免引起「維穩部門」的注意，如此一來，我的藏區之行無形中成了一次祕密旅行。

幸運的是，一路還算順利，我有機會與許多普通藏人交談。我的「通行證」是我對藏區現代史的了解，以及數年前達賴喇嘛尊者給我的一份禮物。我將這份禮物揣在懷中，在適當的時間、適當的地點，將之呈現在偶然相遇的藏人面前。往往是在一聲低聲驚歎後，我當即被隨緣相遇的農夫、牧人、僧侶、體制內不同級別的藏人幹部引為「自己人」。在深山、草原、路邊小餐館、寺院一角、某家的佛堂、某人的客廳，在各種無法事先安排的地方，我與各種身分的藏人交談，了解該地的歷史與現狀，聆聽各階層藏人的心聲。

此外，我終於走到了《當鐵鳥在空中飛翔：一九五六─一九六二青藏高原上的祕密戰爭》中寫到的一些主要作戰地點：四川阿壩自治州紅原縣、若爾蓋縣；青海省海南藏族自治州興海縣中鐵溝，即「興海東南圍殲戰」的主要作戰地點；甘肅甘南藏族自治州瑪曲縣阿萬倉鄉，即青海久治縣康賽部落與甘南瑪曲縣阿萬倉部落聯合作戰處。在瑪曲歐拉草原的一座高坡上，我站在濛濛細雨中遠眺黃河對岸的平坦大草灘──極有可能，那裡就是「柯生托洛灘戰役」的戰場。從青海黃南自治州澤庫縣城到甘肅甘南自治州碌曲縣的途中，我無意中走進了夏河縣柯生鄉——《鐵鳥》中的人物之一，阿媽卓嘎吉的家鄉。

就這樣，在四省藏區，我與九寨溝、臥龍、花湖、黃龍等「國家級景點」擦肩而過，以一個旅遊者的身分，進行了一次特殊的旅行。我懷著極複雜的心緒，穿行於歷史與現實之中，在現實中窺見歷史的映射，又在歷史中看到現實的因由。

本書是這次旅行的記錄，書中圖片也是我在途中拍攝的影像記錄。由於眾所周知的原因，我必須隱去一些人的名字，以及我與他們交談的地點。

鳴謝

感謝X和J，沒有他們的慷慨相助，這次旅行不可能實現。感謝H與我同行，並協助我採集資料。一路上，許多素昧平生的漢藏朋友給我以種種幫助，使我得以順利完成此行；許多與我只有一面之緣的農夫、牧人、僧侶、企業家、體制內幹部為我提供了歷史和現實的資訊。感謝得榮．澤仁頓珠先生在百忙中與我們暢談西藏歷史。感謝青海果洛藏族自治州前州長達傑先生在生命的最後時段為我提供了寶貴資料。

謹此致謝。

目次

第一章
紅色旅遊背後的故事

走進阿壩

這一切始於一個電話。

二〇一二年七月底，我在南昌的家裡陪母親。一天，朋友X從上海打來電話，問我想不想跟他和他妻子J，還有他們的兩條狗一同開車到西南西北兜一圈？他說他知道我最近幾年在研究西藏近現代史，可是一直沒機會去藏區，他正好有事要到西南西北走一趟，他的越野車有兩個空位，我還可以帶個朋友：「以你為主，你想去哪就去哪。那一帶我開過幾個來回，路很熟。」他說：「去九寨溝、四姑娘山、海螺溝轉轉也行，時間不限。」

難道會有人對這樣的機會說No嗎？

「沒問題，沒問題，就這麼定了！」我連聲回答。

「在成都會合好不好？你什麼時候能到成都？」X問我。

事不宜遲，我當機立斷，告訴他八月上旬的某日。X剛掛斷，我立馬撥通我的研究夥伴H。他這會兒正在北京，挨個兒跟多年不見的老朋友們把酒敘舊呢。

「老兄，趕緊打道下江南，越快越好！」我在電話裡大嚷：「咱們要去藏區啦！」

一個禮拜後，我背著背包，拖著跟我跑了好幾趟印度的破旅行箱去火車站。旅行箱裡除了「極簡派」旅行者的必需品，還有兩件緊急添置的禦寒衝鋒衣；背包裡裝著筆記型電腦、幾張公路交通地圖和分省地圖冊。H的背囊裡裝著數位攝影機、照相機、錄音筆、各種充電器。此行乃是「低調潛行」，為了不引人注意，我們把肩扛式攝影機留在家裡，只帶小型數位攝影機。

就這樣，我們倆登上南昌去成都的火車，直奔大西南。

離家前，我們攤開地圖商量旅行路線。這兩年藏區自焚事件頻發，氣氛很是緊張。朋友們那裡傳來各種消息，有的說只要不去拉薩，別處沒問題；有的說阿壩、甘孜到處都是檢查站，去年曾有西方記者悄悄溜進阿壩，偷拍了一些「有關方面」不願公諸於世的鏡頭，因此各地盤查很嚴。去年我認識的一個小青年開車去甘孜玩兒，半路上在推特上發了幾張略微「敏感」的照片，結果警察很快循蹤而來，把他押到局子裡審了一番，雖然不到二十四小時就把他放了，但把他嚇得夠嗆。

消息傳來傳去，可是誰也說不準目前在藏區旅行的狀況。我們判斷藏區當下的狀況很可能是「外鬆內緊」，只要我們小心謹慎，不暴露「老外」身分，或許可以蒙混過關。可是住店必須出示證件，那只好見機行事了。

考慮到種種可能性，H和我決定只定大致方向，不設具體地點，率性而行，隨遇而安。我們的主要目的是尋找一九五六—一九六二年中共在藏區進行戰爭的一些地點，以及當年毀寺留下的廢墟，這些都是重要的歷史資料。當然，只要到了藏區，我們觀察到的各種狀況、收集到的各種資料都是有價值的。

除了地圖，我的背包裡還藏著一個用哈達裹著的小紙包。這個小包來之不易，對於虔信佛教的藏人來說，它可是意義非凡。我堅信它是我在藏區的「特別通行證」，只要在適當的時間、適當的地點，向適當的人出示這個小紙包，一定會有意想不到的際遇。

八月上旬的一天清早，X駕著他的越野車離開霧氣茫茫的成都，駛上成灌高速公路。H和我坐在後座。一上車我就注意到後窗玻璃是茶色的，我們倆還戴著太陽鏡。我用胳膊肘碰碰H，笑道：「咱們怎麼弄得像『深入敵後』一樣？」

他轉過臉，正色道：「別瞎說。記住，我們是自駕遊客！」

我們的行李綁在車頂上，行李艙讓給了X和J的「犬子／女」：一黑一黃兩條拉布拉多狗。黑的是「姑娘」，名叫KD，黃的是「小子」，名叫Moma。KD體型中等，脖子上繫著一條紅色三角巾；Moma是條巨無霸，又大又胖活像只熊。初次見到它們倆時，KD矜持地過來嗅嗅我的腿，然後轉身就走。Moma卻甩著尾巴樂顛顛地朝我撲來，嚇我一大跳不說，還險些把我撲了個跟頭。這會兒KD安靜地臥著，Moma蹲在我身後，張著大嘴呼哧呼哧地對著我的後脖頸哈氣。

四人二狗就這樣開始了藏區之行。

我們的第一站是四川阿壩藏族自治州小金縣。

阿壩是個此前我從未到過，卻相當熟悉的地方。過去幾年裡，我從若干個圖書館、檔案館、電子書庫中收集到很多有關阿壩的資料。好幾度春夏秋冬，我枯對電腦，仔細梳理資料，漸漸理出阿壩近現代史中的幾個層面。這些層面彼此勾連，糾結成錯綜複雜的網。這是一張透明的網，它無處不在，但遊客們難以感知。

小金在阿壩州南部，邛萊山脈西側，西臨甘孜藏族自治州的丹巴縣，南接甘孜州康定縣和雅安市所轄之寶興縣。從成都到小金將路過臥龍、四姑娘山等著名景區，從這條遊客眾多的路進入藏區，似乎是某種「順理成章」。不過，我們四人在成都就達成共識：不去任何被政府圍起來圈錢的自然風景區。

距都江堰不遠處，越野車拐下都汶高速，再轉三〇三號省道，鑽進雲霧繚繞的山區。不久，路邊蒼鬱的山坡上出現一塊大石頭，上書「映秀鎮」三個紅色大字。這是阿壩藏族羌族自治州汶川縣。

在阿壩境內看到的第一塊路牌，指示的是附近的幾個旅遊景點：汶川大禹文化旅遊區，汶川熊貓生態文化旅遊區、天地映秀、水磨古鎮、水鄉藏寨。這塊路牌提醒我，阿壩如今是中國最熱門的旅遊點之一。今夏，我的親友中有兩人曾到九寨溝旅遊。不過，他們說的是「到四川的九寨溝去玩了一趟」，並未意識到原名南坪縣的九寨溝縣，歷史上屬於「西藏三區」之安多，他們在不經意間到了藏區一角。

從成都到小金縣城美興鎮（Meshin）約三百公里。三〇三號省道是通往臥龍和四姑娘山景區的必經之路，為控制車流和人數，這條路單向放行，雙日進，單日出。那天恰逢單日，一長串車被警察堵在路口檢查站前。X掏出手機打了幾通電話，一個多小時後，一個警察走到我們車邊，揮手放行。J在路口的檢查站登記，我們駛入三〇三號省道，公路折向西南。

三〇三號省道經過二〇〇八年五．一二大地震的區域，那一段的路況極糟。公路先是在大地震中嚴重破壞，重建的路段又常被泥石流掩埋，常年處於維修狀態。

一塊路牌一閃而過，我瞥到「馬爾康」三個大字。我突然意識到，這裡是嘉絨藏區。

「嘉絨」這一名稱的來源有不同說法，有的說來源於地名，即與藏區四大神山之一的「嘉爾莫爾多山」，即「墨爾多神山」相關。通常認為「嘉絨」指的是圍繞墨爾多神山，方圓千餘里的地區。生活在這一地區的部族稱為「嘉姆擦瓦絨」，簡稱「嘉絨」。據《安多政教史》記載，嘉絨地區是被譽為「佛教長城」的察瓦三部落領地，嘉絨人為吐蕃帝國原初氏族之一「紮族」的後裔。嘉絨人有獨特的方言和服飾，一九五三年之前，這個族群一直被視為「嘉絨族」，直到一九五四年才被政府「識別」並劃歸為藏族，因而出現了「嘉絨藏族」這個名稱。

一老一少兩個嘉絨人的面容浮現在我腦中。老的人稱「嘉絨丹增」，是一名「四水六崗」老遊擊隊員。那是二〇一〇年，我在印度北方德拉東西藏難民定居點找到他。那天，定居點圍牆外的一個印度家庭正在舉行婚禮，在印度女歌手歡快的歌聲中，嘉絨丹增對我敘述了自己青年時代驚心動魄的經歷。少的是一名來自馬爾康的年輕僧侶。他少年出家，經歷了二〇〇八年席捲整個藏區的抗議事件，目睹自己寺院的僧侶被軍警打傷。阿壩的形勢恢復到岌岌可危的平穩後，他逃到印度，在達蘭薩拉的一座寺院習經。兩年前，我在寺院遇到這個年輕僧侶，問起家鄉，他說：「馬爾康。」我說：「是嘉絨！」他含笑點頭。

現在我終於來到了嘉絨。車窗外閃過一個個路牌，上面的地名彷彿一個個歷史碎片，記錄著往昔的故事。許多我熟知的地名已不復存在，與這些地名相連的故事和事件，則被深深掩藏，只留在未公開的史料，以及族群和家族的集體記憶之中。

我望著窗外峻峭的山嶺，這些峰巒溝澗不僅是一些著名風景名勝、世界文化遺產所在地，也不僅是一些歷史重大事件的發生地；這一帶不僅是「熊貓的故鄉」，更是一個族群世代繁衍生息的樂土。

越野車在崇山峻嶺中穿行，公路伴著一條水流湍急的河。這條河有個奇怪的名字，叫做「燒湯河」。或許是因為河水白浪滔滔，如同燒得滾開的水。

不少路段數日前剛被泥石流掩埋，推土機把大堆濕泥推到路邊，清出勉強可供兩車交會的通路。碧綠山體上掛著一道道灰褐色土石，那是天崩地裂留下的痕跡，好像一道道傷疤，記錄著一個讓歷史定格，時間凝固的事件。一堆堆砂石從山坡滑落到河裡，河流因之改道。有個拐彎處塌下一段扭曲破碎的水泥板，原先的路面半泡在河裡。一處路邊歪斜著兩座房子，三層樓房仰面後傾，平房一頭高一頭低，像孩子們順手扔在地上的玩具。

過了地震區，路況開始好轉。過了臥龍鎮，前方就是海拔五千零四十米的巴郎山。越野車駛上盤山公路，山越來越高，路越來越險，海拔高度急速上升。公路之字形盤旋而上，植被從森林漸變為高山草甸。在車裡聽不到風聲，只見路旁草葉低伏，空中灰雲翻卷。風化的山體砂石鬆軟，不時有飛石墜落路中，汽車好幾次險些撞上公路中央新近落下的大石塊，所幸X駕駛技術高超，一路有驚無險。

山頂的埡口是遊人必停之處。公路在這裡繞出個大迴環，從上山驟變為下山。迴環的轉角處豎著一塊由三塊方形岩石壘成的石碑，上書「熊貓王國之巔」幾個大字。站在崖邊可見山谷裡的幾座藍頂工棚，那是巴郎山隧道施工地點。隧道開通後，遊人不必通過海拔四千四百八十一米的埡口了。可是，不到海拔三千米以上，你就感受不到高原特有的氣息。

我拿出相機對準山崖邊一簇紫色野菊花，正要按下快門，背後突然傳來尖利的警笛聲。急轉身，幾輛警車呼嘯而過。

剎那間，我回歸到另一種真實：阿壩州是最近兩年中發生藏人自焚事件最多的地方。

警車過後，四人二狗重新上車。望著警車遠去的方向，我說：「各位，我們現在來到了安多。」

沃日官寨：一個末代土司的傳說

翻過巴郎山不久就是日隆鎮，也就是昔日的「日隆關」，歷史上曾是從漢地進入嘉絨的咽喉要道。我們在河邊一個農家小店吃午飯。河不寬，水流湍急，對岸河谷是大片平緩山坡。我翻開《四川公路里程圖》，圖上顯示這條河名叫「沃日河」，再看《四川省地圖冊》裡的小金縣地圖，這條河卻叫「達維河」。是同一條河不同河段的名稱，還是地圖標識錯誤？

我把這事兒告訴H。他坐在長條板凳上，端著瓷碗一邊喝茶，一邊欣賞河谷風光，頭也不回地對我咕嚕幾句，大意是叫我別隨時隨地犯「職業病」，這條河的名字無關緊要，不必考證。

日隆鎮前方是達維鄉，過了達維就是我想去的一個歷史遺存：沃日土司官寨。

午飯後，四人二狗各自上車坐好，X一踩油門，越野車沿著沃日河（又名「達維河」）飆去。

不久，河兩岸出現兩座塔形建築。一座是杵在公路邊的水泥方柱，面朝公路的一方寫著一行字：沃日官寨村。水泥柱後，隔著激流滾滾的河，以崎峻山峰為背景，一座精緻的三重簷建築旁邊，高高聳立著一座四角碉樓。公路旁邊，一座水泥橋直接通到碉樓下。

我站在橋頭，隔河觀察官寨村。村子建在植被良好的緩坡上，綠油油的樹林裡露出一簇簇絳紅色加白點邊緣的藏式平頂房。這些房子的牆是片石加粘土砌的，它的一大特點是石頭的顏色和尺寸不均勻，有天然樸素的美感。可是，一些房子的正面卻貼了一層新的青灰色磚，顯得呆板單調。

我的目光落在一座臨河大屋的石牆上。這是一座新近整修過的藏式平頂樓房，原先的木窗換成了木雕玻璃窗，房頂四周的絳紅和白色方塊是新近粉刷過的。房子的四角用白粉刷出三角形，整面牆因而形成一個方框，方框中央畫著一個大大的卍符號。這是左旋萬字符。「萬字符」是個古老的神祕符號，雖然它已是一個流傳甚廣的佛教象徵，但在許多古老文化中都有左、右旋的萬字符。這個符號藏語稱為「雍仲」，左旋雍仲常常與藏人的本土信仰苯教相關。根據《嘉絨十八土司》中的記載，沃日土司源自一個苯教巫師家族。

與橋相連的公路把村莊分成兩半，碉樓對面有片空蕩蕩的水泥廣場。走向廣場，我看到兩個醒目的宗教象徵。正對面的石牆上畫著一個大大的白色日月符，符號下方，左右各有一個左旋萬字符。牆的左前方豎著一個金色蓮花法輪塔。廣場旁邊有幾座房子連成一排，牆上的左旋萬字符中央砌了一塊塊八角形水泥塊，上面畫著法輪、吉祥結等佛教圖案。房頂白色三角石堆旁飄著一面藍色旗幟和一面五星紅旗。

看來苯教、佛教和「愛國主義」這種「新宗教」在昔日的土司官寨裡和平共處，至少表面上是這樣的。

廣場的另一側豎著一塊旅遊景點特有的牌子。通常這類牌子會介紹該地歷史和基本情況，果然：

官寨村簡介：官寨村位於小金縣城東部，轄三個村民小組、一百七十一戶六百三十四人。距縣城十八公里、距四姑娘山景區三十五公里。保存完好的沃日土司經樓和碉樓，始建於清代早期，屬州級文物保護單位；頭龍燈碉的殘垣斷壁，是乾隆征戰大小金川古戰場址。該村為小金蘋果盛產地之一。

沃日鄉以災後重建及旅遊精品村建設為契機，立足優勢資源，大力挖掘和宏揚本土文化，傾力村寨基礎設施的建設，充分挖掘並合理利用厚重的歷史文化、土司文化和民族民俗文化元素，著力產業結構調整，發展庭院經濟，培育民居旅遊、休閒娛樂與體驗旅遊項目，是小金旅遊又一道亮麗的風景。

金川之役導致大小金川地區人口由二十多萬降至不到十萬，清政府於是在這一帶實行屯兵制，並鼓勵漢、回農民來此墾荒，這一帶遂成民族雜居區，文化上自然也相互影響。這座精緻的土司經樓為三重簷攢尖頂，覆蓋小青瓦，樓層之間的牆壁上畫著宗教壁畫，三樓還有一道轉經廊，是典型的漢藏結合式建築。然而，四周的民居卻是清一色的絳紅邊加白點的藏式平頂屋，這並非嘉絨民居的特色。

這道風景過於亮麗了，亮得不像是真的，好似舞台上的布景。

不過，這裡確有厚重的歷史和「土司文化」。

歷史上嘉絨地區曾由十八位土司管轄，統稱「嘉絨十八土司」，十八土司各有領地和屬民，按照世襲制度傳承。土司家族互相聯姻，時打時和，形成錯綜複雜的關係網。沃日土司是十八土司之一，其領地包括今日隆、達維、沃日、日爾等鄉。沃日土司還有個滿語名字，叫「鄂克什土司」。這個名字源自一七六四年，因當時的沃日土司協助清兵征戰大小金川，被封二品頂戴，易名「鄂克什」。不過，當地還是習稱其為「沃日土司」。

乾隆四十一年（一七七六），清兵第二次征服大小金川後，在小金設美諾廳，在大金設阿爾古廳。三年後，二廳並為懋功廳，下轄「五屯二土」，「二土」即沃日土司和綽斯甲土司。沃日土司屬五屯中的「懋功屯」，轄十六寨。民國期間，小金置懋功縣，但沃日土司及其地方自治的地位並未改變。就沃日土司而言，這一制度延續到一九五〇年代初。

小金地處群山峻嶺之間，地勢險要。乾隆皇帝征金川殊為不易，中共占領時稱懋功的小金縣亦非輕而易舉。一九五〇年九月初，解放軍兵分三路開往懋功，期間只有一路軍隊在今小金縣木坡鄉與當地漢民團發生過短暫衝突，另兩路未遇抵抗。三路部隊於九月十九日會師懋功縣城，宣布懋功解放。此後不久，在懋功一帶頗有勢力的沃日土司邀請第一任中共縣長到官寨，土司本人與百姓一同以歌舞歡迎。這也可視為沃日土司對新來的政權表示歸順。畢竟，歷史上沃日土司曾數次歸順強大的國家政權，以保有自己領地的自治。

可是，一九五一年一月，靖化和懋功兩縣爆發了一場長達半年的戰事，官史稱之為「靖懋叛亂」。這場戰事調動了相當數量的軍隊，還動用了投誠的國民政府空軍部隊空投武器、補給，此戰長期以來卻鮮為人知。其原因恐怕是因為這場軍事行動導致解放軍在懋功縣城三進兩出，換言之，懋功被「解放」了三次，解放軍曾兩度失利，直到第三次才算完成。這個軍事行動就是從沃日土司領地，現在的達維鄉開始的。

一九五〇年，第二十三代沃日土司的漢名叫楊春普。他生於一九〇六年，死於一九五七年；土司的太太漢名孫永貞，生年不詳。二人皆通藏漢語，土司受過現代教育，漢文程度頗高，但因患有精神方面的疾病，日常大小事務皆由其妻掌管。

有關沃日土司夫婦在這場軍事行動中的作用，資料中的資訊相互矛盾。《小金縣誌》中說土司楊春普被國民黨軍統特務周迅予授「反共突擊軍第三縱隊司令」職，但楊未接受，並暗示土司夫婦並未參與「靖懋叛亂」。可是有刊登在「內部資料」中的回憶文章，說孫永貞非但「積極策畫叛亂」，還率領「土匪」攻打縣城，迫使駐軍撤到丹巴，甚至立了一個懋功縣長。另有資料顯示，土司官寨是她的「叛亂指揮部」，官寨被解放軍攻破後，土司夫婦逃往松崗，在那裡被捕。此說若屬實，土司太太當時所做的，不過是率屬下兵丁要保護自己的寨子而已。

這些資料只有一點是一致的：戰事結束後，土司太太孫永貞被槍決。與她一同被槍決的，還有幾十名當地「匪首」。土司楊春普被判刑，一九五三年釋放，在一家雜誌做了幾年藏文編輯，一九五七年病逝。

十六年前的一九三五年六月，時年二十九歲的楊土司一定沒有想到，當一支衣衫襤褸的「紅漢兵」翻過夾金山，進入他的轄地達維之後，他的命運將會發生如此巨變。

沃日土司從此退出歷史舞台。

這個漢名孫永貞的嘉絨女子是個什麼樣的人？在勝利者書寫的歷史裡，末代沃日土司太太被描述成罪大惡極的「土婦」，但有關她的個人資訊相當有限。零星資料顯示，她是楊春普的第二任妻子。一九三七年，第一任土司太太病故後，楊春普愛上這個容貌姣好的牧女，欲娶她為妻，可是，她的父親只是個小小的地方頭人，與楊土司門不當戶不對，土司轄下「百姓不服」，商議鬧事，差點兒把土司的婚事攪黃了。當時的懋功縣長岳九成聽說了這件事，當眾舉行儀式收她為義女，以此方式提高她的身分，二人才得以成婚。

十幾年後，這個出身寒微的女人被命運推到時代的風口浪尖。她對國共兩黨的中原逐鹿有多少理解？她是一個盡力保衛自己家園的女人，還是如資料所說是個「瘋狂攻擊新生人民政權」，「不殺不足以平民憤」的「匪首」？半個多世紀後，這個女人被宏大的「革命敘事」淹沒，她的命運無從考證。

在土司經樓對面的廣場上，我遇到一個滿頭白髮的村民。我向他打聽末代土司太太的情況。「靖懋叛亂」發生的時候，他只是個小孩子，他說，他不記得土司太太的模樣，只聽說她「是一個很厲害的女人，會雙手打槍」。

沒有資料提到這點。可是，一個生逢亂世，夫弱子幼的女人，要想守住家業，保護家人，管理十六個寨子，不「厲害」行嗎？

沃日土司官寨與它的主人一樣命運多舛。

一九〇八年，末代沃日土司兩歲時，一個名叫厄內斯特．亨利．威爾遜（Ernest Henry Wilson）的英國植物學家來川西考察。某日，這個洋人站在河邊，隔河拍了幾張官寨照片。

威爾遜留下的照片上，沃日土司官寨是一個修築在河邊的城堡式建築群，四周有四座碉樓，其中一座塗成白色，週邊有一道石牆，似乎還有寨門。威爾遜看到的經樓不是一座，而是兩座。這兩座經樓均為三重簷攢尖頂，有一道封閉式迴廊。寨子週邊的房屋均為方形片石建築，房頂邊緣、屋頂四角的石堆和窗子四周塗成白色。這才是嘉絨藏式民居。寨子中央有座兩層木結構漢式建築，不知是否當時的「土司衙門」。官寨背後

圖1-1：厄內斯特．亨利．威爾遜在一九〇八年拍攝的沃日土司官寨

的山坡上還有一組建築，據說是土司的家廟。

威爾遜留下的照片看不到官寨細節。一九三五年，時任中央政治保衛局祕書的童小鵬在日記裡這樣描述沃日土司官寨：「……中有一喇嘛寺，規模之大為舊時建築之所未見，有樓三層，樓上佛堂布置得莊嚴堂皇，且很清潔，中座係土司之辦公室，也很闊氣。」

接下來的歲月裡，沃日土司官寨從歷史中淡出。一九三〇年代，攝影家莊學本西部考察似乎未到懋功，他留下的照片裡未見沃日土司官寨。

大概在一九九〇年代，西部旅遊成為一大熱門。古老的沃日土司官寨開始引起「驢友」們的注意。在一張攝於二〇〇四年的照片裡，我又看到了沃日官寨。這時的官寨已是面目全非。中央的「衙門」狀建築、一座經樓和三座碉樓不見了，最高的碉樓孤零零地立著，陪伴年久失修的經樓。官寨周邊的藏式民居還在，這些湮沒在果園和荒草中，沒有任何裝飾的房子看上去十分怪異。

我將這張照片與威爾遜留下的照片比較才看出，原來藏式民居上的白石堆全部消失了，外牆上沒有任何裝飾，有的牆上露出大洞，有的屋頂上冒出青草。荒草叢生的藏式民居中央，凸出一片漢式大斜坡青瓦屋頂，看上去像某種基層政府機構的辦公處。「城頭變幻大王旗」的滄桑一覽無遺。

大約從二〇〇六年起，沃日土司官寨開始「亮麗」起來。古老的民居全部經過修整或是重建，屋頂上又壘起了白石堆，外牆上下、窗子四周塗上了白色，牆上畫著日月符號和左旋萬字符。藏式民居圍繞下的漢式建築顯得面目平庸且缺乏靈氣。

如今，那些斜坡式青瓦屋頂蕩然無存，它們曾經存在的地點，現在是一片廣場，以及一排新修的漂亮藏式房屋。經過又一番整修後，今日的官寨村並不是一個嘉絨藏寨，是個為迎合國人的「香格里拉情結」而訂製的村子，還是「小金紅色旅遊路線上的一個重要景點」。

我問那位村民：「還有一座經樓呢？」

「五八年拆了。」他說。

一九五八年，「宗教制度改革」運動席捲藏地，無數寺院被毀。那一切發生的時候，楊春普夫婦已不在人世。沒有親眼看到祖先留下的精美經樓在他眼前化為瓦礫，對通曉藏漢文化的末代沃日土司來說，未嘗不是一種幸運。

「土司家廟還在嗎？」

老人指著碉樓背後，公路拐彎處的山坡：「在那裡。」

順著他的手指，我看到山坡下的一座廢墟。

官寨村既沒有展示「厚重的歷史文化」，也沒有展示真正的「土司文化」。它只是在末代土司夫婦死於非命半個多世紀後，對一段被湮沒的歷史、一種已摧毀文化的「合理利用」。

「走吧。」我對H說：「這不是沃日土司官寨。這只是一個政府投資建造的精品旅遊村。」

圖1-2：土司家廟已成廢墟

達維——小金：兩軍會師處

在日隆鎮吃過午飯，四人二狗直奔沃日。十來公里後，前方路邊出現一座紀念碑。X踩了一下剎車：「紅軍會師紀念碑。要不要看？」

達維會師紀念碑！我突然想起來，阿壩不僅是熱門旅遊區，還是著名的「紅色旅遊勝地」呢。決定進阿壩的時候，我一心想的是重返一九五六－一九六二年的歷史現場，完全沒有意識到只要進入阿壩，我就註定了要「重走長征路」，回到另一段歷史的現場，而且這兩段歷史密切相關。紅軍北撤途中，停留時間最長的地區就是川西北藏區，那也是中共與藏、彝、羌、苗等非漢民族的初次交往。這期間發生的事件，很大程度上影響到了後來中共與這些民族的關係。

我還沒來得及回答，紀念碑一閃而過。我看到紀念碑下有條小路通往一道小橋。那一定是「會師橋」了。

圖1-3：今日的沃日土司官寨其實只是個精品旅遊村

一九三五年六月十二日，就是在這裡，紅軍第一方面軍先頭部隊與紅四方面軍接應部隊偶然相遇。這次相遇的最終結果之一，是張國燾與毛澤東分道揚鑣。兩軍會師時，作為中央紅軍的紅一方面軍衣衫襤褸，狼狽不堪，而紅四方面軍雖算不上兵強馬壯，但人數、裝備和部隊的整體狀態比中央紅軍好得多。然而，僅僅一年多之後，情況陡然翻轉。

當然，兩軍在懋功相遇，將士們興高采烈地期待「蘇維埃革命的高潮」時，他們都不會想到歷史將會朝哪個方向發展。

我倒想去看看達維寺。我讀過的長征資料裡，幾乎都把這所寺院稱為「喇嘛寺」。

這座寺院當年想必是個很大的寺院。相遇後的兩支部隊就駐紮在寺院裡，在寺院的辯經場兼講經場上舉行了一個萬人會師大會。大會由周恩來主持，毛澤東、朱德等人在會上講了話。官方出版物常說，舉行會師大會時，當地百姓「載歌載舞」歡迎紅軍。可是，據近年出版的紅軍日記記載，紅軍到達時，達維的民眾「受國民黨反動派的挑唆，大多都逃到山中去了，村裡只剩下些老弱」。紅一先頭部隊離開後，後續部隊一批批經過，等到殿後的陳伯鈞部住進達維寺時，寺院已被絡繹不絕的軍隊弄得污穢不堪。

此後，這座寺院屢遭劫難。紅軍走後，寺院燒毀，據說是被尾隨而來的國民黨軍隊燒的。三年後，沃日土司和當地民眾集資重修，但規模遠不如前。在一九五八年的「宗教改革」中，達維寺亦未能倖免，寺中僧侶絕大多數被遣回家鄉。文革期間，達維寺遭到嚴重破壞。現在作為「紅色景點」的達維寺是一九八〇年代初重建的。

我轉頭注視河對岸的山峰。那就是夾金山吧。在海拔已有三千米左右的地方，四千一百多米的夾金山看上去並不高。未來的上將陳伯鈞在日記裡寫道：「夾金山並不高，路亦寬……」對紅軍來說，困難的不是山的高度，而是上山時突發的風雪和高原反應，不少人因此倒下。陳伯鈞在途中看到多具無人掩埋的屍體，想到當地疾病和問題必會因此增加。他不幸言中。

紅一方面軍主力從達維出發，當天到達懋功城，殿後的陳伯鈞部則在沃日土司官寨住了一夜。其時，沃日末代土司楊春普已攜家眷隨從逃到灌縣去了。

幾個月後，與紅一混編後稱為左路軍的這支部隊奉張國燾之命，反紅一之路而行，在「打到成都吃大米」的口號激勵下，以四川人為主的官兵翻越夾金山，朝成都方向開進。

他們沒能打到成都。左路軍兵敗百丈關，不得不掉頭北上，再次翻越夾金山，就此踏上不歸路。

車拐了個彎，河邊出現一座白塔，快到小金縣城了。

白塔下方有座古怪的四方形

圖1-4：紅軍會師紀念碑

建築。石砌平台，上面畫著右旋萬字符和蓮花紋，四角豎著白色小尖塔。平台後面還有個錐形牌，整個石台看上去像一把石砌大椅子……車過公路橋，幾道生銹的鐵索橫過河上，鐵索上掛著一條條紅色經幡，像無數面小紅旗懸在河上。原來「大椅子」是鐵索橋的一端。

路邊掠過一塊綠顏色的小牌子，上面寫著三個醒目的紅字。我連忙大叫：「停下停下！這是猛固橋！」

這道鐵索橋是一個著名「紅色景點」。張國燾的部下在達維與紅一方面軍先頭部隊會合後，紅一在幾個緊要關隘留下守軍，大部隊先後開往懋功縣城。從達維到縣城，他們經過官寨和老營，路線跟現在的公路差不多。進城前，他們必須經過這道鐵索橋。六月十五日，毛澤東、朱德、周恩來等到了橋頭，後來的國家主席李先念率部在此地迎接。如今橋頭豎著塊約一米高的石碑，記載這件事。

紀念碑上沒有記載的是：七月初，陳伯鈞部到達老營時，遭遇了「夷匪」，也就是當地彝人或羌人的部落武裝。兩方隔橋對峙，紅軍架起迫擊炮，朝「夷匪」轟了幾炮，未打中。次日，幾支紅軍部隊從不同地點對那些部落武裝包圍合擊，大獲全勝，不僅「斬獲二、三十人」，還「不分階級的亂殺平民十餘人」。在藏區，民眾紛紛躲避紅軍，他們所到之處十室九空，究其原因，未必全是因為「國民黨反動派造謠」，而是類似事件造成的恐懼。

在陳伯鈞日記裡，這是首次與「夷匪」作戰。此後他多次記錄與「番匪」、「番反」、「蠻匪」的戰鬥，這些戰鬥常常發生在紅軍「打糧」、「籌糧」的過程中。

猛固橋是兩河相匯處，從四姑娘山發源的沃日河與小金以北奔來的撫邊河在此相遇，合流而為小金川。小金縣這個名字，或許得自河名，而「小金川」之名，是因河裡盛產砂金。不過，「小金」只是現代行政架構中的地名，它的歷史只有幾十年。對世居此地的嘉絨藏人來說，這裡名叫「贊拉」（Tsenlha），曾是十八土司之一贊拉土司的轄地。「贊拉」這個名字是苯教中的凶神，以凶神為名的土司，一定有某些傳說，不知是否流傳下來了。

公路緊貼著山拐了個彎，突兀地把一個巨大的宣傳牌推到我眼前。青山碧水的畫面上，紅色大字寫著「發展為要　穩定為重　民生為本　團結為根　黨建為基」，這是中共小金縣委的宣傳牌。緊接著，路邊擋土牆上又是一條綠色大標語。標語太長，剛看到「穩定低生育水準」幾個字，下半截就被汽車甩到了後面。

公路從山腰盤到溝底，進入城區。美興鎮地形雖然逼仄，但城裡街道上下縱橫，人來人往，也很熱鬧。小金早已是民族雜居區，可是人們的衣著卻缺少色彩和民族特色。在一片式樣雷同，顏色單調的藍、黑、灰色中，兩個女人的背影吸引了我的目光。她們穿著黑色緊身短袖鑲邊上衣，黑色鑲金邊繡花長裙，頭戴粉紅和黑色繡花頭帕，一條金黃色的穗子從耳邊垂到肩下。這是嘉絨藏服，此前我只在圖片上看到過。如果每個民族的成員都在日常生活中穿著自己的服裝，突破目前這種「以漢族為中心的民族大團結」模式，這座有十來個民族的山中小城一定會有天然的獨特風韻，不需刻意用「民族元素」來展示「民族風情」。

正想著，H說：「看那邊。」

我轉頭，只見一座陡峭的山峰。順著山朝下望，可見一節鐵銹紅色的紀念碑。紀念碑後面的山坡上，塑著一面展開的紅旗，旗子左上角的白色五角星中央，畫著黑色的鐮刀斧頭圖案。這是紅軍軍旗。

幾分鐘後，我們到了紀念碑前。

紀念碑豎立在一片不大的廣場中央。碑的主體是兩座鐵銹紅色斜頂方柱，靠近頂部的地方，一個圓形銅牌將兩根石柱連接在一起。石柱一高一低，高的上面有行金字——「小金紅軍會師廣場」。高石柱顯然代表紅一方面軍，即中央紅軍，較低的代表紅四方面軍。石柱前面有兩個緊握雙手的紅軍雕像，他們頭戴八角帽，但衣著略有不同，低石柱前的穿著羊皮背心，高石柱前的背上背著斗笠，這是舞台和電影裡的標準紅軍造型。

中央紅軍於一九三四年十月從江西瑞金出發，至懋功會師時，他們走了快一年，人員從出發時的八萬多人減至二萬多人。這時候，張國燾、徐向前領導的紅四方面軍已經在四川通州、南江和巴中建立了一塊根據地，史稱「川陝革命根據地」。一九三五年一月，中央命令紅四南下策應中央紅軍，張國燾遂放棄根據地南下。

放棄根據地還有一個重要原因：徐向前回憶，紅四方面軍占領該地區後，在那裡「打土豪分田地」，剝奪商販財產，屠殺地主富農和擔任過保、甲長的農民，還大規模「擴紅」，使紅四方面軍人數從一萬五千多人猛增到八萬多人。這一切導致當地勞力缺乏，商業凋敝，糧食短缺，還發生了饑荒。與此同時，張國燾在紅軍內部大規模「肅反」，屠殺手下戰將，特別是知識分子。

紅四方面軍占據川北僅僅兩年零三個月後，那個地區就「民窮財盡」。軍隊不停地打仗，給當地民眾帶來極大災難，根據地變成「擠乾了的檸檬」，「要糧沒糧、要衣沒衣、要兵員補充沒兵員補充」；加上春荒在即，中央軍和劉湘的軍隊又將發起「川陝會剿」；紅四方面軍在其根據地無法維持下去，也沒有把握取勝，只好放棄根據地另謀出路。徐向前沒有在他的回憶錄裡提到，他們撤出這片「根據地」時，為了「堅壁清野」，派三個團擔任後衛，沿途大量燒毀民房。也就是說，紅四方面軍當時的狀況，與中央紅軍放棄江西根據地時的情況幾乎相同。中央紅軍原想投奔紅四方面軍建立的「川陝根據地」，繼而赤化全川，卻沒料到紅四方面軍自己也在尋找出路。

到懋功的第二天，六月十六日，中共中央在當時的懋功天主教堂裡舉辦了一個團以上幹部會餐和「同樂會」，即聯歡會。教堂還在原處，不過早已不是真正意義上的教堂，而是「全國重點文物保護單位」兼「四川省青少年革命傳統教育基地」。教堂中西結合的大門上有三個拱形龕，左右兩邊各有簡樸的浮雕十字架，中間的龕上依稀可見被塗掉的壁畫。兩個十字架中間掛著一條紅底黃字橫幅，上書「紅軍懋功會議舊址」。所謂「懋功會議」，並不是一個有實際內容的會，而是在這裡召開的聯歡會。在懋功的那幾天，毛澤東、周恩來等人就住在這座教堂裡。

這座教堂原屬羅馬天主教康定教區，由一個中文名叫佘廉靄的法國傳教士於一九一九年主持修建。有關佘廉靄的生平信息資料極少，我曾多方尋找資料，卻連他的原名都沒法確定，只知他在中國傳教三十多年，在小金辦過兩所學校和一間診所。一九五〇年解放軍進入懋功後，他被當作「帝國主義間諜」驅逐返國，以後情況不明。

這個法國人不僅帶來了聖經。他以醫傳教，將西方醫學帶到這個邊遠山區。他還帶來了葡萄種子，在這裡種葡萄，用自種的葡萄釀酒，開一時風氣之先。如今小金處處可見葡萄園，這個法國傳教士應是小金種葡萄的第一人吧。

丹巴印象

我們在小金計畫下一步路線。其實，在山高澗深的川西，我們沒有多少選擇，走哪條路取決於我們下一個目的地是哪裡。這倒不難確定：馬爾康。

我攤開四川省地圖，找到阿壩州的位置，一眼就看到橫貫阿壩的那條東西向紅線。順著紅線往西，是一連串熟悉的地名：馬爾康、爐霍、甘孜、德格、江達……我立刻氣餒：那是三一七號國道——川藏北線，再往前就是西藏自治區，但「有關方面」不給我「入藏證」，還言明不准我去西藏自治區，因此那條路我最多只能走到德格。川藏線以北呢？又是幾個熟悉的地名：色達、壤塘、班瑪、達日……也就是從阿壩或者甘孜進入青海果洛州。

我把這條線指給X看，他連連搖頭：「色達或者壤塘進果洛只能走縣鄉級公路。」他指著地圖上細細的紅線說：「路況很差，還得翻巴顏喀拉山。」

我翻開《青海省地圖冊》查了一下，從果洛到西寧還得翻阿尼瑪卿山。這條路看樣子有些難度。

X指著一條代表省道的黃線，建議走甘肅。順著他的手指，我看到那條黃線串起的幾個地名：刷金寺（原阿壩州首府）、紅原、麥窪（麥窪部落！）省道在瓦切附近轉向東，連接二一三號國道，然後……若爾蓋！一年前在紐約採訪格爾底仁波切的時候，他告訴我，若爾蓋格爾底寺是整個格爾底寺系統的母寺，自從阿壩格爾底寺發生了幾次僧人抗議和自焚事件後，若爾蓋格爾底寺情況不明。我們何不趁此機會去看看？從若爾蓋沿二一三號國道繼續向北，進入甘肅，我看到一個地名：瑪曲。我條件反射般想到一個相關地名：阿萬倉。

「好吧。」我對X說：「走甘南。先去若爾蓋格爾底寺，哦，就是郎木寺。」

接下來的問題是，從小金北上有兩條路，一條是從小金直接往北到馬爾康，另一條路是繞道丹巴，然後走丹巴、金川接川藏北線到馬爾康，我們走哪條路？

J勸我們走丹巴。從小金到丹巴不過幾十公里，何不拐過去看看著名的美女之鄉？地圖上，另一條路線經過撫邊、兩河、卓克基。X說兩河就是紅軍長征期間召開「兩河口會議」的地方，現在是個著名的「紅色景點」。

我們決定走丹巴。

從小金轉三〇三號省道西行，狹窄的山溝兩邊峰巒層疊，陡峭山坡上梯田散碎。小金川濁浪滾滾，河岸坡地上不時可見幾座石屋、小塊苞米地和微型葡萄園。路邊的蘋果樹上掛著青綠果子，田埂邊的南瓜開著黃花，捲心菜頂在兩尺多高的粗莖上懸空生長。在耕地稀缺的山裡，農民對土地的利用達到了極致。

新格是小金縣的最後一個鄉。公路邊有座新修的學校，戴著紅領巾的小學生三三兩兩站在路邊。不知道為什麼，每個孩子手裡拿著一支掃帚。我希望他們不是被派來清掃公路的，這太危險了。

我們在學校附近的一間小吃店門前停下。一進門就看到牆上兩張被煙熏黃了畫像。一張是毛、鄧、江和天安門城樓，另一張畫著一男二女三個盛裝藏人，女子手執銀壺銀盃，向掛著白哈達的胡錦濤敬茶，他們背後是高聳的布達拉宮。

「傳說中的『領袖像』。」我對H笑道。

他瞥了一眼「領袖像」，皺著眉，一言不發。

新格過去不遠，公路被一條橫杆攔住。在小金和丹巴交界處，我們遇到了第二個檢查站。X把車停到檢查站對面的路邊，囑咐我們不要下來。他和J跳下車，走到檢查站門口。隔著茶色玻璃，我看著一個穿制服的年輕人懶洋洋地走出來跟他們說話。幾分鐘後，J打開車門找出幾個證件，返回檢查站。穿制服的年輕人接過她的證件，伏案填寫。我拿起相機，H一把抓住我的手：「別自找麻煩！」

檢查站順利通過，我們進入丹巴。歷史上丹巴屬於丹東、巴底、巴旺三土司領地，「丹巴」之名即源於此。乾隆征金川後在這裡設置章穀屯，一九一三年民國政府設置丹巴縣，現在丹巴屬於甘孜藏族自治州。一九三五年十月，紅四方面軍在這裡建立了「格勒得沙蘇維埃聯邦政府」，隸屬「中華蘇維埃西北聯邦政府」，還建立了「格勒得沙革命黨」和「格勒得沙革命軍」。不過「西北聯邦政府」並未得到當時的中共臨時中央承認，後來還成為張國燾「分裂中央」的證據之一，被認為是長征史上的一個「黑洞」。如今這段歷史又被重新解說，成了中共「早期民族政策的典範」。鮮少提及的是，「丹巴番人獨立團」團長，嘉絨藏人馬駿後來被張國燾所殺。

從小金進丹巴的第一個鄉叫太平橋。這個鄉由民國時期的三個較小的鄉合併而成，其中一個叫三岔溝鄉。顧名思義，三岔溝就是個三條山溝交叉的地方，也就是現在的長勝村一帶。我之所以記住了這個地名，是因為從陳伯鈞日記裡看到，該部的「采糧人員」曾在那裡與「夷匪」發生過一次激烈戰鬥。「采糧隊」在那一帶遭到「夷匪」襲擊，死傷四十人，被繳去近四十支槍。次日，該部派一個營加一個偵察連到三岔溝攻打地方武裝，無功而返，最終的結果卻是在懋功召開軍人大會，當眾槍斃了己方的五名「動搖分子」。

三岔溝一帶是羌民聚居區，陳伯鈞所說的「夷匪」應該是羌人。一九三六年，三岔溝的羌民部落武裝與紅四方面軍的部隊又有過幾次戰鬥，紅軍陣亡一百多人。據後來的統計，紅軍先後在丹巴籌到兩百多萬斤糧食，近萬頭牲畜，三萬多斤肉和油。紅軍趕著牲畜行軍，行進緩慢，跟試圖奪回牲畜糧食的「夷匪」（羌人？）和「蠻匪」（藏人？）連連發生衝突。

不久，公路邊的小金川漸漸寬闊，水流開始平緩。繞過山角，一座單孔水泥橋跨河而過，橋欄杆上掛滿五色經幡。河對岸有座三角形的陡峭山峰，臨河的壩子上有片房屋，像是

圖1-5：丹巴曲登沙寺

個條件不錯的寨子。房子大多保持原色，有種粗曠質樸的美。最高的是座三層樓，房頂上豎著一個個金色短柱。

公路邊，正對著寨子有一小片空地，像是特為旅行者開闢的臨時停車場。這裡顯然是丹巴一景。越野車在空地上停下，我拿著相機下車，對著寨子拍了幾張照片，轉過身，看到空地邊豎著一塊小木牌，上面有藏漢英三種文字，漢文寫的是：曲登沙寺。牌子上還畫了個箭頭，直指河對岸。

原來那是座寺院！可是曲登沙寺沒有經幡、經旗、佛塔，也沒有金頂和雙鹿法輪，三層的主建築看上去像政府辦公樓或者賓館。樓頂上的那些金色短柱是寺院樓頂常見的經幢吧，那就是僅有的寺院標誌了。這是一座最不像寺院的寺院。

我收起相機轉身上車，卻見公路邊上，兩棵小樹間拉著一條長長的標語，紅布上印著醒目的白字：「全民動員，全警參與　再掀嚴打整治鬥爭新高潮　丹巴縣公安局半扇門派出所宣」。標語正對著河對岸的寺院。

去丹巴的路上遇到一處坍方，懸崖上的公路坍掉了一大塊，路邊堆了大堆石塊，剩下的路面勉強夠一輛卡車通過。我們停車不到一米處就是懸崖，對面的石壁有幾十米高，石縫裡冒出矮小的松樹，順著岩縫長成各種形狀。陡崖下的小金川激浪翻卷，洶湧而過。在築路工人的指揮下，兩邊的車互相讓著，花了一個多鐘頭才通過塌方路段。

藏語稱「丹巴」為「若米章穀」，意為「山岩上的城鎮」。丹巴縣城所在的山溝比小金的美興鎮更逼仄，縣城章穀鎮就建在河邊的山坡上。

沿著一條街背河而上，走到街底就是山，轉向另一條街，往下走又是河。街道就在面朝河的山坡上來回盤轉。街很窄，兩邊的樓房把天空分割成細長條，街道兩邊密密地擠著各種商店，計程車、摩托車、自行車在行人中穿梭往來，小販見縫插針擺下各種攤子。一個身材苗條，皮膚白皙的丹巴美女款款走來，吸引了滿街的目光。兩個圓頭圓腦的男娃站在巷門下，睜大眼睛望著J牽著的兩條大狗。幾個穿嘉絨藏服的女人坐在一家商店門口的水泥台階上，面前放著玉米豆角蘿蔔辣椒。擺著兩張方桌的餛飩店裡熱氣升騰，幾個男人蹲在店門口，托著大瓷碗，一邊喝湯，一邊看著來往行人。一個街角裡堆著一大堆舊輪胎，一個男人忙著幹活。他往輪胎上加個底，舊輪胎就變成了一個容器。這堆舊車胎也是一戶人家的生計。

尋常人家的尋常日子，忙亂裡有安詳，安詳中有堅韌，一天天，一年年，就這樣過下去。他們未必知道，一九三五年，紅四軍曾幾度出入丹巴。兵敗名山百丈關後，紅軍總部返回丹巴，休息數日後西行道孚。就在距離丹巴不遠的河邊，「紅軍之父」朱德遇到一個藏人部落阻擋。雙方隔河對峙了大半天，最終朱德率總部人員在藏人的槍口下順河而下。這時候張國燾應該也跟他們在一起吧？書裡卻沒有提到。又過了二十多年，丹巴成了「靖懋叛亂」中懋功的後方，懋功縣委兩度撤出縣城，都是撤到丹巴。歷史事件沉落在這樣尋常而堅韌的日子裡，如同飛石落到河中，最終被流水磨成細沙，淡出人們的記憶。

我站在河邊，望著河裡的小石灘。一清一濁兩道河水從東、北方向蜿蜒而來，在這裡相聚。就在我的腳下，大小金川匯流南下，是為大渡河。

猛然一聲大響，滿街漫起爆米花的焦香。

兩河口今昔

在章穀鎮開上前往金川的公路，剛要加速，路邊一位老大爺朝我們招手，示意X停車。老爺子走到車窗邊，告訴X從丹巴到馬爾康的公路不通，幾天前下了場大雨，泥石流沖過公路，交通斷了。

我們只好掉頭返回小金。在兩縣邊界過檢查站，穿制服的男人認出開車的J，一揮手，免檢放行。

我們在猛固橋轉上二一〇號省道，沿撫邊河北上。小金縣地勢西南低，東北高，朝北行駛，海拔越走越高。公路在溝底，兩邊山峰陡峭，山坡植被良好，朝陽坡面常見人工種植的松樹林。撫邊河不大，河水清淺，河道偶爾沿山一繞，攏出一小片平地，形成一個壩子，上面就有了個十來戶人家的小村。坡下一彎河水，坡上幾座石屋，零散的小塊地裡包穀青綠茂密。這一帶是小金縣的產糧區，撫邊曾有「糧台」之稱。可是，自然條件如此，即使是「糧台」，產出也相當有限，當地農民能做到自給略有餘應該就很不錯了。

路邊閃過熟悉的地名：八角、木坡，撫邊……在我讀過的《長征日記》裡，這些地名反覆出現。溝底人煙不多，多數村寨在山坡上。後來的空軍司令吳法憲在回憶錄裡說，雖然進了藏區，可是從懋功經兩河口到卓克基，山溝裡看不到一個村莊，每天白天在山溝裡走一天，然後得爬幾里路到山上的寨子裡宿營，次日一早再下山，繼續在山溝裡走。他們走的應該就是這條公路的前身。

稍早的一九三五年一月，中共中央在遵義確定的下一步作戰方針是進入四川，在川西建立蘇維埃根據地，爭取「赤化全川」，故令四方面軍渡過嘉陵江，南下策應。進入四川後，中央紅軍從彝區走到藏區，深入到全然陌生的文化區域裡。或許只有身在此地，中共領導者們才知道，川西與漢人想像中的「天府之國」相距甚遠。在以非漢民族為主的川西，他們語言不通，飲食不慣，氣候不適，就算占下地盤，這一帶地廣人稀，產出勉強夠民眾自給，無法養活數十萬軍隊。更何況在不同語言文字的地區，中共擅長的文宣無法發揮作用，難以得到民眾支持，也沒法擴充軍隊。而且，他們不僅要面對四川軍閥和國軍的圍剿，還不得不應對心懷敵意，神出鬼沒的部落武裝。他們意識到原先的計畫不切實際，需要重訂下一步行動計畫。可是兩支軍隊意見不合，張國燾主張南下，臨時中央主張北上。

於是就有了「兩河口會議」。

兩軍會師的時候，張國燾的總部設在茂縣。他得到中央紅軍到達懋功的消息後，又接到中央電報要「面商一切」，於是騎馬兼程趕來。張、毛在一個大雨滂沱的日子裡相會，地點就在現在的小金縣兩河口鎮。鎮子在撫邊河與虹橋溝的交匯處，當年是個只有三十多戶人家的寨子。

到了兩河口鎮，正是午後時分。大家一致決定下來看看。

公路穿過小鎮，沿路全是商店，但鎮子裡冷冷清清，看不到遊人，想來店裡都沒有生意。公路靠山的院牆後面，以青綠山峰為背景，聳立著一座高高的毛澤東立像。天空湛藍，高海拔地方的陽光特別明亮，白色的毛澤東塑像反射著陽光，看上去白晃晃的一片。在這出奇安靜的山間小鎮裡，給人的感覺就是一個字：新。眼前的一切都太新了，街是新的，房子是新的，毛澤東像看上去也是新的，彷彿有個神奇的力量，把建築師剛畫好的設計圖一下子安到了這個人煙稀少的山谷裡。

二〇〇九年，由江西省對小金縣「震後對口支援」，出資新修「兩河口會議舊址紀念館」，是為小金縣的主要「紅色景點」之一，老遠就能看到的毛澤東塑像就在紀念館裡面。紀念館緊鄰的院子門口掛著三塊牌子：「兩河派出所」、「兩河交通警察總隊」、「兩河刑事警察總隊」。這個警察總隊大門緊閉，但能看到裡面大樓牆面上的金色大字：「辦事要公道，說話要和氣，物要整潔，人要精神」。這最後一條，跟這個安靜得令人昏昏欲睡的小鎮甚為相配。

紀念館的大門修得很考究，水磨磚砌的清水牆，屋簷翹起，屋脊上的裝飾與漢地農村的土地廟一模一樣，只是規模要大得多。大門特寬，大紅門上密布黃色門釘，兩側牆上各有一個圓形窗洞。要不是大門上方黑色匾額上草書「紅軍長征兩河口會議紀念館」幾個金色大字，這大門定會被人看成一座新建的漢式廟宇。事實上，著名的「兩河口會議」確是在一座關帝廟裡舉行的。

大紅門緊閉著，不像是開放的樣子。我試著使勁一推，門竟然開了。正猶豫是否能進去，裡面走出一個中年男人。我問他是否可以參觀？他說可以，於是我們魚貫而入。

進了大門，寬敞的石砌台階上有座大殿，是大型廟宇殿堂的式樣，匾額上寫著「兩河口會議會址」。大殿前方，左右各有一座紅色底座的「革命現實主義風格」雕塑，一組的底座上刻著「紅軍北上」，另一組刻著「迎接紅軍」。其實紅軍到兩河口時，百姓都跑光了，紅軍官兵進的是個空蕩蕩的寨子，並沒有人躬身垂首來迎接。

大殿後碎石砌的台階路邊，有座小小的四方形灰色建築，這是當年關帝廟留下的唯一建築。這座小房子顯然經過精心修整，格子門關著，從門上的方格裡看進去，可見裡面的群像。一組人物雕像圍著長條桌，有站有坐，姿態各異，令我想起達芬奇的名畫〈最後的晚餐〉，位於中心的「救世主」，自然就是小山頂上立著的那位領袖。我不明白為什麼把這組雕像放在這座小房子裡。原先的關帝廟主體建築已毀，這座小屋只是原先的馬房，當年的中央領導人並不是在馬房裡開會。

上山的路蜿蜒曲折，彷彿象徵革命道路之不易。路邊分布著當年與會者的胸像。胸像的基座用碎石砌成，和觀者視線平齊，胸像表情大同小異，面容顯示出革命者的堅毅。令人印象深刻的是，當年與會者均為胸像，包括張國燾和林彪。只有一座是例外，那是一座不大的全身像，一名軍人手握望遠鏡，騎著戰馬，姿態十分英武。這是彭德懷，「唯我彭大將軍」是也。

我一一辨認與會者的塑像，想起他們日後的結局，不免唏噓。這些人中，博古、鄧發在中共建政前死於飛機失事，成了烈士。「彭大將軍」、林彪、劉少奇皆在文革期間死於非命，而且情形甚為淒慘。張聞天、王稼祥、李富春在文革中被批鬥，也都在文革期間去世。王稼祥在一九六二年被整肅後精神失常，一九七四年死於心臟病。周恩來也不算善終，且無葬身之地。林伯渠、何克全（凱豐）算是死得其時，兩人都在文革前去世，沒有遭遇他們同事們所經歷的迫害。劉伯承雖然高壽而終，但一九五八年曾遭整肅。據說有「軍神」之稱的劉伯承晚年拒看戰爭片，因為想到千百萬失去丈夫的年輕寡婦和失去兒子的老婦，心感不安。這樣的反思將「軍神」還原為人。

兩河口會議是毛澤東與張國燾爭鬥之始，不久後兩人的權爭越來越激烈。最終張國燾軍事、政治雙重失敗，在延安尋機脫共，從此告別了他參與創建的政黨，被中共定為「叛徒」。在「成王敗寇」史觀的中共黨史裡，他一直是個反角。在這裡樹起張國燾雕像，顯示出對那段歷史的尊重。不過，如果真的尊重歷史，高踞丘頂的領袖像就不應該是毛澤東。兩河口會議時，中共臨時中央的總書記並非毛澤東，而是洛甫（張聞天）。要等到「延安整風」之後，他的戰友們齊齊俯首，「紅太陽」才冉冉升起。

當昔日的戰友和部下一個個在歷次政治運動中遭受整肅和迫害，其中多人死於非命時，身在海外的張國燾置身事外，冷眼相望，不知是為自己慶倖還是為他們悲哀？他是否反思過自己對戰友和部下大開殺戒的「白雀園肅反」和「川陝根據地肅反」？一九七六年，「偉大領袖」毛澤東死在北京，三年後，「叛徒」張國燾死在加拿大。參加兩河口會議的十六人

圖1-6：兩河口鎮

中，只有政治上未擔重任的聶榮臻、劉伯承和流亡海外的張國燾死在毛澤東之後，這是巧合還是某個不可洩露的「天機」？

到得丘頂，眺望遠山密林，天藍雲白，視野開闊。白色石圍欄中心的領袖全身立像是文革期間的作品，完全不是當年的毛澤東形象。站在山丘上的毛澤東像居高臨下，他昔日戰友和上級的雕像置於荒草叢中。這群「無產階級革命家」之間的關係怎麼看都不像「親密戰友」，更像是「帝王」與「群臣」。

下山匆匆，一路無所旁顧。陪同的看守人絮絮叨叨地抱怨，說工資太低，每月三百元連養活自己都不夠，紀念館不賣門票，他拿不到補貼。跨過高高的紅門檻，大門哐當一聲關上，封存了我的故鄉江西省花費四千五百萬元人民幣製作的形象歷史。

街上依舊冷冷清清，幾個中年女人坐在小店門口，面無表情地望著我們這幾個過客匆匆來去。七十多年前，那群後來聲名顯赫的人來到這個寨子時，村民們大抵也是這樣吧。他們躲在山裡，耐心地等著遠方來的「亂兵」離去。說到底，「成王」成就的是一些人的夢想，「敗寇」也只是另一些人夢想的破滅。歷史的不堪正如劉伯承的晚年反思：不管打著什麼旗號，為了什麼主義，兩軍陣中廝殺而死的，都是農民的子弟。

第二章
「四土」的如煙往事

卓克基的故事

離開兩河口，四人二狗直奔卓克基。進馬爾康前，我要繞道去看看卓克基土司官寨。當年紅軍在這裡與藏人打了一場大仗，中共臨時中央機關曾在官寨裡住過一周，通過了一份相當重要，但鮮為人知的文件。這個官寨現在是國家級文物保護單位，已被改造成「土司文化」、「紅軍文化」和「嘉絨文化」的混合體，而且是著名的「紅色景點」。

汽車開進濃綠的山谷。公路越來越高，樹林或丘頂偶爾可見五彩經幡。沒多久，我們到了夢筆山埡口，這裡是小金和馬爾康兩縣交界處。路牌顯示，夢筆山埡口海拔四千一百一十四米，是紅軍走過的第二座雪山。這條路山勢平緩，紅軍路過的時候是六月底，雪已經融化了。一九三四年七月，攝影家莊學本考察川西，也走過這條路，他的日記中有詳細描述。

站在山口遠望，近峰碧綠，遠山青黛，天空蒼藍。我從背包裡拿出一疊風馬，高喊一聲「lha gyalo

（眾神勝利）！」把風馬拋向空中。印著經文的紙片在空中散開，像一群彩蝶在風中翩翩飛舞。這一刻，我突然想起遠在印度的藏人朋友貢波措。她是阿壩地區另一著名土司華爾功臣烈的女兒。中共建政後，她的父親一度是高層統戰對象，還擔任過第一屆全國政協委員。文革期間，短短幾年中，她的父母雙雙自盡，唯一的姐姐也在軍中猝逝，全家只剩下她一個孤女。她的家現在是供人參觀的「州級文物保護單位」，她本人卻帶著大女兒在印度流亡。

過了埡口就是歷史上卓克基土司的轄地。卓克基土司是嘉絨十八土司之一，他與松崗、梭磨、黨壩土司合稱「四土司」，簡稱「四土」，因此他們的轄地也稱「四土地區」。嘉絨藏區曾有「本部」和「沖部」之分，「沖部」指的是「邊緣地帶」，本部即「中心地帶」，四土地區屬「本部」，是嘉絨文化的中心。

卓克基土司家系始於一二八六年，終於中共建政後，共傳承十八代。紅軍進入卓克基時，當時的土司是第十七代，藏名桑朗澤讓，漢名索海寰，字觀瀛。莊學本在《羌戎考察記》裡說他是個「漂亮的土司」，「威容真和皇帝一般」；還說他能講很流利的官話，他的書房叫「蜀錦樓」，藏有不少藏漢文書籍。

一九三五年六月二十四日，紅一方面軍前衛第二師第六團過夢筆山，就在這一帶跟卓克基土司率領的兩百名部落武裝遭遇。部落武裝埋伏在半山的峽谷，打死了帶路的通司（翻譯），雙方開戰。部落武裝武器簡陋，加上下雨，火藥受潮，他們死傷六十多人，敗退回寨，紅軍緊追，雙方且戰且走，糾纏了兩天。

後來成為上將的楊成武回憶說，他們快到卓克基時，老遠就看到一座「頗為宏大的建築物」。到了近前：「這土司宮……足有十幾丈高，全部是用石塊砌成，在這偏僻的山區更顯得巍峨瑰麗。」在卓克基，迎接紅軍的是從官寨裡射出的子彈。這場戰鬥持續不久，土司看到紅軍發射的信號彈，以為是某種神祕武器，大驚之下棄寨而逃，紅軍占據了官寨。

紅二師在卓克基停留了幾天後開往馬塘。六月二十九日，紅九軍團司令部駐進官寨。該部測繪員林偉在他的日記裡記載，他們在卓克基住了一周，多數時間都在附近一帶搜尋糧食。七月二日凌晨，「七、八千反動藏軍由松崗、馬爾康兩路來襲」，官寨被團團包圍。部落武裝占據官寨周圍的山頭，居高臨下朝官寨開槍，同時還大喊大叫。紅軍沒有翻譯，聽不懂他們喊什麼，司令部只得急電駐在馬塘的紅八團，令其前來解圍。

雙方僵持到上午，紅軍把迫擊炮搬到樓頂，朝部落武裝發了幾炮，「反動藏軍」這才撤走。此役紅軍傷亡十餘人。

第二天，中央機關進駐卓克基土司官寨。毛澤東住進索觀瀛的書房，離開官寨時，順便帶走了一套線裝本《三國演義》。

在卓克基，紅軍官兵各自忙碌。部隊已近斷炊，士兵們四處「籌糧」，割青稞、挖土豆、找牲畜……搜羅一切能吃的東西。紅四方面軍在藏區時間較長，對「籌糧」經驗豐富，他們教會紅一方面軍的士兵在藏人家裡尋找「窖藏」的方法，頗有成效。當時卓克基土司轄下有四十七個農、牧業寨子，全部人口不足兩萬，而僅紅一方面軍的人數就超過了當地總人口。

這段時間裡，臨時中央的領導們忙著開會。總政發布《關於糧食問題的訓令》，中央軍委發布《關於組織別動隊籌糧辦法》，中央則通過《中國共產黨中央委員會告康藏西番民眾書——進行西藏民族革命運動的鬥爭綱領》這份文件。

研究一九五六—一九六二年藏區發生的戰爭時，我在一部中央統戰部內部發行的資料集中找到了這份文件的全文。文件沒有日期，注釋說明這是一份草案，是在一九三五年六月，紅一、四方面軍懋功會師後寫的。文件一開頭就鼓動康藏民眾「徹底的反對帝國主義、中國軍閥和本國的統治階級，建立自己的革命政權」，還闡述了「康藏民族解放運動」的目標：「康藏的民族解放運動，就是要徹底的脫離英國和中國而獨立，實行民族自決，只有與英國和中國進行徹底的分裂，才能使康藏民族真正的獨立與解放。」文件顯示，當時的中共不僅把康、藏看成與「中國」不同的國家，還認為「民族自決」就是要與「英國和中國」徹底脫離和分裂。這是一份明確鼓動「藏獨」和「康獨」的文件。

當時我有點疑惑，兩軍會師後，張聞天等人已經明白，在川西建立根據地繼而「赤化全川」的可行性不大。會師不到兩週後通過的「兩河口會議決議」，確認「大小金川流域在軍事政治經濟條件上均不利於大紅軍的活動與發展」，決定北上開闢「川陝甘蘇區」，為何要在幾天後通過「進行西藏民族革命運動的鬥爭綱領」呢？

從目前資料來看，這份文件的起草與通過可能與在兩河口通過的《關於松潘戰役的計畫》有關。根據這一計畫，實行「松潘戰役」時，以理番（今理縣）、卓克基、阿壩為後方，且以卓克基為總後方，並在這一地區留下一支遊擊隊，「將這一地區造成蘇區」。為實現這一目標，必須「加強少數民族工作」。鼓勵康藏民眾與「英國和中國徹底分裂」，是為了換取當地土司和民眾的支持。

有關紅軍長征的研究和文件中，幾乎都未提到這份文件的內容，最多提到文件名。二〇一一年出版的《建黨以來重要文獻選編（一九二一—一九四九）》第十二冊中收入這份文件，但刪去了「徹底的脫離英國和中國而獨立」這幾個字。

向晚時分，我站在梭磨河邊，望著紅軍日記裡描述的「土司宮」，不禁暗暗驚歎。這是一座龐大的建築，其主體全是石頭砌成，它和歐洲中世紀的石頭城堡和要塞建築有相似的防禦功能，但建築材料卻完全不同。卓克基官寨石牆的牆體兩頭高，中間低，彎成一道優美的弧線。

我問H為什麼官寨的牆是弧形的？他告訴我，石頭城堡要塞的共同特點是體量巨大，否則達不到防禦功能，而巨大石頭建築必然極其沉重，需要結實的基礎，否則天長日久必然會產生不均勻沉降。中世紀石砌建築的另一個弱處是結構中缺少抗拉力的構件，也就是石頭之間沒有鋼筋把它們互相拉住。如果發生地震造成石牆裂縫，或者雨澇造成地基鬆軟，石砌牆體一旦開裂，漸漸擴大延伸，就會造成建築垮塌。

歐洲城堡的一大長處是中世紀的西方石匠能處理巨大的石塊，城堡是用巨石砌成的，而且他們發明了「拱」的構築法，用巨石構築了結構複雜的穹頂，於是那一塊塊的石頭構築成的城堡，不僅高聳偉岸，內部還有相當跨度的空間。

H指點我看卓克基官寨的建築材料。此地顯然不產歐洲城堡需要的花崗岩巨石，這裡只有強度遠不如花崗岩的片石。這種片石是遠古的泥沙在高壓下形成的「水成岩」，可以一層一層剝離，十分平整。這樣的片石，在這裡也鋪在屋面上當瓦片用。作為城堡要塞建築的牆體材料，片石顯然遠遠比不上花崗岩石塊。

卓克基官寨是用片石砌成的。沒有鋼筋，也沒有高強度水泥，而這一帶又是出名的地震多發區域。

圖2-1：重建的卓克基土司官寨

「你設想一下，這一大堆光溜溜的片石壘起來的牆體，怎樣做到地震頻發和狂風暴雨襲擊之下不開裂、不坍塌呢？」H問我。

我瞪大著眼睛看著他，等著他的答案。

「你注意到藏式建築的牆體收分了嗎？」H繼續問。

「什麼叫『收分』？」我一頭霧水。

「所謂『收分』就是牆體的外側不是完全垂直的，是從下到上稍稍往裡『收』，整個建築看上去下大上小，這就是『收分』。」

他說，藏式建築穩重渾厚的風格，有一部分是來源於這種「收分」，越是體量大的廟宇大殿或官寨要塞，收分越明顯。收分使得牆體在遇到地震等震動的時候，四周牆體趨向於往中心傾斜，從而互相抵消，就像四條腿往外岔開的凳子比較穩定結實的道理一樣。

卓克基官寨牆體是用片石一層一層地砌成的，和磚牆的砌法一樣，不過是用不規則的片石來代替規則的磚塊。卓克基官寨令人讚歎的還不止是藏式建築優美的外牆收分，而是片石的砌築方法。這一層一層的片石形成的石縫，不是像磚牆的磚縫

圖2-2：卓克基土司官寨的弧形牆體

那樣的水平紋路，而是一條條大大的、兩邊起翹的弧形。石縫是彎曲的，兩邊高，當中低，也就是說，每一層中的單個片石，都有種被往中心擠滑的趨勢，整個官寨就像被一雙巨手從四面往中間擠捏了一下。

「設想一下發生地震而建築受到外力撼動時的情形，」H說，「構成牆體的片石都在向中間滑動，互相抵住，而不是向外側坍塌。」

我望著牆體表面由石縫組成的無數條色彩不同的弧線，那些弧線給沉重而龐大的官寨添加了一種飛升而起的靈動感。建築似乎是活的，那牆體如同人的肌肉，一種內在的力散布在一層一層的片石之間。緊接著，我注意到牆體不同的顏色，牆的右半部和左上角顏色較深，中間部分顏色較淺。柔和的夕陽下，透過新舊兩種顏色，這道牆無聲地對我敘述一個湮沒在歲月裡的故事。

這座官寨是卓克基土司的主官寨，始建年代不詳，在清末曾大修並擴建。一九三六年官寨被焚，次年由末代土司索觀瀛主持重建，歷時三年始成。現在的官寨是那次重建後的規模。索觀瀛主持重修的官寨是藏漢結合式，嘉絨藏式石牆，漢式屋頂，面前還有一面照壁，上面畫著一頭斑斕猛虎。

原先的官寨是怎樣燒毀的？史料裡有兩個不同說法。一九九三年出版的《索觀瀛傳》裡引用一九四四年理縣縣長米珍《出巡四土日記》，說「官寨赤匪毀去」；二〇〇四年《央視國際》的一篇報導中則說：「卓克基官寨在一九三六年紅軍離開北上後，被當時反對紅軍的土司、貴族放火燒毀，以此嫁禍紅軍。」這篇報導也引用了米珍日記，但刪去了有關官寨被毀的那行字。莊學本川西考察時留下的幾張照片可見，原先的官寨比重建後的規模還要大。

一九四九年後，官寨又一次被毀。一九八八年卓克基土司官寨被國務院定為「重點文物保護單位」，據說官寨的再次重建始於一九九〇年代末，可是在二〇〇一年的照片中，官寨外牆倒塌，屋頂陷落，精美的木雕花窗和欄杆多數消失。斷牆、屋頂、天井裡荒草叢生，殘存的走廊裡也冒出草叢，可見荒廢已久。沒有資料說明官寨是毀於一九五六—一九六二年間的戰事，還是毀於文革。唯一可知的是，第十七代土司索觀瀛在文革期間被批鬥、抄家，於一九六七年去世。二〇〇五年，官寨被列入全國一百個「紅色旅遊景點」之一，並對外開放。

索觀瀛曾是阿壩最富有的土司之一。一九四九年後，他財產散盡，官寨淪為廢墟。一九五七年，他去拉薩朝佛，帶去大量金銀珠寶供養達賴喇嘛和班禪喇嘛；一九五九年「拉薩戰役」之後，他「主動向社會主義獻金六百多兩，白銀六百多兩」，以及大量珠寶。

我踏著石階，走到官寨門前。相對官寨的規模，木門很小，門上的彩繪已經陳舊。參觀時間已過，門上掛著鐵鎖。我轉身往下看，夕陽下的西索村美輪美奐，經幡間升起裊裊青煙，薄暮初臨，正是晚炊的時候。

消失的土司和官寨

從卓克基到馬爾康鎮只有八公里，我們本來打算在馬爾康過夜，第二天一早從馬爾康北上到大藏鄉，然後轉東北方向進入紅原。這條路不但可以觀察到旅遊者鏡頭之外的情況，還可以省下一大段路。上了車，X猶豫片刻，問我們是不是另找個地方過夜。他說馬爾康是阿壩州府所在地，在目前的緊張狀態下，H和我在旅館拿出美國護照，肯定會驚動「有關方面」，弄不好下一步計畫因此告吹。言之有理。我們決定繞過馬爾康，走三一七號國道去紅原。

在卓克基拐上三一七號國道轉向東，進入梭磨峽谷。這條峽谷是阿壩著名自然景觀之一，它始自現屬紅原縣的刷馬路口到馬爾康縣白灣鄉，全長九十一公里。卓克基位於峽谷中間，從卓克基東行，走的是梭磨峽谷東段。

這一帶歷史上曾為梭磨土司轄地。梭磨土司是「四土」中最大的土司，鼎盛時轄地六萬多平方公里，涵蓋今甘、青、川三省交界處的廣大地區，現在的黑水、松潘、紅原等縣曾經都是梭磨土司的轄地。

土司制度有久遠的歷史，一些古老的大部落可以追溯到吐蕃帝國時代。「土司」之「土」有「土著」之意；「司」則是一種職銜，清代為「指揮司」、「宣慰司」、「宣撫司」等等，「土司」遂漸漸成為漢人對非漢民族部落世襲首領的稱呼。在藏語中，部落最高首領稱為「甲波」，意為「國王」。事實上，在中原國家權力漸漸侵入這些地區之前，這些各有領地、各有世系、彼此有各種聯繫但互不統屬的部落首領的確是各自為王的。很長的歷史時期裡，他們既不在噶廈政府統治之下，也不在中原政府的統治之下，即使在明清兩代，名義上這些部落首領受中原帝國冊封，但那只是名義上的歸宿，他們仍然是自己轄土的最高統領。

乾隆征金川期間，十八土司中的倉旺土司和大、小金川土司被滅族，清廷在其轄地設置了地方行政和軍事兩套機構，實行屯墾制度，但是並未取消其他土司的特權。在各部落範圍內，「甲波」們依然掌握最高權力。這種中央政府稱之為「地方割據」，實質是高度地方自治的狀態一直延續到一九五〇年代。

土司家族之間有盤根錯節的關係，轄地時有變遷。家族之間時鬥時和，也彼此聯姻，互相沾親帶故。一旦某個家族絕嗣，可從其他土司家族過繼一個兒子繼位，反正細數家史，彼此都多少有些瓜葛。

梭磨土司不僅是四土最大的土司，還是四土之祖，可是這個世系卻在清末宣統時期絕嗣。據說末代梭磨土司是女性，不知何故，她去世後，這個家族似乎沒有過繼其他土司的兒子來承繼土司之職，而是由原土司轄下的幾個大頭人「輪流執政」。

嘉絨土司制度並不排斥女性，土司的子女都可承襲。土司去世時，如果繼承人尚幼，土司之妻亦可掌權，因此嘉絨歷史上出過一些精明強幹的女土司。除了梭磨女土司之外，墨桑、黨壩、蘆花、黑水等都有過女土司。一八九八年，英國女探險家伊莎貝拉．伯德（Isabella Bird）在川西旅行期間到過梭磨土司官寨，那時候末代梭磨土司應該還活著，可惜這兩個女人沒有見面。

既有「四大土司」，自然也就有「四大官寨」。土司的家之所以叫「官寨」，是因為它具有多種功能，其中之一是兼做衙門，因此也叫「土司衙門」。

梭磨土司官寨是四土最大的官寨，惜現已不存。伊莎貝拉．伯德在一八九九年出版的《長江流域旅行記》中，收錄了兩張梭磨土司官寨的照片。照片中可見巨大的官寨雄踞山頂，旁邊還有座很高的碉樓。一九三五年七月，紅一方面軍離開卓克基，經梭磨去松潘，計畫奪取松潘，打開從松潘北上的通路。他們曾路過梭磨土司官寨，還在裡頭住過幾天。一九五〇年官寨還在，此後的幾十年裡，官寨漸漸消失了，如今片瓦無存，只剩一座殘缺的碉

圖2-3：英國旅行家伊莎貝拉．伯德在一八九八年拍攝的梭磨土司官寨

樓。

另外一個土司官寨，松崗土司官寨，建在山頂，有「小布達拉」之稱。這座官寨一九三五年被燒毀。前最高人民檢察院檢察長黃火青在回憶錄裡說，他隨紅一方面軍第九團到達松崗時，松崗土司衙門「被我先頭部隊失火燒毀」，他們只好多走十五里路，駐紮在白沙橋。紅軍走後，松崗土司在現在的松崗鄉直波村重建官寨。新建的官寨在文革初期被拆得一乾二淨，只剩斷牆殘壁和兩座碉樓。

黨壩土司是四土地區最小的土司，他的官寨長二百米，寬六十米，規模也頗可觀。黨壩土司官寨也在一九三五年被燒毀。紅軍進入四土地區時，「四土」實際上變成了「三土」，三土司均與國民黨軍合作，組織轄下部落武裝阻擋、襲擊紅軍。這幾支部落武裝與紅軍多次交戰，雙方都有數千人傷亡。三土司官寨都在這段時間裡燒毀，恐非偶然。如今「四大官寨」中僅卓克基土司官寨得以修復，其他官寨昔日的風貌，只能到英國皇家地理學會去看探險家和傳教士們拍攝的照片了。

紅軍北上後，四土地區恢復原狀。各土司重建被焚的官寨，僧人、民眾下山回家，修補毀壞的寺院和家園。

在紅軍日記和後來的官方歷史敘述中，紅軍到處搜索糧食，奪牛趕羊是天經地義的事，阻止他們搶糧，或者試圖奪回糧食牲畜的部落人馬都被稱為「反動武裝」。可是對當地藏人來說，那是一次恐怖的亂兵過境。藏人稱紅軍「沙瑪」（「吃兵」），軍隊所到之處不但吃光一切，還攻打寺院，燒房毀寨，破壞橋樑，留下饑荒和傳染病。

在紅軍日記和回憶中的嘉絨四土地區，地是不毛之地，人是愚昧之人。這裡氣候無常、物產貧乏、語言不通；野蠻的「反動藏軍」神出鬼沒，令他們吃盡苦頭。紅軍在藏區的經歷，給雙方都留下了刻骨銘心的負面記憶。

十六年後，兩方再度遭遇。

一九五一年八月，中共軍隊進入四土，與四土地區的土司頭人們「約法十章」：一、少數民族地區的現行制度不變，凡不抵抗解放軍的土司、頭人的地位皆不予變更；二、有關少數民族地區的社會改革事宜，均暫不進行；三、只繳匪槍，民槍一律不究，土兵維持現狀；四、不強制使用人民幣，維護市場秩序；五、貿易以馬塘、馬爾康為基點；六、文化衛生，應儘量解決少數民族地區的要求；七、暫不禁種煙，戒吸煙（鴉片煙）；八、暫不征糧收稅；九、堅決執行解放軍的三大紀律八項注意；十、尊重少數民族風俗習慣，保護好寺院。四土地區被宣布「和平解放」。

一九五六年一月，中共開始在四川藏區開展土改。這時，離「約法十章」不到五年。雖然在土改開始不久後，中共將「土地改革」的提法改成了「民主改革」，但內容和方法與內地土改完全相同。土改工作隊下到各部落，開始「發動群眾」、「訴苦鬥爭」、「沒收財產」、「劃分成分」等土改程序後，很快激起了民眾反抗。三月，馬爾康西北部的日部地區，即現在的日部鄉率先開始反抗，隨後草登、大藏等八個鄉相繼反抗，參與者達一千六百多人。中共調數倍於反抗藏人的正規軍鎮壓，從三月打到八月底，戰事結束，藏人死傷俘降一千二百多人。官史中這一事件稱為「四土叛亂」，或「四土平叛」。

中共在包括土改、「宗教制度改革」、「合作化」等一系列運動的「民主改革」中，以武力摧毀了傳統的地方自治，土司制度隨之消亡。

我們從成都走來，一路看到當地政府在竭力地「打造」這些地方對外界的吸引力，從「紅色旅遊」到「土司文化」，凡是可以利用的文化資源都拿出來「開發」。這裡正在打造「大九寨溝旅遊線」。對於大多數遊客來說，風光旅遊就像看電影電視裡的風景，動用的是眼睛耳朵，享受的是陽光花鳥，很少人動腦筋去問為什麼，或者內心裡問了也沒說出來。幾乎沒有人想過，聞名全國的九寨溝風景區是一個純藏區，九寨溝風景區是因為國營林場把那裡的原始森林都伐光了，林場職工無木可伐時才「發現」的風景。這一路旅遊宣傳中把「紅色傳統」、「土司文化」、「民族風俗」、「山寨風光」等揉合在一起，其生硬和怪誕，常叫人有說不出的尷尬感覺，就像看到旅遊景點那五花八門的英文標誌一樣。

土司曾經是川西南地區歷史悠久的政治與社會制度。當紅軍在上世紀三十年代來到這裡的時候，他們是一支逃竄之旅。文獻顯示，那時紅軍宣傳的是鼓動藏人獨立，脫離中國的統治。這是紅軍領袖們的真正政治綱領，還是紅軍在自身生存難保境遇下的策略，恐怕連他們自己也沒有一個准定的解釋。事實是，紅軍在藏區和藏人發生了緊張的對峙與衝突，焦點是雙方都賴以生存的糧食。

當中共在一九五〇年代再次進入這個地區的時候，其目標是建政。此前的對藏人獨立建國的宣傳被刻意掩蓋，再也不提。既然要建政，廢除土司制度就是必然的。經過一番血雨腥風，中國的土司制度終於消失了。

可是，又過了半個世紀，土司已消亡，連他們的子孫後代都難尋覓，他們的官寨、城堡、碉樓一再被平毀以後，「土司」這兩個字卻似幽靈一樣再度浮現。當我拿著近百年來不同時期的土司官寨照片和如今實地搭建的假古董相對照的時候，不禁感慨再三：早知今日，何必當初！

在我研究當代藏史，閱讀當代中國歷史的時候，常會冒出這樣的感慨，早知今日，何必當初。這是為什麼？

中共的革命，具有反傳統的明顯特徵。這種自覺的反傳統，追根溯源，來自於他們的一個自我認知：他們是人類歷史上第一個終於發現了社會發展規律的「真理」的人。儘管馬克思並不諱言他的理論繼承了德國古典哲學和英國古典政治經濟學的成果，他的東方學生們卻和這些西方傳統隔得太遠。東方的共產主義革命者都以徹底的反傳統姿態出現，在行為模式上就是極端的反文化。凡是人類歷史上的文化成果，凡是技術上具有複雜性的、美學上高雅精密的東西，都會激起這些革命者們自慚形穢後的敵意和仇視，欲將之根除方後快。這就是東方的共產革命特別殘忍的原因。

川西南的土司已經消失了。但是，在過去漫長的歲月裡，土司制度既然存在了幾百年，必定有其存在的理由，這個理由必定根植於在這塊土地上生活的人的需求。當土司制度被消除的時候，這種需求是否也消除了？如果這種需求仍然存在，那麼土司制度之後，是什麼來滿足這種需求？新制度和人的新需求是否一致？任何外界加之於這塊土地的物質力量，不能漠視這塊土地上的人自身對於物質與精神的需求。土司之後是什麼，這是一個不得不問的問題。這個問題卻被所有人忽視了。

於是，在刻意粉飾的太平後面，一種不穩定的緊張如影隨形。

梭磨峽谷的靈山聖水

梭磨峽谷很窄，兩邊山峰高聳，梭磨河在公路邊滔滔奔流。山上覆滿雜木林，連公路都染上了綠影，車行谷中像在綠色長廊裡穿行。

不久，眼前忽地一亮，滿目蒼翠中出現斑斕色彩，路旁山上垂下大片五彩經幡，從山頂一直垂到山腳。經幡下，一排約一米高的白塔貼山而立。公路另一邊是湍急的河，許多條經幡垂直懸掛在河水上，像一道寬寬的彩虹。

河對面有座傳統嘉絨藏寨。一道鐵索橋跨過流水，橋上的經幡在輕風中拂動。寨子前面是一大片菜地，背後有幾座圓渾的山，四方形城堡式民居高低錯落，紅瓦白窗，與山水天地渾然一體。家家屋頂平台上斜掛經幡，房前豎著經幢。柔和的夕陽下，經幡低垂，炊煙浮動，我紛亂的心緒頓時平和。我想記住這個寨子的名字，打開地圖，卻一無所獲。

上車前再看看寨子，我注意到每家房子上都插著五星旗，旗子都很新，顯然是新近才掛的。我想起小金的官寨村、卓克基的西索村也是這樣，覺得有點奇怪。

在四土地區，官寨和「土司文化」是旅遊開發中大力打造和宣傳的重要內容。這一路走來，每看到土司文化這幾個字我就有一種奇怪的感覺。直到快要離開四土地區的時候，我才突然領悟，我的這種奇怪感覺來自什麼地方。當年以革命的名義摧毀了土司，現在以發展的名義消費殘存的官寨廢墟和土司符號，還要和「革命傳統」的紅色教育並行不悖，難道就沒有人看到這種旅遊宣傳中的邏輯矛盾嗎？這種開發和宣傳，與現在國內很多類似宣傳都有同樣的問題，那就是割裂歷史，在消費歷史的同時，閉眼不看這種發展和宣傳缺乏道德上的一致性和完整性。當年殺了土司，毀了官寨，徹底消滅了「土司文化」，現在政府卻斥資重修官寨，吸引人們來消費已經被自己消滅的文化，名之為「開發旅遊，發展文化」，一個政權怎麼可能這樣做的時候在道德上如此理直氣壯？這樣做其實只是在暗示，如今為了賺錢什麼都可以利用，什麼都可以出售。我突然明白了，在這個地區，壟斷話語權為什麼如此重要，因為這

圖2-4：梭磨峽谷裡的一個美麗藏寨

一層包裝一旦點破，露出來的就是荒謬和殘忍。

濃綠的峽谷裡到處可見經幡。遠遠看到樹林裡一團彩色，近前才知是幾條經幡掛在小樹枝上，似乎標識出某個神聖的地點。河上不時出現跨河鐵索橋，有的通往一個寨子，有的連接一條小路，橋上總是飄著經幡。公路狹窄處，一條長長的經幡橫過公路，將路兩邊的山連接起來。一塊大石凸出山壁，幾條經幡斜掛在石頭邊的灌木叢上，好像在講述一個只有當地人才知道的故事。松林深處，經幡層層疊疊，從山腰到排到山腳，高處的褪成純白，低處的鮮豔如花。

在藏地常見五色經幡，也許因為太常見，遊人往往把它當成一種「文化符號」，或是裝飾品。經幡實際上是一種宗教聖物。經幡的五色有明確的象徵意義：藍色象徵天空，白色象徵空氣，紅色象徵火，綠色象徵水，黃色象徵土，一條經幡即照此秩序排列。經幡上有的印五方佛，以及相應的咒語或經文，有的印五種神獸和咒語。每條經幡承載著一個心願，一個祝福，當經幡在風中飛揚時，祈禱和祝福灑向蒼天大地，與一切有情眾生分享安寧幸福。無數經幡懸掛在山水之間，使青山碧水充滿靈性。

四土地區曾是宗教勝地。一九三〇年代，紅軍進入四土地區時，這一帶共有五十八所寺院，三千五百多僧侶。紅軍到四土時，僧人紛紛逃走，軍隊時常住在寺院裡，並在寺院裡搜查糧食財物。在紅軍看來，活佛、僧人都是靠欺騙和剝削不勞而獲的「剝削階級」，起走寺院的糧食、拿走寺院財物是「打土豪」的「革命行動」。

後來，這些倖存或重建的寺院大多毀於一九五八年的「宗教制度改革」運動，一九五八年逃過一劫的寺院則毀於文革。四土地區最著名的寺院是大藏寺。這座寺院始建於一四一三年，鼎盛時期有八百多僧侶。一九五八年大藏寺逃過一劫，但在一九六七年六月被拆毀。據《馬爾康縣誌》記載，拆除後大量貴重物品上交供銷社，僅黃金法器就近十公斤。

寺院摧毀，僧侶還俗，法器融化，並不等於信仰消亡。藏傳佛教隨著流亡者的腳步傳遍世界，五彩經幡也飄揚在世界各地。越來越多的佛教經典被譯成各種文字，海外還有了英文經幡。

行駛在隨處可見經幡的山谷，彷彿行走在一道排列著轉經筒的長廊裡。我們不約而同沉默下來，讓自己沉浸在靈山聖水之間，用心體驗靈性之美。

蒼綠山邊突然現出一道道彩色，路一轉，經幡後的樹叢裡冒出寺院的金頂。寺院上方的山包上，經幡纏繞三角形支架，織出一座彩虹之塔。祈願和祝福鑄成的塔像一道凝固的閃電，高踞寺院上方，守護生生世世的信仰。

過了馬塘村不遠，就到了馬爾康和紅原兩縣交界處。汽車駛過一座小橋，路分三岔，這就是刷馬路口。我們轉向二〇九號省道北行，三一七號國道在這裡南下成都。

蒼茫暮色裡，我看到一條小路從公路邊岔出，通向一座「寨門」。越野車駛過的時候，我看到匾額上的三個大字：三家寨。

我們在靜默中進入了紅原縣。

第三章

紅色的草原

麻雀雖小，五臟俱全的三家寨

紅原縣在阿壩州中部，民國期間，這個地方名義上劃歸理番縣，一九六〇年才正式單獨設縣。在很長時期裡，這個地區是不同土司的轄地；現在的刷經寺、壤口鄉曾是「四土」之一，為梭磨土司轄地。紅原是草地的一部分，這裡的藏人稱為「草地藏人」，以遊牧為生。「紅原」這個縣名據說是周恩來起的，意為「紅軍走過的草原」。

我們到達三家寨時，已是黃昏時分。汽車泊在村邊一座小山包下，山包上站著一棵孤零零的松樹，旁邊立著幾條綠色旗幡。也許因為一天奔波的疲累，我感到輕度高原反應，這裡海拔可能在三千米左右。

紅原縣是純牧區，只有很少的農地，刷經寺一帶算是農區。三家寨是個很小的村子，一小片平壩上排著十來幢連體房，有平房也有兩層樓房，每排房子都是黃牆紅瓦，玻璃窗上安裝簡單的藏式窗飾，畫著朱紅色框子，屋頂上的太陽能集熱板也一模一樣，看上去不像個村莊，倒像座兵營。村子周圍全是大片菜地，種的是一模一樣的蔬菜：「高原無公害萵筍」。村後的林子裡掛了很多經幡，有些經幡圍著柱子掛成圓形，像個蒙古包。

順著菜地邊的小路往山上走，遇到一個荷鋤下山的村民。他告訴我們，這裡原先是個只有三戶人家的寨子，所以叫三家寨。

「現在呢？」我問。

「一間房子已經垮了。」他放下鋤頭，指著村後菜地裡一座嘉絨藏式民居的廢墟：「還有兩間在村子裡頭。」在那幾排一模一樣的屋頂下，我看到石片壘成的牆和房前的經幢。

村民說現在村裡有六十多戶，大多數是漢人，藏民還是只有那三戶。他的老家在四川另一個縣，一九六〇年代初政府把他們遷移到這裡來的。

我環顧四周，山上全是人工種植的松樹，坡上還有梯田的痕跡。這個村子顯然是「退耕

圖3-1：三家寨

還林」村，種菜是村民的重要生計來源。我問他菜賣到哪裡？他說主要是運到成都。村子下面就是三一七號國道，交通還算便利，但在遠離大城市的山區，靠種植單一的季節性蔬菜維生並非易事。好在不能「靠山吃山」的話，還能「靠路吃路」，村裡自辦「農家樂」，為川藏路上往來的遊人提供廉價住宿，既為村民增加收入，又為遊客降低費用，也是件雙贏的好事。

回到村子裡，我和H去看那兩座藏寨。其中一座似乎改造成了「民俗館」，門口放著一架木風車，牆上還掛了幾個鏡框，介紹村子的情況。其中一個鏡框裝著兩張伐木照片，文字介紹說，在一九九八年「天保工程」以前，村民早期主要靠勞務輸出謀生：「每年四至十月，全村勞動力肩挑背扛，上山伐木，三家寨農牧民八十%的收入靠伐木而來。」

「天保工程」即「天然林資源保護工程」，是一九九八年爆發長江特大洪災之後，政府在長江、黃河上游實行的環保工程。這是一項「國策」，具體行動是撤銷一些林業局，禁止開墾坡度二十五度以上的山坡地，並把已有的耕地還原為林地。政府為受此國策影響的農牧民提供一點補貼，「退耕還林」地區至少補貼八年。從圖片介紹看來，這個村子「還林」已經十四年了，山上樹已成林，村民的補貼期應該已經過了。

繞過藏式民房，一幢獨棟兩層樓房前豎著告示牌，在中國，這是「政權機關」的特徵之一。我們走過去，見門口掛著兩塊漢藏文字的牌子。一塊是白底紅字：「中共紅原縣刷經寺鎮三家寨村支部委員會」；另一塊是白底黑字：「紅原縣刷經寺鎮三家寨村民委員會」。令我驚訝的是，牆上掛著兩塊醒目的大牌子：「司法行政」、「公安」，「公安」還是英漢雙語。小樓兼作「遊客接待中心」，牆上還掛了個「警民聯繫箱」。

告示牌上貼著該村的詳細介紹：

……全村共六十三戶一百七十八人，耕地面積九十九點一十八畝，退耕還林地四百三十一點二畝，主要經濟收入以種植季節蔬菜為主，二〇一〇年人均純收入三千七百八十元。本村曾先後獲得「四川省文明村、四川省生態文明村、四川省『五十百千』城鄉環境綜合治理示範村、阿壩州精品旅遊村寨建設示範村、紅原縣社會治安綜合治理先進村」的光榮稱號。

三家寨村黨支部共有黨員十六人，其中正式黨員十三人，黨員年齡結構分布情況：二十五歲—三十五歲五人，三十五歲—四十五歲九人，四十五歲—六十五歲二人。平均年齡三十九週歲，黨員學歷分布情況：高中三人，初中七人，小學六人。

一個不到兩百人的村子，黨員人數居然占全村總人口的九%。也就是說，每十一人中就有一個黨員，該村十八歲以上的人口中黨員比例應該是相當高的。該村「兩委成員」，即各種「村官」有九人，分管黨務、共青團、民政、宣傳紀檢、計畫生育、環境、檔案管理、安全等等，甚至還有個民兵連長。不知他們是否屬於脫產或半脫產人員。從收入狀況來看，三家寨勉強達到「農村小康標準」，也就是說，按照中國標準，這個人均每天十點三五元人民幣的村子已經脫貧，而且算是個比較富裕的村子。

這個僅六十三戶，人口不足兩百的村子裡，政黨、行政、軍事、公安、司法一應俱全，但未見有人負責教育和醫療。我好奇地想，孩子們到哪裡去上學，村民去哪裡看病呢？

在村裡漫步，我注意到這個村子裡並非每家都插國旗。整個村子只見兩根掛著國旗的旗杆，一根在村邊，另一根在一座藏式民居裡。這是因為三家寨雖在藏區，卻是個漢人村莊？還是因為村子在公路上方，路人不易看見？

警察和「反邪教」

三家寨離刷經寺七公里，從三家寨往北，峽谷漸寬。不久，緊靠路邊出現一個村莊。房舍是一模一樣的藍瓦白牆紅門小院，鐵門上裝飾吉祥結、法輪和寶傘圖案。顯然又是個統籌設計的新村子，我請X駛進去看看。

村子中央豎著一塊流行的民俗式樣廣告牌，上面用藏、漢、英文寫著「亞休村」三個美術字，褪色廣告上印著「精品旅遊村寨」。村裡很安靜，只有幾個孩子在路邊玩耍，兩、三老人背著手踱步。

X把車駛進村裡，正前方是一座倒U字形平房，牆上掛著醒目的政府權威象徵：「公安」、「司法」兩塊大牌子。房子中央的旗杆上掛著國旗，房頂上安著「亞休村」三個金色大字。走到「公安」、「司法」牌子下，我看到另外四塊牌子：「紅原縣公安局刷經寺派出所駐亞休村警務室」、「紅原縣刷經寺鎮亞休村調解室」、「中共紅原縣刷經寺鎮亞休村村支部委員會」、「紅原縣刷經寺鎮亞休村村民委員會」。

村委會陣勢如此之大，村子有多大規模？我找到貼在「村務公開欄」上的亞休村介紹，原來這個村子是二〇〇九年建造的牧民定居點，共八十一戶一百六十五人，其中常住戶三十九戶，九十人，卻有一名駐村領導、三名下派幹部和二名駐村幹部，還有七名本村幹部。「平均每十三人就有一個幹部！」我對H笑道：「差不多是『緊密盯人』啦。」

走到布告欄前，一眼就看到「崇尚科學　反對邪教」的大幅布告。「邪教」指的是「冒用宗教、氣功或者其他名義建立、神化首要分子，利用製造、散布迷信邪說等手段蠱惑、矇騙他人，發展、控制成員，危害社會的非法組織」。布告上列出中國主要宗教是「佛教、道教、伊斯蘭教、天主教、基督教」這五大宗教，還詳細比較「宗教」與「邪教」的區別，卻未指出具體的「邪教」組織有哪些。

布告一角貼了幾張連環畫形式的「反邪教」漫畫，畫上的「好人／壞人」一目了然。小時候我對

「好人／壞人」的概念主要來自於這類給兒童看的連環畫，沒想到幾十年後還在使用這種宣傳方式。我從未聽說藏傳佛教裡有「邪教」一說，不知何故漫畫是漢藏雙語。布告牌上還貼著一份題為「紅原縣婦聯家庭拒絕邪教倡議書」的文件，倡議每個家庭「自覺投身『警示教育活動暨簽訂家庭拒絕邪教』承諾卡活動」，要求各家「充分發揮家庭第一防線作用」，拒絕邪教。婦聯要求大家拒絕的是什麼「邪教」？看了半天不得要領，村委會鎖著門，附近只有幾個小孩子在玩耍，沒人可問。

過了亞休村後，我們路過一個叫塘星村的村子。這個村子跟前兩個村子大同小異，只是較為簡陋，也許不是個「精品旅遊村」，所以沒有張貼該村的詳細資訊。塘星村之後是加當村。這個村子頗有「藏文化元素」，牆上畫著吉祥八寶圖案，屋簷下還畫著白圓點兒。我注意到有戶人家門上掛著一束乾艾草，判斷這個村子不是以藏人為主的村子。我跟一家門前的女人閒聊了幾句，她證實了我的判斷。公路從這

圖3-2：漢藏雙語的反邪教標語

個村子中間穿過，把村委會和村莊隔在公路兩邊。每個村莊都有一模一樣的兒童遊戲場，加當村的兒童遊戲場緊貼公路，而且沒有欄杆保護，孩子們在這樣的狀況下遊戲，真令人捏把汗。

二〇九號省道線上，距離刷經寺鎮前後不到十公里，我們經過四個警務室。如果阿壩州每個村子都有警務室，而且都是平均不到十五人就有一個幹部的話，阿壩的基層社會真是在極其嚴密的控制之下。從「家庭反邪教倡議書」看來，「維穩」已經扎扎實實地「維」到了每一個家庭。

然而，阿壩州卻是近年藏人自焚案最多的地區。

刷經寺與「三壤口」

天空布滿鉛灰色的雲，看樣子在醞釀一場暴雨。沒過多久，天上飄起小雨。瀟瀟細雨中，我們這四人二狗組成的旅行隊抵達了刷經寺。刷經寺是川西高山深谷區和川北草原區的交界點，過了刷經寺，就走出峽谷，進入草原了。

刷經寺在歷史上屬於壤口部落，為「三壤口」中的「下壤口」一部。壤口的意思是「銅鍋」。這個部落的祖先據傳是吐蕃帝國派來戍邊的兵卒，吐蕃帝國崩潰後，兵卒們留在這裡，與此地土著融合，加上後來從其他地方遷移過來的藏人，漸漸發展成一個頗具規模的獨立部落。某一代老土司將轄地分給三個兒子，因此形成上、中、下壤口，統稱「三壤口」。大約在明代，這個部落依附於梭磨土司。現在「三壤口」分屬紅原縣刷經寺鎮、壤口鄉和龍日鄉。

刷經寺在理縣、馬爾康、黑水、紅原四縣連接點上，西控馬爾康，東遏黑水，北上通甘肅，南下到成都，可謂阿壩的心臟地帶，因此歷來為兵家所重之地。成都往阿壩縣的公路修通後，刷經寺是這條交通幹線的中間點。

這個鎮的發展與一九五二年的「黑水戰役」有關。由於它的特殊地理位置，黑水戰役中，它成為軍隊和物資集散地。一九五四年，阿壩州府遷到刷經寺，這裡開始發展起來，後來州府遷到馬爾康，此地的發展也就基本停止了。現在的刷經寺只是紅原南部的一個區鎮，但也是幾個縣往來的必經之地。一九五六年，草地藏民暴動時，成都軍區奉總參命令成立的「平叛指揮部」也駐在刷經寺。

這個區現在以一九六〇年代初遷來的漢人為主，也是紅原的主要農區。

X去加油站加油，我們三個去找吃的。大家都不想進鎮，路邊只有一排破舊房子，開了幾家小吃店和雜貨店。有家小店裡坐滿了人，J進去一問，店家賣大米粥和油餅。我們坐在木頭板凳上，就著一小碗炒醃菜，喝粥啃餅子，有一搭沒一搭地閒聊，隻字不提我們的下一個目的地：若爾蓋。

從刷經寺北行，我們一步步接近現時的「高度敏感」地區，而且不久就會進入「紅色歷史」裡「雪山草地」中的松潘草地。其實，草地不僅跟紅軍有關，那一帶還發生過一系列其他重大事件。自一九三五年中共初次與藏人接觸到現在，不到百年時間裡，這一帶的藏人至少與中共發生過兩次相當規模的武裝衝突，即長征期間的對抗和一九五六年的「草地叛亂」。此後，還發生過文革期間被定性為「新叛」，遭到軍隊嚴酷鎮壓的「紅成事件」，以及這兩年發生的藏人自焚抗議事件。

喝完粥，我從背包裡找出紅原地圖。把地圖右轉，紅原的形狀看上去像一隻奔跑的羊。白河貫穿全縣，像一條線穿起一串鄉鎮，這些鄉鎮又像一條線，穿起一串歷史事件。從刷經寺往北，我們即刻就會經過新康貓、中壤口、壤口鄉、龍日壩（上壤口）等地。麥窪鄉和唐克鄉在相反方向，看樣子我只能選其一。

新康貓就是「新康貓寺」所在地。「康貓」意思是「紅牆」，直接翻譯成「紅牆寺」要比「康貓寺」好多了，「康貓」這個音譯聽上去有點兒調侃的味道。康貓寺是嘉絨地區著名的寺院，「刷經寺」這個名字就源於早先的康貓寺印經院。

康貓寺這個名字在紅軍資料和文獻中多次出現。長征資料顯示，一九三五年五月，紅一方面軍第一軍團曾駐康貓寺。六月下旬，紅四方面軍一部從理番縣出發，占領貓康寺，並在寺裡「獲鹽千斤、糧食七、八石」。九月，紅軍左路軍從草地南返，其一部駐康貓寺。十月，紅四方面軍駐過康貓寺。紅四方面軍醫院還曾轉移到康貓寺。

刷經寺附近有新老兩個康貓村，老村在刷經寺以南，新村在刷經寺以北。《四川新聞網》有篇關於「新康貓寺」的報導，形容這座寺院「絕對是人間仙境」。為什麼康貓寺有「新、老」之分？報導說因為老康貓寺「失火被焚」，但沒說是什麼時間被焚的。《嘉絨藏族史志》對此只有一行字：「西元一九三五年因遭兵禍，寺院被毀。」所有資料都沒說是誰毀了康貓寺，但一九三五年的「兵禍」顯然與紅軍過境有關。

一九三七年，康貓寺重建，為「新康貓寺」。重建的寺院又毀於文革。一九八〇年後，康貓寺再次重建。因此，現存的康貓寺其實是「新新康貓寺」。

紅軍從「老康貓寺」繼續北上，就進入阿壩地區。當時的「阿壩」指的是現在的阿壩縣一帶，也就是墨桑土司的轄地，與現在的「阿壩藏族自治區」是完全不同的概念。在阿壩，紅軍將與彪悍的草地藏人相遇，並遭遇一次重大失利。

紅軍過了夾金山，進入藏區後，立刻陷入他們始料不及的困境。到了卓克基後，情況日趨嚴重。當時的情形，跟隨中央紅軍長征的共產國際顧問李德（Otto Braun）如此描述：

> 至於我們和當地居民的關係，比起從瀘定到懋功的途中還要惡劣，嚴格地說，幾乎沒有什麼關係。如果說我們在懋功以南還偶然能遇到一些居民，雖然幾乎都是川西人，那麼到懋功北面就根本不見人跡了。村落和院宅被遺棄了，儲存的糧食被收藏和搬走了，牲口也被趕走了，周圍根本沒有

任何可以買到或者可以從地主那裡沒收的東西。

這種狀況造成的直接影響是：紅軍領導人雖然決定北上，卻不知道北上之路。打不下松潘就沒法走松潘往甘肅的古商道——松甘驛道，必須另外找路。他們沒有翻譯，找不到嚮導，只得派部隊去探路。這個任務落到了紅一方面軍第二師師長陳光和紅一軍團政治部主任朱瑞身上。七月初，兩人率領紅六團和紅五團一個營，加上師直屬部隊共八百多人北上探路。這支部隊從卓克基開到馬塘，然後經過「老康貓寺」北行，進入「三壤口」的上壤口，即現在的龍日壩地區。出發前，他們奉命留下存儲的糧食，邊走邊籌糧。他們顯然沒有料到，往北行人煙越來越少，糧食更加難尋。藏區寺院通常有大量存糧，但康貓寺的存糧已被先於他們到達的部隊悉數弄走。這支部隊不僅得「餓著肚子執行探險任務」，而且面對的還是他們從未遇到過的彪悍草地藏騎。

就在龍日壩一帶，北上探路的部隊與墨桑土司楊俊紮西率領的兩千多部落兵相遇。此役紅軍死傷四百多人，陳光負傷。紅六團幾乎全軍覆沒，殘餘部隊退回馬塘，後來隨主力北上。過草地後，紅六團取消番號。

墨桑一譯麥桑，是草地最大，也是勢力最強的部落。據說楊俊紮西當時被馬步芳委任為「西北剿匪第一路第五縱隊麥桑支隊司令」，他召集上、中、下阿壩的部落兵丁，組成一支兩千多人的騎兵隊，在上壤口一帶阻擊紅軍，正好遇上陳光率領的探路部隊。

陳光探路失敗，直接影響了紅軍下一步的選擇。面臨「西有藏騎，東有國軍」的態勢，紅軍不得不「走敵人不走的路」，從草地中心北上，進入沼澤地帶。

這次作戰失利後，紅軍領導人開始重視與騎兵作戰的戰術。八月六日，中革軍委發布《關於對敵人騎兵戰鬥的指示》，教導指揮員如何與騎兵作戰，還為士兵編了《打騎兵歌》。八月中旬，紅三十一軍一部在上壤口一帶與楊俊紮西再次遭遇。這一次藏騎潰敗，楊俊紮西率手下逃往果洛。

一九三六年，紅四方面軍在甘孜組建三千人的騎兵師，許世友任司令。這支騎兵隊在二、四方面軍北上途中，一路跟藏人部落武裝和國軍騎兵打仗，打到甘肅後只剩下兩百多人。

我們從刷經寺繼續北上。望著漸漸開闊的谷地，我想起幾十年來發生在這塊土地上鮮為人知的一切，心裡湧起無法言說的哀傷。歷史的荒誕在於：幾十年後，當年戰爭中敵對的兩方，昔日的紅二師師長陳光與墨桑末代土司華爾功臣烈，最終的結局竟然基本相同。

陳光是湖南人，原名陳世椿。他在一九二六年參加農民運動，次年加入中共。他還是「井崗牌」的老資格，長征期間擔任前衛。一九五〇年，陳光被任命為廣東軍區副司令兼廣州警備區司令。司令當了不到一年，他就被整肅，成了「反黨分子」，被開除出黨，撤職軟禁，後來又被押送到武漢「監督居住」。一九五四年，陳光在監禁中去世，死因不明，未經官方證實的傳言說他是自殺身亡。他去世三十四年後才被平反。

陳光去世那年，墨桑部落末代土司華爾功臣烈作為全國人大代表，去北京參加首屆全國人大。此後，他擔任過一系列地方和中央級職務。一九六六年，文革爆發時，華爾功臣烈投河自盡。一九七九年被平反。

當二十一歲的湖南農民陳世椿參加暴力的「湖南農民運動」時，當他從井岡山走向川西北草地時，他可曾想到他同時也在鑄造自己日後的悲慘命運？相比之下，他的老上級林彪的命運更加不堪。

墨桑末代土司華爾功臣烈走進北京人民大會堂時，大概也不會想到，即使一九五〇年他與中共達成「和平解放」協議，「民主改革」期間他主動交出部落的全部武器，此後一直接受中共對他的各種安排，他及他的族人、家人仍然無法逃脫種種迫害。

「暴力革命」沒有最後的贏家，「革命者」和「革命對象」最終都被同一頭嗜血怪獸吞噬。

公路在壤口鄉與通往黑水的三〇二號省道交叉。我請X在壤口鄉酸奶協會的小店前停下，進店買了幾盒著名的壤口犛牛酸奶。賣酸奶的藏人女孩把盒子裝進塑膠袋，順手往袋子裡頭放了幾支塑膠勺和幾小包白糖，微笑著遞給我。

我看著女孩腕上的念珠，想起不久前阿壩發生的多起藏人自焚事件，欲言又止。

歷史已成過去，可是未來又在哪裡？

滂沱大雨中，我進入茫茫草地

山路盤轉，越轉越高，把我們帶到一座山頂：海拔四千三百多米的查針梁子。山頂豎了一堆岩石，最大的石頭上刻著「長江黃河分水嶺」幾個字。確切地說，這道山梁是長江流域和黃河流域的分水嶺，山的東南方是長江水系的大渡河流域，西北方是黃河水系的白河和黑河。

站在山頂遠眺，灰沉沉的天空下山巒起伏，雲層薄處露出一線雪山。俯視山谷，濃綠中有一條條彎曲的銀線，許多細細的溪水在草原和山谷裡流淌，逐漸匯成大江大河。

我突然意識到，我在長江邊長大，在黃河畔求學，兩條大河的水滋養了我的生命，兩大流域的文化豐富了我的人生。此刻，我真切地意識到，雪山下的民族用信仰守護的神山聖水，正是我的生命之源。可是，那些年裡我卻從未關心過這兩條大河上游的一切。我從未想過那裡住著什麼人？他們是怎樣生活的？他們經歷過什麼？

我走到岩石背後，站在掛滿哈達的鐵絲網邊，將一疊風馬拋向空中。

翻過山梁，眼前豁然開朗，草原突然展現在我面前。

八月高原，灌木和小樹已現秋色，牧草綠得深濃，平緩的草坡像層層水波漾到天邊。帶著質感的灰雲貼著丘頂，沉沉壓向地平線，在遠處凝成一道灰黑。烏雲中忽地一道亮光飛流直下，某個地方下暴雨了。

剛想搖下車窗拍照，車頂上突然劈劈啪啪大響，暴雨驟降。剎那間路上雨點飛濺，車窗水霧蒸騰，車子好像掉進了水裡。在進行曲一般的雨聲中，我們進入龍日壩草原。

幾分鐘後，暴雨倏然停住，天色忽一下子亮起來。草原從深綠變成翠綠，公路西側，一條小河閃著珠灰色波光。這是噶曲（白河），當我們進入草原的時候，同時也告別了長江流域，走進黃河流域。

路兩邊排列著白帳篷，帳篷外的經幡被風吹得平平展開。有的帳篷外拴著馬，有的隨意放著炊具，帳篷前的牌子顯示，帳篷裡的人家並不是真正的牧民，而是為遊客提供「牧民生活體驗」的「牧家樂」。望著蒼綠草原，我很難想像這個美麗的地方曾經是個相當規模的勞改農場。這座農場建於一九五四年，當時名叫「四川龍日農場」，下轄三個分隊。在軍隊看管下，數量不明的各類服刑者在龍日壩、安曲和哈拉瑪，即現在的紅原縣城邛溪鎮一帶大規模墾荒，將草原改造成耕地。

第一代中共領導人多數來自農民家庭，作為「職業革命家」，他們早就脫離了土地，而且對畜牧業一無所知。在他們看來，土地就是用來生產糧食和經濟作物的，凡是沒有用來耕作的土地就是「荒地」，理當開墾種糧。高寒草原有的是「荒地」，只需足夠人力，就可以「向荒地要糧」。於是，中共建政後，很快開始軍墾和農墾，用這樣的方式安置大批復原轉業軍人和城市閒散人口，同時也把「鎮反運動」中被判刑的人趕出城市，讓他們在不為人知的邊遠地區自生自滅。

一九五四年，數量不明的服刑者在這片草原上「與地奮鬥」。他們開渠排水，疏乾沼澤，建場一年後就播種了八千畝地。龍日農場的第一代領導人是長征親歷者，想來對過草地時的飢餓有深刻的記憶。那時候他們雄心勃勃，引進拖拉機組成機耕隊，計畫把整個龍日壩草原十六萬多畝的草場改成機械化大農場。次年開始，現在的紅原、阿壩和若爾蓋又建立了阿壩、唐克、瓦切等大型農場，從成都等地招來

「青年墾荒隊」和復員轉業軍人，將上百萬畝草原開墾成耕地，種青稞、甜菜、亞麻等作物。

「馬上奪天下」的中共各級領導人按照他們習慣的戰爭思維和戰爭動員模式，不顧自然規律，採用「人海戰術」對森林、沼澤、草原大打「人民戰爭」，結果糧產量連農場職工自給都做不到；其他經濟作物由於運輸困難得不償失，各農場連年虧損，只好把農場又改回牧場。可是，自然規律不以人的意志為轉移，沼澤疏乾後就難以還原了。高原濕地是黃河水源之一，濕地面積縮小的結果自然會影響黃河水量，對整個生態系統帶來巨大影響，而且造成了難以逆轉的草原退化。人們至今還在承受那時「與地奮鬥」的後果。

除了對自然環境的破壞，還有人的際遇和命運。這座勞改農場建立在海拔三千六百多米的草原上，一九五〇年代，這裡是人煙罕至的地方。關押在這裡的是什麼人？他們為何被押送到這裡？他們之中有多少人活過了那場大饑荒？勞改農場後來變成軍馬場，現在又變成種畜場，許多人與事消失在歷史雲煙中，無處查詢。

過了龍日壩不久，二〇九號省道與三〇二號省道交匯。三〇二號省道是成都往阿壩的公路，即「成阿公路」，是川西北地方交通幹線之一。

我翻開地圖。沿成阿公路不僅可以到阿壩，還可以到青海果洛州的久治縣。阿壩和久治都是我熟悉的歷史現場。如果從岔路口拐彎，走三〇二號公路，我們可以實地觀察阿壩當下的狀況，而且還不必繞道甘肅進青海，只是這樣走就去不成若爾蓋了……。

J和H異口同聲反對。J說他們去年進過久治，雖然走的不是這條路，但進了久治後路況很糟，與其受那份顛簸，不如走國道去西寧，時間雖然長點，不過可以順路去拉卜楞寺看看。H問我怎能確信我們的行蹤沒有在高科技監控之下？阿壩縣現在可是「頂級維穩區」，我們闖進阿壩縣，沒准就是自投羅網。穩妥起見，還是去甘肅吧。

一直想去阿壩縣，是因為在這個川、青、甘三省交界地區，發生過許多現代史上鮮為人知的事件。在形形色色的「宏大敘事」中，那些事件不是被掩蓋，就是語焉不詳，特別是有關紅軍長征的那段歷史。長征期間，紅一、二、四方面軍都經過藏區，在阿壩境內累計達十六個月，其中駐留時間最長的是張國燾部，他們在阿壩走過的地方也最多。可是，幾十年裡，關於長征的「英雄主義」宣傳基調掩蓋了「流寇主義」的行為，以及那些行為造成的後果，使得此後發生的事件看上去成了無源之水。

一九三五年八月，朱德和張國燾率左路軍自卓克基出發，北上阿壩。在龍日壩附近，他們遇到楊俊紮西所率的部落騎兵阻擊。數千藏騎試圖阻擋紅軍進入阿壩。兩方在龍日壩附近接觸後，藏騎潰退。對於紅軍在其他地區的行為，阿壩各部落早有所聞，於是各部落民眾集體逃亡。楊俊紮西帶領全家逃到果洛。

朱、張率部到達阿壩。張國燾在《我的回憶》中說：

> 我們西行三天，通過草地，順利到達阿壩。這裡是這一帶藏族的中心，西部草原南邊的一個名城，有「藏族成都」之稱。阿壩的大喇嘛廟建築雄偉精緻，極為壯觀。這個大喇嘛廟的兩側，還有幾個較小的喇嘛廟，四周有數千的喇嘛住宅和上百戶的店鋪，結成一個長方形城市，大小等於內地的一個普通縣城。這裡附近是一片平坦地，平靜的大金川穿流期間，河邊有大片的青稞地，周圍有更廣闊的美麗草原。我們到達這裡時，喇嘛大多已逃亡了，留下的糧食卻能供我軍幾個月之用。

這座雄偉精緻的寺院就是阿壩格爾底寺。

左路軍總指揮部設在格爾底寺，朱德、張國燾等領導人住在大殿樓上，軍隊分散住在寺院裡。他們找到未及逃跑或者留守看家的五十多名藏人，召開了「群眾大會」，宣布成立「川陝省阿壩蘇維埃政府」，選出了名叫俄紐的十八歲女孩當主席。這個「蘇維埃政府」並無任何活動，張國燾率部南下後，「阿壩蘇維埃政府」也就自動解散了。

九月中旬，張國燾在格爾底寺大殿裡召開「川康省委擴大會議」，即「阿壩會議」，就下一步是「北上」還是「南下」的問題，與會者發生了激烈爭辯，「省委擴大會議」幾乎開成了「鬥爭會」。會後，左路軍離開阿壩，沿阿曲河南下，返回馬爾康。

紅軍離開後，在山裡躲了一個多月的僧俗民眾返回家園。他們看到寺院一片狼藉，一百多個銅質轉經筒只剩下一個，其餘不翼而飛。大殿裡的壁畫全部遭到破壞，有的壁畫上寫了他們看不懂的漢字，有的被塗抹。大幅唐卡有的被鋪在地上充當坐墊，有的被用來作避雨的篷布，佛像的手臂被卸掉，經書被燒，有些殿堂被拆掉，木料用來生火。一些民眾家裡也遭到破壞，藏起來的糧食、酥油統統被搜走。

在阿壩草原地區，每隔數百里就有一座寺院。在人煙稀少的高原草地，寺院有多種功能，也是一個部落或者一片地域的中心。紅軍進入藏區後，很快發現土司官寨和寺院是駐軍和補充給養的好去處。他們所到之地，寺院受到無妄之災，有時候甚至被一把火燒掉。藏人對此深惡痛絕。這一帶的藏人世代以遊牧為生，他們與世無爭，在高原水草地裡過著自給自足的日子。一九三五至一九三六年，紅軍在上、中阿壩先後籌集了三十多萬斤糧食，留給當地藏人的是歷史上第一次饑荒。

雖然紅軍長征是發生在我出生前二十年的事情，但在我成長的年代裡，一直到今天的中國，沒有人不知道長征，沒有人不知道長征決定了中國的命運。但是，紅軍長征的一路上發生了什麼，我們其實並不知道。我們對長征的認知，來自於毛澤東的一首詩，那首七律的八句中有四句寫的是紅軍經過藏區。還有來自於宣傳部門的描述，譬如我們青少年時代熟悉的《長征組歌》，以及經過粉飾的「老紅軍回憶」。在這些詩詞和回憶錄中，紅軍長征是悲壯的英雄史詩。長征是「播種機」，播下了革命的種子；紅軍所到之處，民眾夾道歡迎，紛紛投身革命。我們根本就沒有讀到過別人所描述的紅軍長征。事實上，紅軍長征從江西出發後一路上經過的地方，今日的老百姓已經無人知道當年情況，除了新編的地方志裡可能有一筆帶過，可以說大軍過後如今已了無痕跡。只有藏區除外。紅軍長征留在了藏人的集體記憶中。

當我們沿著當年紅軍長征的足跡一路走來，來到藏地的山谷草原，身臨其境，常識出現，英雄史詩的宣傳頓時化為碎片。自古兵法講「兵馬未動，糧草先行」，紅軍也是要吃飯的，幾萬人的軍隊，一頓飯要吃掉多少糧食？可是長征卻是一支沒有先行糧草的遠征軍，吃飯問題是怎麼解決的呢？毛澤東的詩詞和《長征組歌》裡都沒有說。我們從革命回憶錄裡知道，紅軍在長征途中是一路自籌糧食的，走到哪裡吃到哪裡。在漢地，那就是靠「打土豪」來解決。「打土豪」後，紅軍帶走從「土豪」和商家搜到的糧食、現款、金銀珠寶等，紅軍帶不走的田地、房屋、傢俱、農具等則分給農民。因此，「中國革命」的早期一直是「打土豪，分田地」，而非「打土豪，分財富」。到了藏區，紅軍用的也是同樣辦法。問題是藏區人口少，存糧十分有限，而且，這些糧食對於生活在嚴酷而封閉的自然環境下的藏人來說，是生存的必需。生活在深山和草原上的藏人和漢人不同，他們是沒有地方可以逃荒，沒有地方可以乞討的。沒有了當年收穫的糧食，下一年怎樣活下去就成了嚴峻問題。可是，對於紅軍來說，吃飯問題更是生存必需，既然到了這個地方，就只能吃這個地方。於是，糧食問題就成為紅軍過藏區的主要問題。

紅軍搶走了藏人的糧食和牲畜，而被搶走了糧食的藏人是如何度過以後的日子？他們因此而經歷過怎樣的困難生活？我們沒有見到過任何文字記載。這一事件也一定給紅軍的領袖們留下了難忘的記憶，毛澤東和鄧小平在幾十年後都提起過，紅軍虧欠了藏民。如今我們沿著紅色旅遊線一路走來，對當年紅軍搶糧、藏人護糧的情景，只能從紅軍將領自己回憶錄的零星流露裡略知一二。然而，只有了解「英雄史詩」背後的史實，才能理解，今日藏區發生的一切，並非毫無前因後果。

中國建政後的幾十年中，阿壩地區發生過一系列事件。一九五〇年代初，中共軍隊在這一帶追剿國民黨殘餘部隊，一直打到一九五三年。一九五六年，中共開始在草地推行「民主改革」，建立「牧業合作社」，把富裕人家的牲畜集中起來辦「公私合營」牧場。「合營」幾年後，牧場變成「國營牧場」。對藏人來說，當年的紅軍又來了，這回不但對他們的掠奪更徹底，還要改變他們的社會結構、宗教信仰和生活方式。「民主改革」開始不久，藏人就奮起反抗。一九五八年，中共在「宗教制度改革」運動中，大規模摧毀寺院，藏人反抗更加激烈。這就是官史中偶爾會提到的「草地叛亂」事件。

文革期間被官方定為「新叛」的「紅成事件」，也是從阿壩縣開始的。這個事件後來蔓延到青海和甘肅，數十萬人捲入，全部死傷關押人數至今未公布。這一事件造成無數冤案，根據後來的阿壩州委書記楊嶺多吉回憶，「紅成事件」在阿壩州涉及阿壩、紅原、若爾蓋、壤塘四縣以及松潘的毛兒蓋地區，當時那幾個縣總人口不過十五、六萬人，「叛亂分子」就定了三萬人。一九八〇年代初，當時的中共總書記趙紫陽指示四川省委重新審查這一事件，後來定為冤案，成千上萬的受害人才得以平反。

一九五八年的「民主改革」中，紅軍住過的阿壩格爾底寺和查理寺是「重點改革」目標。阿壩格爾底寺逃過一劫，據說是因為朱德曾在寺裡住過。然而，這座寺院沒能逃過文革。一九六八年，阿壩格爾底寺被拆毀。現在的寺院是一九八〇年後重建的。

二〇〇八年的「拉薩事件」發展成整個藏區的事件，阿壩民眾上街抗議時，武警向手無寸鐵的民眾開槍，打死二十多人。二〇一一年，阿壩格爾底寺發生第一起自焚抗議事件。此後，藏人自焚抗議事件此起彼伏，引起全世界關注，阿壩縣格爾底寺也成了「重中之重」的「維穩目標」。從二〇〇八年到現在，阿壩一直是「高度敏感」地區。

縱觀歷史，可以說中共與阿壩藏人從第一次接觸開始，至今處於不同形式的對抗狀態。

在二〇九和三〇二號省道分岔的三角形路口上，我們沿二〇九號公路直行。我靠在椅背上，看著三〇二號省道朝西彎去。我與阿壩就這樣擦肩而過。

車頂又一陣暴響，大雨傾盆而下。

牧民在哪裡？

大草原上來往的車很少，公路幾乎是筆直地伸向前方。略有坡度的路段上，灰沉沉的雲貼著路面，彷彿一踩油門就會衝進雲裡。

我望著路邊彎彎繞繞的噶曲河，突然有種奇怪的感覺：草原上怎麼「空蕩蕩」的，看不見牧人的帳篷，也看不見牛羊？

幾分鐘後，路邊冒出幾座黃牆紅頂白窗櫺的平房，房子式樣差不多，門卻朝著不同方向。有座房子門半開，窗子缺了一半，看樣子沒人住。也許是因為下雨，房子四周看不到人，路邊的房前經幡一動不動，濕淋淋的五星旗垂在屋簷下。

幾分鐘後，路邊出現一片大工地，十來輛大卡車停在離公路約百米的草地上。接著是房子，一大片房子。這些房子的式樣大同小異，多為黃牆紅瓦的平房，還有一座看上去很新的寺院，寺院外牆的轉經廊裡，一個白髮老人躬著腰，正在轉經筒。過了寺院，路邊有座藏區常見的大型宣傳牌。我看到大紅字下面的村莊圖畫，急叫X停車。宣傳牌上寫著「中共紅原縣安曲鄉委員會　紅原縣安曲鄉政府」，原來這裡就是安曲！安曲曾經是安曲部落的牧地。一九五八年，中共在川西北草原實行「民改」，將部落中擁有牲畜較多的十五戶人家集中建立「公私合營牧場」，一九七三年又把公私合營牧場改為國營牧場。

我突然明白這片房子是怎麼回事了：這是個牧民定居點。

「遊牧民定居工程」是中國政府近年來在西南西北地方實行的一項「國策」，其主要內容是以建立「牧民定居點」的方式，將西藏、四川、青海、甘肅、雲南、新疆、內蒙古等七個省、自治區內的遊牧民定居下來。這項「工程」涉及二十四萬六千戶、一百一十五萬七千人，其中藏人占總人數的五十八%，也就是說，在短短幾年內，六十七萬多名以遊牧為生的藏人將放棄遊牧生涯，集中住在定居村裡。

牧民定居不是現在才有的事，早在一九五三年，中央民族事務委員會就確定了遊牧民定居政策。一九五七年十一月召開的「牧區畜牧業生產座談會」上也討論過牧民定居問題，要求「凡是遊牧的地區，應當首先定居下來，以利於社會主義改造和社會主義建設」。公社化運動中，牧區開始施行定居政策，至一九五九年，全國已有兩百多萬牧民定居。

一九八〇年代初，「人民公社」制度解體，牧區效仿內地的「家庭聯產承包制」，把牲畜和草場承包給牧民。在浩瀚草原上遊牧，獨家獨戶是很難應對各種問題的，因此遊牧民族通常有自然形成的嚴密組織。中共建政後，不惜以戰爭的方式強行取消了歷史形成的部落制度，代之以「社政合一」的人民公社。一九八〇年代初公社撤銷，公社改成鄉，牲畜承包給牧民，草場卻沒有承包，於是，牲畜大大增加。到了一九九〇年代，決策者發現草場退化問題嚴重，才把草場劃分成小塊，承包給家庭。這樣一來，「去組織化」後的牧民成了以家庭為單位的「單幹戶」。這種制度跟內地農村現行的土地制度一樣，牧民只有草場的使用權，沒有擁有權。草原過度放牧的問題並沒有因此解決，

二〇〇一年六月，中央第四次西藏工作座談會決定在西藏自治區啟動遊牧民定居工程試點。二〇〇六年，「農牧民定居工程」在西藏自治區全面開展，至當年底，一萬零七十三戶牧民定居。二〇〇八年，中央「實施擴大內需政策」，在全國開展牧民定居。

二〇〇八年十月，四川藏區全面啟動「牧民定居行動計畫」。根據這項計畫，四川全省將在二〇〇八至二〇一〇年這四年間投入五十億元，「讓四十七萬牧民告別傳統遊牧生活，實現『家家有固定房，戶戶有新帳篷，村村有活動中心』」。這項計畫也被稱為「富民安康工程」。

但是，四川省政協的一份文件顯示，這項「工程」是該省「保增長」的措施之一，其目的是通過「擴大投資」來「保增長」。投資從哪裡來呢？文件說：

阿壩州今年建設定居房一萬套，財政補貼一億元，將帶動牧民投資八億元；甘孜州今年建設一萬二千套，財政補貼一億二千萬元，將帶動牧民投資九億六千萬元；整個藏區今年解決二萬二千戶牧民定居問題，財政補貼二億二千萬元，將帶動牧民建房投資十七億六千萬元。

今後四年我省藏區將建設牧民定居房九萬九千套、一億零四十三萬九千六百平方米，按每平方米造價九百元、政府補助每戶一萬元計算，將撬動民間資金八十四億元，拉動投資九十四億元，對當地GDP的貢獻預計將超過十%。二是「行動計畫」的實施將拉動牧區基礎設施投資力度。到二〇一二年，將建成定居點一千四百零九個，定居點配套公共設施建設的財政資金將達四十多億元。按每戶投入三萬元進行房屋裝修等生活配套設施建設計算，將拉動牧民投資三十多億元。這項投資對GDP的貢獻預計將達五%左右。三是「行動計畫」的實施將拉動牧區產業發展的投資力度。隨著牧民定居，牲畜棚圈、暖棚、貯草棚、冬季草場的建設也將進行。按每戶投入三萬元進行牲畜棚圈等生產設施建設的保守資料計算，將在幾年內拉動牧民投資三十多億元。

很明顯，「保增長」的主要投資分額既非來自海外，也非來自政府，而是來自牧民。也就是說，這項改變牧民生活方式的行動，其實是從牧民口袋裡掏錢來「保增長」，換言之，是從牧民那裡吸金以確保當地政府的GDP增長。

二〇一二年，「牧民定居工程」成為一項「國策」，就在我們出發前往藏區的兩個多月前，國務院總理溫家寶主持召開國務院常務會議，通過「全國遊牧民定居工程建設『十二．五』規畫」，根據這項規畫，全國二十四萬六千萬戶、約一百一十五萬七千名遊牧民將在幾年內定居。其中藏人占總人數五十八％。根據國家發改委、住房和城鄉建設部和農業部共同制定的計畫書，牧民定居的意義是：一、全面建設小康社會；二、轉變畜牧業發展方式；三、保護草原生態；四、維護民族團結和邊疆穩定。

當「定居計畫」成為「國策」後，不管牧民是否願意，都不得不服從。

可是，國家作出如此重大決策，整個過程中卻沒有給牧民們自己發表意見的機會，甚至沒有人提出要問問牧民們自己的意願，這是十分令人擔憂的。讓遊牧民定居的所謂「意義」和「理由」，是宣傳上的大話空話風格，給人很不靠譜的感覺。憑什麼說牧民定居下來就是建設小康社會了？轉變畜牧業發展方式又是為什麼，轉變成什麼樣的方式？這個方式可行嗎？牧民們願意嗎？保護草原生態又和遊牧有什麼關係？在這個地區，遊牧方式至少已有一千年以上的歷史，為什麼現在需要改變了？改變了以後就能保護生態了嗎？

最有直接關係的恐怕是最後一點，即這一邊疆地區的政治穩定，政府對於定居點更易於監控。

其實，中共在這一地區建政以後，早就搞過類似的計畫。早在上世紀五十年代初，在這個地區強行實行合作化的同時，政府就搞過「帳房街道化」，把傳統遊牧的牧民部落，重新組織成人民公社裡面的大隊，劃分固定的地點實行帳房街道化。以後的幾十年裡，中共不斷地發動政治運動，以此方式來改變人的思想，也改變人的生活方式。

當溫家寶主持國務院常務會議來推行這個規畫的時候，在場的不僅沒有一個牧民，他們也不曾想到要聽聽牧民自己的想法。但是他們仍然信心滿滿，以中央政府的名義，開始了這個龐大規畫，來改變百萬牧民世代傳承的生活方式。在宣傳的時候，他們絲毫不懷疑他們是在做一件好事。

中國政府憑什麼有這樣的信心？

我就此問題請教過一位在藏區工作的漢族幹部。據他給我的解釋是：定居工程的主意來自於某位省委書記，他在牧區看到遊牧民生活非常落後，相當淒慘，出於惻隱之心而下決心由國家來幫助遊牧民改善生活。這個出發點聽起來相當動人，我卻出於常識而有點懷疑，因為中國城鄉需要幫助的人太多了，省委書記不可能不知道，想要靠國家直接改變生活方式來改善弱勢者的生活，國家再怎樣富強也沒有這個能力的，為什麼不幫其他人，偏偏幫助分散在草原上的遊牧民呢？為什麼幫助他們改善生活就得強行讓他們定居呢？

我想，這位幹部是想讓我知道，定居工程的出發點是高層的善意。他想說的是，溫家寶總理親自主持國務會議來策畫牧民定居，老百姓總不應該懷疑溫總理的善意吧？可是，最近半個多世紀的歷史一直在提醒我們，所有造成巨大災難的荒唐政策，當年都有一個說出來很漂亮的出發點。一個國家的方針政策是否正當合理，絕不可以用領導人的出發點來判斷，更不可以輕信領導人自己所宣講的動機。對領導人的動機和智商保持懷疑態度，是國民能夠避災免禍的標誌。如果沒有這種態度，那麼當人為的災禍降臨的時候，後悔是沒有用的。

最近的三十年一直在說，要改變此前三十年那種「拍腦袋」的決策方式，要講「科學決策」。可是科學決策到底是什麼，怎樣才能搞科學決策，卻不再深究。其結果就是中國人幾十年來不斷地說要接受歷史教訓，卻從來也不想想應當怎樣避免重複「歷史教訓」。今天這樣的做法，到了明天很可能又是一個「慘痛的歷史教訓」了，因為領導人的思想方法沒有變，國家決策機制和過程沒有變。現在看來，過去的錯誤很荒唐，而今天正在做的事情，將來回頭看，一樣的荒謬，一樣的無法理喻。溫總理主持的牧民定居國務會議，是顯而易見的拍腦袋決策。等到將來造成了災難性的後果，誰來負責任？到那時，溫總理對那些不得不承受災難的遊牧民說：「我當初的出發點是好的。」又能解決什麼問題？

用出發點和良善的動機來為影響他人生活方式的政策辯護和解釋，是非常不嚴肅的做法。

中國是一個農耕民族，安土重遷是農耕文明的特點，春播秋收，年復一年，是農耕民族的生活方式。中共的高層領導人心理上都是農耕社會的農民，中國政府在精神氣質上就是一個農民的政府。也許這不能簡單地說好或是不好，然而，作為一個權力載體，中國政府不應當以農耕文明的傲慢來對待其他非農耕文明的人，以及他們生活方式。

「牧民定居計畫」實行以來，遭到一些境外藏人組織和人權組織的批評，認為這項「國策」違背牧民意願，強行改變了牧民的生活方式，由於缺少其他謀生技能，定居後的牧民無法實現產業轉型，因而生計成了問題。

既然到了這裡，我想順便了解一些定居點的基本情況。刷經寺前後的幾個定居村都是以漢人為主的村子，安曲應該是個以藏人為主的牧民定居點。我下車環顧，四周卻看不到一個人。陰暗的天空下，整個定居點看上去毫無生氣。

過定居村不遠，路邊出現一片平坦草地。一群犛牛低頭吃草，幾座黑白帳房旁邊飄著經幡。一座黑帳房頂冒出濃濃白煙，帳房裡的人家也許正在煮茶。草地被鐵絲網分隔成好幾塊，每塊草地裡有幾座帳房，犛牛都圈在鐵絲網裡。傳統上牧民逐水草而居，每年至少要轉換兩次草場，草場屬於部落，牲畜屬於牧人，如果部落過度放牧導致草場超載，整個部落的生計都會受到威脅，因此，傳統的遊牧「草—畜—人」是一個互相依存又互相制約的系統，打破這個系統的平衡，整個生態環境就會受到破壞。

以家庭為單位劃分草場，使草場細碎化，牧民只能在小片草場上放牧。這樣一來，傳統的放牧方式不再可行，現代方式又超出單個家庭的經濟能力，牧民迫於生計，草場過度利用在所難免。這種制度最終形成了跟內地「三農問題」性質差不多的「三牧問題」，以及生態破壞帶來的一系列嚴重後果。

中共建政後，在川西北草原建立了不少新城鎮，漢人人口大幅增加。《紅原縣誌》中的人口資料顯示，一九四九年，現在的紅原縣漢人和其他民族人口不足百人，僅占總人口的零點五二%；到了一九六四年，漢族和其他民族人口已達全縣總人口的三十二點二五%。藏人人口的自然增長，以及大規模移民造成的人口機械性增長，使牧區人口密度大大增加，勢必打破原本的生態平衡。比方說，為了解決城鎮人口的燃料來源，草原泥炭就被開採做燃料，其結果之一就是導致沼澤乾涸，繼而造成草原沙化。

公路邊的河就是噶曲河。雖然是雨季，這條河看上去只有幾米寬，窄處看上去不到三米。這條河在中共黨史上應該是有一席之地的。一九三五年，張國燾率紅軍左路軍從阿壩出發北上，就是在安曲一帶被噶曲河所阻。當時噶曲河水暴漲到三百多米寬，部隊無法渡河，張國燾遂下令部隊掉頭南下。

我望著這條曲曲彎彎的小河，很難想像它還會漲到三百多米寬。幾十年的大規模移民、開荒種地、採金、開礦、挖藥、疏乾沼澤、過度放牧等活動，使川西北草原這片全世界面積最大的高原濕地成為中國生態破壞最嚴重的地區之一。我想起曾在網上看到的一句話：「重走長征路：紅軍不用過草地了，要過沙漠！」一九六〇、七〇年代，為了「提高草原利用率」，政府組織民眾在沼澤地上開出上千條排水溝，將濕地的水排入黃河，以為這樣可以使沼澤變成草場。然而，自然規律並不服從人類意志，「與地奮鬥」的結果，沼澤沒有變成牧場，卻變成了沙漠。我在人民網的一篇報導上看到，目前川西北草原可利用部分的五十六％已經處於高度退化狀態。草原上曾經有三百多個大小湖泊，在二十年裡，有二百多個湖泊乾涸。

「牧民定居工程」的目標之一是促進牧民產業轉型，以減少草原載畜量，保護草原生態。也就是說，當年政府決策錯誤的後果，不僅由牧民來承擔，而且還要牧民出資來承擔。

遠處的山包下有一片新房，旁邊的山坳裡，無數經幡組成一個個彩圈，像草地上盛開的鮮花。

公路突然加寬，路兩邊密密地豎著與周遭環境和文化背景不相融的花型路燈，燈杆上掛著五顏六色的廣告，每支燈杆上還掛了一面五星旗。一塊路牌指示前方將過哈拉瑪橋。哈拉瑪，一個消失了的部落名字。現在，哈拉瑪草原上的這個城鎮叫做邛溪，是紅原縣城。

著名的紅原縣奶粉廠就在邛溪鎮上。這家工廠的前身是第五世貢唐倉仁波切在一九五七年自籌資金建立的公私合營奶粉廠，當時名叫「貢唐和平奶粉廠」。工廠成立一年後，貢唐倉仁波切被四川省委統戰部派人請到成都，當時他不知道，那是政府對他實行的誘捕。他被捕入獄後，工廠旋即被政府「接辦」。貢唐倉仁波切被關押二十一年，直到一九七九年四月才被平反釋放。

我們沉默地穿過邛溪鎮，誰也無意下車。我靠著車窗，看著「格薩招待所」、「香滿園川菜」等等式樣單調的招牌匆匆閃過。

「他們不懂我們的心！」

我們沒有在花湖停留。也許是因為終於來到幾年裡不間斷研究的歷史現場，心裡有種難言的沉重，我全無遊興。J回頭對我說，瓦切塔林就在去唐克的路邊，二〇九和三〇一號省道交匯處，去塔林看看吧。

沒多久，雲霧蒼茫的天空下出現一片白塔和無數經幡。幾分鐘後，我站到了帳篷般的大片經幡前，經幡背後聳出一排排黃色的佛塔頂。兩座精緻的經樓高高聳立，鉛灰色的雲層在四層金頂背後翻捲湧動，經樓彷彿是天空的一部分。

我走進轉經房，推動沉重的經筒。轉經房裡很暗，一道淡淡的光從門口照進來，落在被無數雙腳踩得硬實的地上。我不由想起達蘭薩拉小鎮中央的尊勝佛母塔。也是這樣精緻的金頂，也是這樣沉重的經筒，一位老僧坐在經筒旁邊，笑眯眯地看著我……門口射進的光一暗，一個年輕人走進來，他身後跟著個中年男人。年輕人鬆鬆地裹著皮袍，腳穿大紅球鞋，一條手臂裸露在袍子外面，衣袖長長地拖著，典型的牧人裝扮。他把右手黑紅相間的念珠換到左手，右手握住經筒底部的鐵圈，跟上我們的步子。經筒轉速一下子快起來。

轉了幾圈，年輕人放開經筒，朝門口走去。我突然產生一個衝動：我想跟他聊聊。他們倆剛出門，我追出去：「請問……」

兩人停下來，轉身望著我。

我一時不知說什麼，突兀地問道：「……你們會說漢話嗎？」

年輕人說：「會。」

我壓低聲音：「請問，這裡有嘉瓦仁波切（藏人對達賴喇嘛的稱呼）的畫像嗎？」

年輕人神色一變，狐疑地注視我：「你問這個幹什麼？」

「我想了解一下。」我說：「沒有別的意思。」

年輕人目光銳利：「你們從哪裡來的？」

「我們從美國來。」我低聲說：「過兩個月要到達蘭……」我掃一眼四周，幾個遊人從塔林那邊走來。「……印度去。他們不讓我們去拉薩，我們打算在康和安多走走，看看情況到底怎麼樣。」

年輕人的表情開始放鬆：「你們是記者嗎？」

「不是。」我說：「我們是研究藏區現代歷史的作家。」

我問他們是什麼地方人，「就是這裡」中年人回答。

「麥窪部落？」

中年人很驚奇：「你怎麼知道？」

「我知道一九五六年到一九六〇年你們這裡打仗的事。」我說：「一九五六年你們麥窪部落跟漢人軍隊打過幾次仗。你們部落死了好多人。」

麥窪部落是一九二九年從甘孜地區遷移來此地的，後來形成一個八部落、二寨子的部落聯盟。一九五六年整個部落有近一千六百戶，是草地最大的部落之一，當時的部落大頭人名叫澤郎華爾登，他與阿壩土司華爾功臣烈、卡爾勾土司澤郎華爾德是姻親。

那年中共在農區開展土改，草地形勢緊張，麥窪工委奉命撤出。他們夜間離開時，沒有通知部落，部落不知他們去哪裡，遂派人跟隨窺探，部隊開槍打死幾人，己方也有一人受傷。第二天部隊搜山，見一群「藏族騎兵坐地燒茶」，即用機槍掃射，結果打死了唐克部落的十三個老民。這就是新華社內參裡提到的「墨窪（麥窪）問題」。從內參報導看來，此前麥窪部落並沒有主動攻擊工委人員，也沒有發生《紅原縣誌》裡所說的「大規模叛亂」。一九五六年十二月，中央慰問團與澤郎華爾登談判，慰問團答應賠償死者家屬，退回被部隊「繳獲」的馬匹，部落送還扣留的貿易公司三萬銀元以及一些物資。

但是，一九五七年到一九五九年期間，中共在草地開始社會改造，激起民眾反抗。茂縣軍分區動用五個團、二十一個營的兵力，在麥窪一帶「平叛」。僅一九五九年，中共軍隊在「麥窪平叛」中就「殲敵九百九十八人」，繳獲「各種槍支三百六十七支」。解放軍在麥窪地區一直打到一九六〇年底，共「殲滅」兩千多「叛匪」。

中年人點頭：「小時候聽老人說過。」

提起那段歷史，一下子拉近了我跟他們的距離。

「到那邊去說話。」年輕人對我說。

我們離開經樓，走到路邊一堆建築材料邊。

我對他們說我想了解一點牧民定居點的情況。中年人告訴我他就住在定居點裡。我問他那些房子是政府免費提供的嗎？不是，政府補貼每家八千元人民幣，每家還要付一筆錢。先蓋房，後付款，錢是政府借的，一般每戶人家都欠幾萬塊錢。

「你從外面看那些房子都很好，進去就知道，裡面什麼都沒有。」他說。牧民不習慣睡床，以前要轉場，也不會買很多傢俱，現在住在空空的房子裡面，很不舒服。

「政府要你們定居的時候，徵求過你們的意見嗎？」H問。

「沒有。」中年人說：「就是告訴我們，不能再放牧了，都要搬到村子裡去住。」

「為什麼不能再放牧了？」我問。

「說牲口太多了。」

「牛羊怎麼辦？」

「賣了。」

中年人說他們並不喜歡定居。住下來以後年輕人沒事做，找不到工作。政府不管他們怎樣過日子，各家自己想辦法。

我想起一位朋友曾寫信問我藏區計畫生育的事。我問他們有關計畫生育的情況，中年人告訴我，他們准許生二胎，但是二胎後必須結紮或者「放圈」。

「有沒有強制流產？」我問。

中年人想了想，說：「我們這裡沒有聽說過。」

我想起進入阿壩後，隨處可見有關計畫生育的大標語，可以確定，少數民族地區同樣實行計畫生育政策，但是比漢區略微寬鬆。處於遊牧狀態的牧民，一直是「計畫生育」中很難控制的人群，定居之後，政府要控制藏人的人口發展就會容易得多。

正說著，兩人突然停下來，警惕地望著前方。我回過頭，幾個遊客模樣的男女青年朝我們走來。一個脖子上掛著相機的女孩問班禪喇嘛佛塔在那裡。年輕人指向白塔群：「那邊。」

我問他們寺院的情況。中年人告訴我，年幼的男孩不准出家，寺院裡也不准公開掛達賴喇嘛的照片。

「這裡面沒有畫像。」年輕人說。

「家裡有嗎？」

「家裡當然有。」中年人說。

「可以公開掛嗎？」我問。

「有的時候會查，有人來查我們就藏起來。」中年人回答。

「這樣做有什麼意思呢？」H說：「就算不掛尊者的照片，你們心裡不還是崇拜他嗎？」

「他們不懂我們的心！」年輕人說。他手撫胸口，臉上流露出痛苦的表情。

H和我無言。我不知道「他們」是不懂藏人的心，還是出於權力的傲慢和文化偏見，根本不想去懂得藏人的心？

第四章

黃河九曲第一彎

即將消失的大草原？

離開瓦切塔林，不到十公里就進入了若爾蓋縣。若爾蓋是四川最北的縣，二〇九號公路在縣城達紥寺鎮連接二一三號國道，沿國道朝西北方向前行，過了郎木寺就是甘南。

從瓦切北行，一路都是丘陵草原。路邊上的牌子顯示，若爾蓋草原現在是國家濕地保護區。公路兩邊草場碧綠，噶曲河閃著銀白波光，目光所及處，皆是綠色的山丘和草地。很難想像二〇〇七年，聯合國濕地保護專家大衛・布蘭科發出的警告：如果若爾蓋濕地的沙化問題不治理，不到二十年，若爾蓋濕地將成為世界海拔最高的高原沙漠之一，因此引發的沙塵暴將頻頻襲擊成都平原。

公路兩邊看不到黃沙蔓延的狀況，但衛星圖上卻能清晰地看到大片沙地，還能看到沙地裡乾涸的河道和湖床。事實上，若爾蓋全縣十六個鄉、四個國有牧場中，已經有十一個鄉（場）成了沙區。

專家們認為，造成草原沙化的主要原因之一是改革開放以來，牧民為了致富而飼養過多牲畜。其實

「冰凍三尺，非一日之寒」，我找到過一本農業部一九七五年出版，「只限國內發行」的小冊子《草原盛開大寨花》，其中有篇文章署名為「唐克公社第一大隊黨支部」，題為〈在尖銳的階級鬥爭中開展學大寨〉。這篇文章說，那個只有四百七十人的生產隊從一九六五年開始「學大寨」，十年裡，「前六年」各類牲畜平均每年增加六十二頭，「後四年」平均增加二千一百九十二頭。這就是說，從一九七一年到一九七五年，這個生產隊平均每年牲畜增長率是一九六五年到一九七一年的三十四倍。一九七四年，他們的牲畜數量比一九六九年增加了七十點七%，比「民改」前淨增三點六倍，而且四年中「向國家交售羊毛八萬二千斤，牛、羊皮九千多張，肉、役畜五千多頭」。與此同時，這個生產隊還進行「草原改造」，挖排水溝疏乾沼澤，反對者被當作「階級敵人破壞」批鬥。這篇文章顯示，草原牲畜的大規模增長並非最近這些年的事，而是一步步發展到現在的狀況的。

我想起那個建於一九五六年三月的「國營唐克農場」。繼「龍日農場」後，政府從成都和重慶招來一批「青年墾荒隊」，在黃河和白河三角洲上，「拖拉機日夜不停地向荒地進攻」，建場當年就開墾了幾千畝地，並在四千多畝地裡播下青稞、小麥、亞麻、甜茶、馬鈴薯等農作物。這個農場曾經導致牧民強烈不滿，並成為牧民反抗中共的原因之一。

在沒有絕對無霜期的高寒草地種糧，只需常識就知道結果如何。可是一九六一年十二月三十一日的《人民日報》卻刊登了一篇題為〈草地大面積試種糧食成功〉的報導，宣稱唐克農場該年種植的一萬多畝青稞，「一般畝產六十斤到八十斤；種植的油菜兩萬多畝，畝產三十多斤；甜菜畝產一千五百斤左右。」而且「大面積種植的小麥、亞麻、蔬菜、飼料等，收成也很好。」

然而，就在「試種糧食成功」兩年後，「唐克農場」下馬，改成了「唐克牧場」。幾年後，唐克牧場又與茂縣軍馬場合併為白河軍馬場，一九七九年後成為白河牧場。在作為國營農牧場的那些年裡，原先的唐克部落駐牧地先是被開墾成得不償失的農田，繼而大片低窪草場又被改造，結果唐克地區成為嚴重沙化地區之一。

若爾蓋縣曾有七個省屬或縣屬的國營牧場，包括從農場改成的牧場。牧場最初都是一九五八年以贖買和沒收的方式，將富有牧民的牲畜集中起來創建的「公私合營牧場」。這七個牧場共占有全縣「可利用草場」的四分之一。在一九八〇年代的資料裡，這七個牧場都宣稱自「民改」以來他們的牲畜大量增長，黑河牧場「粉碎『四人幫』以來，牲畜總增均在二十%以上」；阿西牧場建場時有六千多頭牲畜，到一九八〇年代中期增加到二萬多頭，增加了三倍多。這些國營牧場都是為國家提供肉食和各類畜產品的。現在，這些牧場所在地幾乎都是沙化嚴重的地區，想來與以往的「機械化開荒」、「沼澤改造」和「牲畜淨增長率」脫不了關係。

若爾蓋政府官方網頁只提到該縣「獨特旖旎的自然風光、古樸多彩的民族風情、濃郁厚重的宗教文化、英勇悲壯的紅軍精神」，卻隻字未提該縣草場沙化面積已達七十萬畝，「潛在沙化草地」九十一點五萬畝，而且以每年十一點六%的速度遞增。

在唐克，我才知道「武警」是什麼樣子

唐克在若爾蓋縣西南部，甘肅瑪曲縣和四川阿壩縣的角上，是若爾蓋南部的一個鄉鎮。二〇九號公路從瓦切斜向西北，在若爾蓋的唐克鎮又直插東北，在大草原上畫出一個九十度的三角，瓦切、唐克、達紮寺鎮占據了這個三角的南、北、西三個點。

「西部旅遊」興起後，唐克成了黃河上游的一個著名景區。「天下黃河九十九道彎」，第一彎就彎進了唐克。當然，第一彎其實是個巨大的彎，從青海彎出，經過四川、甘肅又回到青海。唐克在這個彎靠近頂部的地方，白河在唐克匯入黃河，兩水相交處是一個名滿天下的景點。不過，我是從一九五七年的

新華社《內部參考》裡知道唐克的，那時候唐克還是一個遊牧部落的名字，而當時的「唐克區」則是唐克、索藏、轄曼、嫩哇部落的屬地。現在，這四個部落是三個鄉和兩個國營牧場所在地。

中共建政前，現在的若爾蓋縣是「包座七房」和「若爾蓋十二部落」的駐牧地，唐克就是十二部落之一。現在的若爾蓋縣是一九五六年成立的，建縣後，中共在草地施行社會改造，將原先的部落合併成十六個「人民公社」，建立起政社合一的基層政權；一九八〇年代初，公社撤銷，原先的十六個公社改成十六個鄉，唐克遂成為若爾蓋縣的一個鄉。

車行不久，深綠的草原上出現一大片白色。到了近前，我看到一座尚未完工的牧民定居點。路邊的大廣告牌用藏漢文寫著：「唐克鎮嘎爾馬牧民定居行動計畫暨民族團結新村工程」。廣告背景上的設計圖顯示，這個定居村是個整體規畫設計的社區，裡面有寺院、學校等公共設施，每家都是獨立樓房，表面看來很不錯。社區尚未完工，房子基本上全是空殼，門窗尚未安裝。學校模樣的房子前豎著籃球架，球場卻一片泥濘，幾個人坐在戶外的木桌邊不知在做什麼。陰沉沉的天空下，這個空蕩蕩的大型定居村顯得很古怪。工地盡頭有塊彩色木牌，上面寫著「唐克鎮」三個字。

我們在唐克派出所兼若爾蓋縣公安局草原騎警大隊的樓房前進入唐克鎮。唐克是個頗具規模的鎮子，當中一條水泥大街，兩邊的花燈上掛著大紅燈籠和各種廣告，樓房上豎著五星旗。兩邊的樓房看上去很新，仔細看才知道，臨街的房子全都經過美化。陣雨剛停，人行道上積著一個個水窪，路邊停著各種車。整個鎮子到處是旅店、餐館、禮品店，儼然是個高度商業化的旅遊城。這裡已是草原深處，街上往來的行人裡有不少穿藏袍、頭上包著頭巾的女子，幾個穿皮袍的年輕人騎著摩托車疾馳而過。

唐克鎮黨委和政府辦公位於大街當中，大門口掛著鍍金牌子，國徽下還有毛澤東手書體「為人民服務」五個金字。我走到豎在大門一側的方形木牌，拍下牌子上的「唐克鄉介紹」。

「介紹」說，唐克鄉在若爾蓋縣西南，距縣城六十四公里，海拔三千四百九十米，沒有絕對無霜期，現已被劃入「若爾蓋濕地國家級自然保護區」。這個鄉有一百四十六萬畝草場，其中「可利用」草場一百四十二點七萬畝。唐克鄉是個純牧業藏族聚居區，全鄉共六個牧業村，一個居民委員會，十四個機關單位，總人口一千零八十一戶，五千一百五十八人。

我們在街上找了家小藏餐館吃午飯。我坐在面對大玻璃窗的桌前，一邊吃藏式麵片，一邊看著街上的行人來往。行人裡突然出現幾個迷彩服。當下的中國除了正規軍隊、民警、協警，還有一支由正規軍改編的「第二武裝」：武警。不管在哪個城市，到處都看到穿各種制服的人，我始終沒弄清楚哪些制服屬於哪個部門，只知道他們都代表嚴酷的國家權力。

我指著一個從「為人民服務」大門裡走出的「迷彩服」問J，那個「大兵」是哪一路的。她回頭看了一眼：「武警。」

原來這就是武警。唐克鄉只有六個村子，卻有騎警、武警、公安警察等等，想必還有民兵，難怪這個小小的鄉竟然有十四個機關單

圖4-1：唐克鎮看起來像個縣城

位。我不由好奇：在這個面臨草原沙化危機的高原縣裡，「維穩」費和治沙費，孰重孰輕？人民網的報導說，成功治理一畝沙化草地需花費六百六十元人民幣，這筆錢肯定低於一名武警一個月的費用。

我望著武警穿過街道，消失在一家商店裡，心想如果照這樣高額維穩下去，遲早有一天，若爾蓋騎警大隊的馬會換成駱駝，高原沙漠的沙塵會降落到北京。

藏在「第一彎」裡的往事

午飯後，我們四人二狗離開唐克，前往「黃河第一彎」景區。這個景區離唐克鎮約十公里，包括「第一彎」和索克藏寺。

若爾蓋縣是四川最北的縣，地處甘肅、青海、四川三省交界處。現代中國人對這一地區的點滴了解，很大程度來自於一代又一代的「紅色教育」。紅軍過草地過程中幾個著名的地點如班佑、巴西、阿西茸等都在二一三號國道附近，我們此刻所在位置的東北部。我繞道唐克，是為了重返另一個鮮為人知的歷史現場。

最近一些年來，班佑、巴西、阿西茸等地已經成了「紅色聖地」，政府斥資重建了一批「紅色景點」，吸引一批批「重走長征路」的人從中國各地到那裡去參觀，接受「愛國主義教育」。

然而，歷史並非如此單純。一九三五年八月，紅軍到達「草地第一村」班佑寨時，班佑土司澤旺紮西率領草地十二部落武裝在寨子邊的山上阻擊，雙方打了兩小時，紅軍才攻下部落武裝占據的高地。部落武裝撤往達紮寺，即現在的若爾蓋縣城一帶。此役有二百多紅軍士兵陣亡，藏人死傷三人。

班佑是牧區，糧食有限，紅軍在班佑寨短暫停留後開往巴西。巴西地區當時是「包座七房」的居住區，有大小七十多個村寨。紅軍到達時，百姓已悉數逃走。他們返回村子後，「地裡的青稞基本上割完了，一些沒有割的坡地裡只剩下一些光杆杆，糧架上的糧食也沒了，河那邊的豌豆地裡堆放著豌豆藤，走近去看沒有一粒豌豆，藤藤用來搭作窩棚，一堆一堆的，裡面住過不少人。」不僅糧食顆粒不剩，有的寨子還被燒毀。有些人家發現家裡留下銀元和紙片、布片，可是那些紙片、布片是「中華蘇維埃共和國國家銀行」發行的紙幣和布幣，完全沒有價值。

「巴西會議舊址」班佑寺是一座建於一七三一年的薩迦派寺院，毛澤東曾在寺院裡住過數日。紅軍開拔後，離開寺院還不到兩公里，寺院突然燃起大火，整座寺院付之一炬，僅剩幾堵殘垣斷壁。後來民眾擇地重建寺院，但重建的寺院毀於文革「破四舊」。現在的「國家級紅色景點」班佑寺是一九八〇年後再次重建的，正如遍布全國的各種「假古蹟」。真正的「巴西會議舊址」，是那座大火後留下的殘壁。

第二年，地裡的青稞剛剛抽穗，又一批紅軍到達巴西，當地藏人再一次倉惶逃走。他們回來後，紅軍沒割完的青稞掉在地裡，又一年顆粒無收。此外，紅軍將許多死於傳染病的士兵屍體棄之荒野，甚至留在民眾家裡。他們走後，班佑、巴西、阿西茸一帶爆發了一場當地藏人從未見過的傳染病。班佑寺四百多名僧人中有七十多人死亡，活下來的人「滿臉麻點」，疑似天花。

毛澤東「長征詩」裡有「三軍過後盡開顏」之句，但「三軍過後」卻給當地人留下了饑荒和瘟疫，可想而知，當地藏人並不「開顏」。

那是中共與安多藏人的第一次接觸，也是第一次交鋒。二十年後，「老紅軍」又來到了草地。

我懷著憑弔故戰場的心緒，走到河邊草灘上。

幾道水橫在我面前，水面波光冷冷，河水帶著沉重的質感，像一幅巨大的灰緞，靜靜鋪展在草原上。河對岸的草已現初黃，我腳下的草地依然色彩繽紛，粉白黃藍紫各色花朵，正在展現夏日最後的美麗。

我朝西北方向眺望。圓渾的山下聳出兩座佛殿的金頂，那是建於一六五八年的索克藏寺。寺院面前的山梁伸向曠野，山梁頂端，五色經幡組成一個巨大圓環。我知道，站在寺院邊的山頂上，就會看到黃河在我面前左旋右轉，轉出九道柔和的彎，是為「黃河九曲」，若爾蓋最著名的自然風景。

我轉身西望，沉沉灰雲下，一道黃綠相間的平緩草山橫在天邊。兩山低處，隱隱現出另一道黛色峰巒。黃河對岸是甘南瑪曲縣。

溯源而上，黃河在甘、青交界的瑪曲縣城尼瑪鎮進入甘肅，一路流向東南，經過四川若爾蓋縣的轄曼，在唐克一帶轉向西南，又在瑪曲縣的采日瑪一帶轉向西北，回到青海，在高原草地上繞出一個大大的右旋，這就是黃河首曲。因此，真正意義上的黃河第一彎在瑪曲，那是我計畫中的下一站。

黃河首曲經過青海黃南自治州河南蒙古族藏族自治縣、甘南州瑪曲縣、四川若爾蓋縣和青海果洛州久治縣。這幾個縣都是一九五六年到一九六二年青藏高原上那場祕密戰爭的戰場。幾年來，我無數次對著地圖、軍事作戰圖

圖4-2：黃河第一彎附近的牧民定居點

和衛星圖，參照兩方親歷者的口述和回憶，將歷史的碎片一點一點地拼攏，讓沉落在歷史深處的事件漸漸浮現。

根據中共官方資料，一九五五年初，若爾蓋的形勢開始緊張不安。資料未提引起形勢緊張的原因。但是，中共進入草地後，大小軍事行動不斷，在與國民黨殘部作戰的同時也打擊反對中共的部落武裝。當時甘南碌曲、若爾蓋、黑水等地部落對中共並無好感，幹部、測量隊、郵遞員等常常遭到襲擊，甚至人數不多的軍隊也時常被藏人伏擊，沒有資料顯示那些襲擊是有組織的「叛亂」，更像是少數人的隨機行動。軍隊「剿匪」時不分青紅皂白大開殺戒，一九五四年二月，軍隊在現在的若爾蓋凍列鄉然多村打死打傷「無辜群眾」三十多人，即至今詳情不明的「然多事件」。

一九五四年，糧食統購統銷政策推行到若爾蓋。這一地區糧食產量有限，一九五〇年之前，全縣約六點一萬畝土地，各類糧食產量約三百一十萬公斤，按照當時的總人口，平均每人一個月不到九公斤。一九五五年初，當地牧民和回民就到工委請願，要求解決糧食問題。這一年，中共在若爾蓋農區，即紅軍曾大規模「籌糧」的巴西、阿西茸等地開展土改，至十一月下旬結束。

一九五六年三月，中共開始在若爾蓋農區設立稅務所，同時國營唐克農場在唐克部落的草場上大規模圈地開荒，唐克部落的牧民被禁止進入他們原先的牧場，政府還命令他們交槍。在政府看來，土地草場統統都是國家的，政府可以為所欲為；而在牧民部落看來，草場世世代代就是他們賴以維生的駐牧地，歷史上從未有外來人占據他們的牧場，而且政府一邊在產糧區實行統購統銷，控制農民的口糧，一邊又在牧區大規模開荒屯墾，擠壓牧民生存空間，加上「老紅軍」留下的歷史傷痕，兩方的衝突難以避免。

一九五六年四月，就在阿壩州政府宣布「農區基本完成民主改革任務」之後不到半年，各部落紛紛起事，參與者約三千五百多人，加上甘南的幾個縣和青海果洛、班瑪等縣，總共約十六萬人參與。中共成立「中國人民解放軍川、甘、青邊境聯合指揮部平叛前線指揮部」，派至少三個團進入草地。這年六月二十一日的新華社《內部參考》報導：「若爾蓋地區在我軍到達後共打死、打傷、俘獲敵人二千多人」；《若爾蓋縣誌》提供的數字是「擊斃五百二十五人，打傷二百六十二人，俘二百三十一人，投降一千七百八十七人」，這僅僅是一九五六年的資料。

這年十二月，中央慰問團到阿壩訪問期間，與若爾蓋部落頭人們談判。當時唐克部落頭人華爾謙和部落民眾逃到麥窪地區，華爾謙表示對四川政府不滿，要求移居甘南；並派人提出十一項條件：一、政府賠償部隊打死的十三個部落老民家屬；二、部落百姓願住哪裡就住哪裡；三、本部落的積極分子和幹部交由部落處理；四、繳獲的物資不予退還；五、談判過程中若發生衝突，部落不負責；六、不再外出參觀；七、唐克農場不再開荒；八、對保護宗教作出切實可行的規定；九、投降時間推遲一個月；十、不交槍；十一、與其他部落領袖喝血酒盟誓，如政府再有錯誤，則聯合反抗。

這十一項條件很清楚地說明了唐克部落反抗中共的原因，同時也顯示唐克部落頭人的態度：他認為自己有權按照他們的傳統來解決衝突，而且，如果政府有錯在先，部落有權反抗。用現在的話來說，唐克部落頭人這些條件表現出明確的「權利意識」。然而，對政府來說，向政府提條件本身就是「驕橫」、「氣焰囂張」。雖然中央慰問團與唐克部落達成了七項「解決問題」的協定，對唐克頭人十一項條件中的一、二、六、七項作出讓步，換取唐克部落的投降，但這只是權宜之計。中共不會因為藏人的反抗而放棄對藏區的粗暴社會改造。

一九五八年，中共開始在牧區實行以「民主改革」為名的社會改造。若爾蓋諸部落又一次起來反抗。反抗再次遭到鎮壓。接著，中共在這裡開展「合作化」、「四反運動」、「鎮反」等一系列政治運動，用建立合作社、公私合營牧場、賠款、罰款、沒收等方式「摧毀封建經濟」，在此過程中「沒收封建底財三十多萬元」，「結合賠款、罰款和沒收，共挖出封建底財價值九十餘萬元，現金（含金銀首飾）

八十一萬九千二百八十元，糧食七萬三千五百九十八公斤，各種物資折款等封建浮財價值三百三十三萬一千四百六十七元」，成立了六個公私合營牧場，沒收牲畜八萬五千三百七十一頭。然而，「打土豪」之後，分給民眾的只不過「價值四十三萬四千三百九十元的生產和生活資料」，平均每戶只分得區區八十六元五角四分的「勝利果實」。這一系列運動徹底摧毀了草地牧民原有的社會結構和經濟結構，將牧民轉變成「公社社員」或牧場的牧工。

在強制性社會改造的同時，政府在農區大幅提高稅收。《若爾蓋縣誌》中的資料顯示，一九五七年政府在若爾蓋的青稞徵購量比一九五五年增加六十六點一％，一九五八年比一九五七年增加二百七十七點九％，一九六〇年比一九五八年增加四百一十一點九％。我想知道若爾蓋農牧民是怎樣度過大饑荒的，但至今未見任何資料。

一九五六至一九六一年間，若爾蓋的農牧民們一波又一波地反抗中共強加於他們的社會改造，反抗一次又一次被鎮壓。在一九五〇年代的鎮壓中，若爾蓋地區到底有多少農牧民死於非命，至今仍未公布。《若爾蓋縣誌》在「落實政策」一節中說，一九八三年「處理一九五八年前後平叛遺留問題」時，「全縣平反改正二千五百六十三人，占當時打擊面（含捕判、集中管訓、戴帽子）的九十二點三一％，其中，判刑改正二百四十九人，占判刑人數的六十點七％，長期集訓管訓改正二千零五十九人，占九十七點二六％，戴帽二百五十五人，全部改正。」這個資料不包括戰場中打死的人數，也未包括「無辜死亡群眾」的人數。這份資料裡說當時的「打擊面」占總人口三點零八％，但與該書人口資料比較，這個百分比有明顯錯誤。按照一九五七年若爾蓋人口資料，這個數據高達總人口八點七％。加上死亡人數，該縣在中共稱之為「民主改革」的社會改造期間，直接受到迫害的人數不會低於總人口的十％。

這個資料背後的血淚，至今鮮為人知。

我曾多方尋找向中央慰問團提出十一項條件的末代唐克部落頭人華爾謙的下落，但至今沒有找到任何關於他的信息。這個當面向中央慰問團道出「政府再有錯誤，部落還將反抗」的部落頭人，不知何時消失在草原深處。「政府有錯，民眾有權反抗」，當今中國此起彼伏的維權抗爭行動，背後的信念不正是如此嗎？

來自四面八方，站在索克藏寺後面的山頂眺望「黃河九曲」的遊人是否知道，這座寺院是一九八〇年後在原寺的廢墟上重建的？拍攝美景的鏡頭是否能穿透歷史的風雲？鏡頭後面的眼睛，能否看到「第一彎」曾經經歷、正在經歷的一切？

一片烏雲飄來，雨點沉重地落在草地上。草葉花瓣上水珠晶瑩，點點如淚。遠處，索克藏寺的金頂在雨中閃光，山梁上的經幡如同一朵開不敗的巨大鮮花。

那天，我打開電腦……

二〇一〇年，我在西寧曾偶遇一位中年藏人幹部。這位素不相識的藏人幹部請我在一家僻靜的回民餐館吃了頓手抓羊肉，他告訴我家裡藏著達賴喇嘛像，因為他是幹部，不能公開懸掛；上班時當然不會戴念珠，但有機會的話，會到寺院去磕頭，「這是我們民族的習慣。」他說。得知我一年前在印度採訪過尊者，他壓低聲音問我：「他老人家身體怎麼樣？」他還告訴我他有親戚在印度——他跟我談話時只說「印度」，不說「達蘭薩拉」。自始至終我們都沒有問彼此的名字。這位幹部說，自己小時候沒受過藏文教育，只會說，不會讀寫，現在要讓上小學的小兒子學藏文，暑假期間，他把兒子送到一家寺院裡，跟喇嘛學藏文。很明顯，在內心深處，他並沒有因為進入中共體制就不再認同自己的民族，也沒有因此放棄宗教信仰。道別時，他叮囑我：「在藏區要小心！」

與這位藏人幹部的談話，使我對中共體制內的黨員幹部產生了很大興趣。

一九四九年，毛澤東給西北局的電報裡指示，要大力培養少數民族幹部，此後，「民族幹部」一直是中共在非漢民族地區各項政策的具體執行者。在一九五六—一九六二年藏區戰爭期間，中共培養了一大批「積極分子」，讓他們擔任基層幹部、民兵等等。資料顯示，在一九五〇年代藏區發生的一系列事件中，藏人積極分子、幹部、軍人起了相當重要的作用。然而，塵埃落定後，他們中的很多人在後來的一系列運動中同樣受到不同程度的迫害，其中一些人的結局比他們自己當年協助或直接迫害過的同胞更為不堪。

從一九五〇年代的一系列事件中所見的情況，我並不認為這個群體是「鐵板一塊」。當面對本民族遭受的巨大災難時，那些直接參與其中的民兵和基層幹部迅速分化，有的「叛變革命」，有的「拖槍逃跑」，加入反抗組織。因此，中共在一九五〇年代末對藏區的基層幹部和民兵做過一次大整肅，以「反對地方民族主義」為名，對「民族幹部」進行嚴格審查，開除了很多「政治立場不堅定」者，將許多不聽話的幹部投入監獄。因此，中共體制內的藏人幹部是個相當特殊的群體，他們一方面因進入體制內，作為中共對藏政策的執行者而得到某些利益，另一方面又很難得到中共真正的信任。他們是藏人與中共之間不可缺少的橋樑，但在中共體制內又處在邊緣地位。為了取得信任，或者為了自保，這個群體中的一些人往往顯得比漢人官員更偏激更惡劣，他們也被外界認為是達賴喇嘛返回西藏的最大阻力。

但是，我們是否知道，他們的內心深處到底藏著什麼樣的情感？

在阿壩某縣，通過拐彎抹角的介紹，我走進了一個藏人幹部家庭。

這是個殷實的家庭，家裡有好幾個幹部，每個人都受過高中以上的教育，全家人都能說流利的漢語。他們不穿藏服，而且都有漢名。院子裡沒有經幢，房頂上沒有經幡，假如事先不知道的話，很難看出這是個藏人家庭。走進大門，女主人雙手遞上一條哈達，我注意到大門邊有座小小的煨桑爐。

我被介紹給這家級別最高的幹部，他聽說H和我是「來自美國，研究西藏當代史的獨立學者」，臉上的笑容有點僵硬。我們互相問候，然後喝茶閒聊，不談任何「敏感問題」。

後來他終於忍不住，問我具體研究什麼。X告訴他，我已經出版了兩本書，其中一本是關於一九五九年的「拉薩事件」和「拉薩戰役」，以及達賴喇嘛出走的詳細過程。他大感興趣，問我一串相關問題。H提議他看一個電視節目，這個節目基本上回答了他的問題。家裡其他人聽了都說要看，說家裡有「家庭影院」，可以在大螢幕上看。

於是，在這家的電視室裡，我打開電腦，調出美國之音《解密時刻》欄目的一個專題節目。點擊「播放」前，H問要不要關窗或把聲音調低？這位幹部說不必，鄰居聽到了也沒關係。

這個節目是美國之音衛視新開的一個欄目，宗旨是還原歷史。在我離開美國的兩個月前，節目主持人李肅邀請我到華盛頓，就一九五九年三月達賴喇嘛出走事件對我作了個三小時專訪，製作成兩小時的電視節目。節目分兩集，當時下集尚未完成，我的電腦裡只存了在國內「翻牆」下載的上集。

整個過程中，全家人緊盯螢幕，一言不發。我說到國人一個思維習慣：自己認為是好的事情，我們就相信別人也一定會認為是好事，其實這是一種認知上的誤區。這時候，級別最高的幹部連連點頭。二〇〇九年我採訪達賴喇嘛尊者的片段出現時，全家人似乎都屏住了呼吸。那個片段是我在尊者會客室採訪時拍攝的，我作為研究資料保存，此前從未公開。鏡頭中的尊者靠在沙發上，顯得輕鬆隨意。

這是個相當古怪的場景：在「高度敏感」，外國記者不准進入，網上發條推文談及現狀就有可能被扣的阿壩州，一個體制內幹部家庭關著大門，全神貫注地看《美國之音》的節目。看完後，這家最年輕的成員站起來，雙手合十，對我說「謝謝！」級別最高的幹部問我是否能把錄影拷給他，還問我能不能給他一些「我們看不到的資料」。

我和這個家庭就這樣「破冰」。他們開始放鬆，願意跟我較深入地交談。

「最困難的事，是把好事辦好。」

那天，我跟那位幹部談了很長時間。我向他說明這並非採訪，我只是有些問題向他請教。他顯然熟知中共體制內的生存法則，言語很謹慎。他說他有過多年基層工作經驗，深知藏區基層工作的種種困難。

難在哪裡呢？他說縣委書記通常是外地調來的漢人幹部，他們語言不通，無法跟群眾接觸，很難了解真實情況。藏地生活比較艱苦，有些人還不大適應。他們大多無意久留，通常任職期間家屬都留在原地。任職期間，他們不求有功，只求無過，力求自己管轄範圍內不出事，其他的走走過場就行了。

「那麼，」我問他：「最困難的事是什麼呢？」

「最困難的事，是把好事辦好。」他回答。

我有點意外。「把好事辦好」成了「最困難的事」，這違背常理。我請他詳細說說。他說，比方說修路，本來上級撥款，雇本地人修路，這是一件有利於當地民生的好事，可是這樣的「好事」往往並不好做。相關人士往往用更高的價錢雇用外地工程隊，因此，這類工程往往落到外地包工頭手裡。

「這樣的情況是否涉及腐敗？」我問。

他不置可否。

他接著說，由於阿壩是「高度敏感地區」，也是重點維穩區，各級政府都把「維穩」當成頭等大事，都怕自己任期內出問題，因此很多具體問題被忽略。比方說，中央施行「對口支援」後，縣裡不缺錢，但是缺人。主要人力和時間用於「維穩」，一些與民生有關的項目沒人管，結果常常出現有錢花不出去的情況。就算有人願意去做一些改善民生的事，也會有「強加於人」的狀況。「就像你說的，你認為是好事，別人不一定也認為是好事。」他說。

外地幹部任期短，他們通常熱衷於做短期出效果的項目，很多項目並沒有多少實際意義，但是「面子上好看」。我想起沿途看到的各種美化工程。我們曾在附近公路邊的一個村子裡短暫停留，注意到村裡的水泥路邊修了漂亮的民族風格木欄杆，把原先的石片牆和土牆遮擋在木欄杆後面。修這道欄杆顯然不是出於實際需要，而是對這個村子的「美化」。木欄杆的風格並非本地的鄉土風格，而是外人想像中的民族風格。在這個氣候極端的地方，這樣的木欄杆是需要不斷維護的，至少每隔幾年就要重新刷漆。這樣的「美化」與改善民生並無關係，不過是符合當地領導人的「社會主義新農村」想像。木欄杆是村民出資修的嗎？這位幹部說當然不是，是縣裡出錢修的。這顯然是某任領導的「面子工程」。不過，到漂亮的木欄杆需要花錢維護時，該領導很可能已經調任了，他用不著為後來的事操心。

我問他關於牧民定居的問題，他沒有直接回答。他說藏區的一個大問題是「政策缺少持續性」，政策多變也是「好事很難辦好」的一個原因。傳統上游牧民一直是有組織的，靠單家獨戶很多問題無法解決，比方說草原滅鼠、水利等等。單幹後這些事就沒法做了，他認為草場退化與此有關。但是，定居是唯一有效的辦法嗎？他不回答。

我路過的定居村裡，有的房子已經出現玻璃破碎，外牆剝落的狀況。房子是需要保養維修的，在氣候極端的地方更是如此。這些目前看上去挺漂亮的定居村，過不了幾年就會出現種種狀況，需要維修。很明顯，無論是國家還是地方投資，都不包括建成之後若干年裡的維修費用。

對於達賴喇嘛返回西藏，他有何看法？他認為達賴喇嘛回到西藏，有助於穩定整個藏區的局勢。但是，以當前的狀況來看，「上面」不會讓他回來。

當我問到「為什麼阿壩州的藏人自焚案件最多」這個問題，這位幹部歎了口氣：「幾年前我就知道早晚要出事。」

「為什麼？」我問。「有什麼樣的跡象讓你作出這樣的判斷？」

他沉默良久。再次開口時，他的口氣突然變了：「有外面的敵對勢力煽動。」

「你怎麼知道？」

「我們有證據。」

「有什麼樣的證據？」

他不回答。我知道，談話應該到此為止。

第五章
若爾蓋格爾底寺見聞

兩省與兩寺

若爾蓋格爾底寺的正式名字叫達倉納摩格爾底寺，是格爾底寺系統三十多座寺院的母寺。二〇〇九年發生第一起藏人自焚事件的阿壩縣格爾底寺，就是納摩格爾底寺的屬寺。一九五九年，寺主第十一世格爾底仁波切流亡印度，儘管流亡多年，他依然被格爾底寺系統的僧眾尊為精神導師。

二〇一一年，格爾底仁波切在美國國會作證後，到紐約來參加一個研討會，我在他下榻的旅店採訪了他。那是我初次了解到若爾蓋格爾底寺的一些情況。比方說，那座寺院大門旁邊有個派出所，把派出所修在寺院裡面或者大門外，就是從若爾蓋格爾底寺開始的。

二〇一〇年我拜訪青海塔爾寺時，有位年輕僧人叮囑我，在寺院裡要小心，最好不要隨便跟人說話。他告訴我：「寺院裡到處都是他們的人。」去若爾蓋前，我不知道格爾底寺的情況如何，想起那位塔爾寺僧人的話，我想最好先做點功課。

若爾蓋格爾底寺在四川和甘肅交界處。這個地區藏語叫「達倉納摩」，「郎木」是「納摩」的另一音譯，據說來自一九五〇年代初進入這個地區的中共軍隊。在甘肅省界內，有個名叫「郎木寺」的小鎮，流過小鎮的白龍江就是兩省邊界。白龍江兩岸各有一座寺院，南岸的屬四川，北岸的屬甘肅。屬四川的郎木寺就是若爾蓋格爾底寺，屬甘肅的郎木寺也叫賽赤寺，歷史上跟格爾底寺相處不佳，曾有過多次衝突。如今這兩座寺院都叫「郎木寺」。也就是說，在這個叫「郎木寺」的小鎮裡，有兩座分屬兩省、名字都叫「郎木寺」的寺院。

要理解這個現象，得跳出當前的行政架構。青海、甘肅、四川的邊界直到一九五五年才確立，在此之前，這一帶是眾多大小不等的農、牧部落轄地。格爾底寺所在地原屬納摩部落轄地；賽赤寺所在地原屬賽赤部落轄地，兩寺都與拉卜楞寺有密切關係，但兩寺各有自己的屬寺系統。「四川郎木寺」即格爾底寺所屬的寺院主要在上、下阿壩、鐵布、降紮、熱瓦等等部落範圍內；「甘肅郎木寺」即賽赤寺影響力所及的部落主要是現屬甘南碌曲、迭部和阿壩等地區的一些部落。「四川郎木寺」的寺主是格爾底仁波切，「甘肅郎木寺」的寺主是賽赤仁波切，兩者的區別很清楚。它們被劃進兩個不同的省，是當代中央政府的事。主其事者在劃分時並不考慮傳統的部落屬地，結果就造成了現在這種狀況。其實，本來將兩寺恢復原先的名稱「格爾底寺」和「賽赤寺」就行了，但不知道為什麼，如今兩寺對外名字相同。

我在阿壩某地問一位藏人，格爾底寺是否對公眾開放？回答是「開放，但是得找對地方」。他告訴我，郎木寺鎮的白龍江橋頭上有塊牌子指向郎木寺，那是「甘肅郎木寺」，「四川郎木寺」不過白龍江。

穿過日爾郎山隧道，經過一片美麗的草原，在甘川交界處，一塊交通牌指出郎木寺、迭部和蘭州的距離。郎木寺距此地十公里。我們拐下二一三號國道，沒多遠，公路邊出現一塊牌子：「若爾蓋縣公安局治安檢查點」。牌子後面有幾座兩層樓房，像是個政府機構。有座樓房上掛著紅布大橫幅，可是上面的字大半被樹擋住，只看清「部隊」兩字。大鐵門邊有兩個穿迷彩服、頭戴鋼盔的武裝士兵站崗，兩排穿著迷彩服和防彈衣的士兵坐在公路邊的小運動場上，一名軍官模樣的人手拿話筒，對他們講話。

從小金北上，經過的每個縣都有檢查站，但這個檢查站明顯不同：這是個武警駐地。

瀟瀟細雨中，我們駛入郎木寺鎮。網上介紹說郎木寺鎮是個美麗的「風情小鎮」，我們進入的卻是個骯髒凌亂的大工地。主街到處是水窪和垃圾，泥水一直漫到街邊商店的台階下。隔著濺滿泥點的車窗，我看到蒼綠山坡上寺院殿堂的紅瓦飛簷。這裡的僧人比我們經過的其他地方多，街上有不少年輕僧人走動。越野車搖晃著走到鎮中心，H和我跳下車，踩著泥水，朝紅瓦飛簷的方向走去。

公路橋連接山坡上的水泥路，通往一座寺院的大門。橋頭木牌上寫著「郎木寺」三個字。這條混濁的小河顯然就是白龍江。

「不對。」我對H說：「人家叫我們不要順著牌子指示的方向走，那是甘肅郎木寺。」

我們站在橋上東張西望，找不到指向「四川郎木寺」的標誌。我們決定去甘肅郎木寺伺機詢問。走過小橋，我們進入甘肅省。

圖5-1：郎木寺鎮的武警駐地

面前的大門上貼著「票價三十元」，可是售票處裡沒人。郎木寺是甘肅的著名景點之一，寺院遊人很多，門口還有收費停車場。

我們跟著幾個遊客走進大門，卻見上坡的路中央站著個年輕僧人，他手裡捏著一疊門票，正在跟十來個江南口音的遊客爭吵。遊客想進去參觀，又不願全體買票，僧人要一個個點票，遊客則打算塞給他幾張票，然後同時湧進，順勢把沒買票的人夾帶過關。年輕僧人火了，一掌把聲音最響的遊客推了個趔趄：「不看你們就走！」

遊客大叫：「喇嘛還打人？」

僧俗兩造在寺院裡推搡吵鬧，我站在一邊，琢磨著怎樣打聽格爾底寺。是問「四川郎木寺」還是問「格爾底寺」？或者，直接提起格爾底仁波切？

一個年輕人趕來勸解，遊客氣呼呼地朝山坡下走去。趁周圍沒人，我走近年輕僧人，合十問道：「請問，格爾底仁波切的寺院在哪裡？」

圖5-2：從四川格爾底寺望向白龍江對岸的甘肅郎木寺，三座金頂建築是重修時所蓋

年輕僧人看了我一眼，手一揮：「那邊。」

這個問題暴露了我是「外邊來的」。國內人很少用「仁波切」這個說法，知道格爾底仁波切的人就更少了。

順著他的手，我看到一片破舊的屋頂和一座顏色晦暗的佛塔。

H我和朝「那邊」眺望時，年輕僧人獨自走下山坡。我們倆面面相覷。「他是不是讓我們不買票就進去？」H說。

我看看表，已經是午後了。「算了，咱們上『那邊』去吧。」

H和我走過白龍江上的小橋，返回四川境內。兩個娃娃臉的武警站在橋對面的屋簷下，注視幾個騎馬藏人從他們面前走過，這些人大概是牧區來的朝拜者。

車停在一座尚未完工的寺院大門邊。我一眼就看到寫著「郎木寺停車售票」的木牌。這個郎木寺就是格爾底寺？正猶疑，H對我說：「看那邊。」我轉過頭，就在寺院大門左側，「郎木寺大酒店」旁邊，有座藍白兩色的三層樓房，同色圍牆擋住了大門，但沒擋住我在沿途村莊看到的標誌：「公安POLICE」。毫無疑問，這就是格爾底寺。

格爾底寺的前世今生

我遞給格爾底寺的賣票僧人六十元人民幣，他遞給我兩張門票和兩張達倉納摩景區導遊圖。小屋裡還有個僧人盤腿坐在一張小床上。

我問賣票僧：「格爾底寺有多少人？」

「七百多。」他回答。他背後的僧人抬頭看我一眼，好像奇怪我怎麼會問這個問題。

「這裡情況怎麼樣？」我問。

「什麼怎麼樣？」賣票僧反問。

有人從我背後走過，緊接著，一個俗裝漢子推門走進小屋。他把手裡托著的飯盒遞給坐在床上的僧人，很注意地看著我們。我對賣票僧說了聲「謝謝」，轉身走向寺院大門。

雨停了，低垂的灰雲遮住了遠山，只現出寺院左側的山崗。山上長滿茂密的松樹，頂上聳立著巨大的岩石。藏地有個風俗，僧人剃度出家時，要在寺院前方或背後的神山上栽一棵樹。僧侶來了又去了，神山上樹木漸漸成林。藏人愛護寺院，也愛護神山，山上的樹不能砍，林中的獸不能捕，寺院與周遭的自然環境都是神聖的。

沿著濕淋淋的石鋪路往緩坡上走，我直接走進了一個已經逝去的時代。路邊的房屋大多破舊不堪，許多房子只是在土牆上插了些木棍或竹片，用藤條編成牆，糊上粘土，然後搭上斜坡屋頂。有的連粘土都沒糊，藤條編的「牆」就那樣露著，這樣的牆怎能遮風擋雨？大多數屋頂上蓋的不是瓦，而是石塊壓著的木片條。有幾座房子是紅磚牆，卻扣著個破屋頂，好像房子蓋了一半就草草封頂。不少窗戶沒有玻璃，只釘著木條或者塑膠布。坡上的泥土路被雨水沖出縱橫交錯的小溝，路邊長滿雜草。我踏著泥濘土路走到坡頂上大經堂前。這是格爾底寺最好的建築，但經堂前的辯經場卻堆滿了砂土、木料和磚石，不像是僧人辯經的地方。

我站在坡頂，望著對面山坡上的佛殿。殿堂前的桑煙爐裡冒著青煙，幾個人正朝殿堂走去。H和我走到大經堂門口，大門緊閉，門上掛著鎖。

「四川郎木寺」距「甘肅郎木寺」不過一公里，兩寺卻有很大差別。兩寺都在文革期間被徹底摧毀，但「甘肅郎木寺」的重建顯然比「四川郎木寺」要好得多。格爾底寺冷冷清清，氣氛肅殺，看不到一個僧人或參拜者，更沒有旅遊團，四下裡只有我們這四人二狗。要不是幾座屋頂上冒出淡淡青煙，這座寺院就像個遺址。

細雨瀟瀟，靜靜地灑落在滿地亂草上。

納摩格爾底寺始建於西元一四一三年，是阿壩規模和影響力最大的格魯派寺院，寺主格爾底仁波切迄今傳承十一世。第十一世格爾底仁波切在一九四二年生於今若爾蓋縣鐵布達莫崗，即今之凍列鄉達莫村，四歲時被拉卜楞寺第五世嘉木樣仁波切確認為第十世格爾底仁波切的轉世靈童。解放軍進入草地時，他只有十歲。一九五七年，當時十五歲的仁波切奉達賴喇嘛密令去拉薩，進入哲蚌寺學習。兩年後，「拉薩戰役」爆發，他滯留哲蚌寺，親眼看到了哲蚌寺僧侶經歷鬥爭和改造，決意出走。他和他的經師、廚師等一行十多人在深夜冒險出逃，繞道羌塘到達尼泊爾，歷時半年，最終到了印度。二〇一一年我在紐約他下榻的旅館採訪他時，當年十七歲的少年仁波切已經是七十多歲的慈祥老人了。

格爾底寺曾經是很富有的寺院，它的衰敗是從一九五八年的「宗教改革」開始的。上世紀五〇年代末、六〇年代初，中國科學院民族研究所四川少數民族社會歷史調查組先後數次在川西北草地作調查，他們一九六三年底出版的調查報告裡收錄了一九五五年納摩格爾底寺的財產情況，並列出該寺幾項主要財產：

圖5-3：一九四〇年代所攝的若爾蓋格爾底寺

一、現款：格爾底寺有現款在三十萬元（銀元）以上（現有一萬五千元用於做生意）。

二、牲畜：有馬六百匹，若每匹以二百五十元計，共十五萬元。有騾子十四匹，若每匹以五百元計，共七千元。有馱牛四百五十頭，若每頭以二百元計，共九萬元。有奶牛三百頭，若每頭以一百元計，共三萬元。有羊子三千五百隻，若每隻以十五元計，共五萬二千五百元。這些牲畜共折款三十二萬九千五百元。

三、土地：有六十石種子的土地，折四十六市畝左右（按：原文如此）。

四、不動產：不動產（包括大經堂新修廊廳的用具）折款共八十萬元。

僅這幾項財產，不算土地價值就達一百四十二萬九千五百元。這項調查還未包括寺院的糧食、酥油、金銀珠寶等。一九五七年格爾底仁波切去拉薩時，帶走了一些糧食、酥油和銀元，但大多數財產是無法帶走的。一九五八年後，格爾底寺的財產被政府掠奪，文革期間寺院被拆毀，淪為一片廢墟。

一九八〇年寺院重新開放，一百多名當年被迫還俗的僧人回到這片曾是輝煌寺院的廢墟，開始一點點地重建。三十二年了，格爾底寺還處在如此凋敝衰敗的狀況。七百多名僧人就住在這些難以遮風擋雨的破舊房子裡，在公安和武警的監視下修習佛法。

「你什麼也沒說！」

黑狗KD突然搖著尾巴，樂顛顛地朝路上奔去，原來有個少年僧人朝我們的方向走來。

看到KD，少年僧人停下腳步，把念珠繞在手腕上，彎腰撫摸它的腦袋。我走到他身邊，剛要說話，少年僧人直起身，對我笑笑，朝坡下走去。他顯然不想跟陌生人交談。

下坡的路通往高大但殘缺的佛塔。泥濘土路兩邊排著整修過的殘破房子，有的牆頭上長滿雜草，院門歪斜，我以為裡面沒住人，走到門前卻聽見童聲嬉笑。一個小院歪斜的門突然被猛地推開，幾個裹著袈裟的孩子衝出來，看到我們，童僧們楞了一下，轉身朝巷道裡奔去。

佛塔在一個院子裡。院子有一道古怪的圍牆，它的下半截是原先的土牆，約一米多高；上半截卻是一道紅磚牆，顯然是後來加上的。兩段牆中間長著碧綠的草。院門像是原先的門，門框和門板上畫著精美圖畫，但畫已斑駁，木板曾經脫落，又草草釘上。推開門，先看到滿院子青綠，一頭毛驢正在佛塔邊低頭吃草。大佛塔像是修整過，但未完成。院子的一角修了座小白塔，兩個牧民裝束的女人搖著轉經筒繞塔而行。

我默默注視佛塔，想像它曾經的壯美精緻。如今它像個遍體鱗傷的巨人，儘管傷痕累累，依舊傲然挺立。

我想起一年前在紐約見到的格爾底仁波切。傳承了十一代，經歷過幾百年滄桑的寺院，如今衰敗至此。

走出小院，我注意到附近一扇還算端正的門前站著個中年僧人。我沒法判斷他會不會說漢話，也不知道他會不會是「他們的人」。我瞬間做出決定。

我走到中年僧人身邊，合十問候：「紮西德勒！」

圖5-4：KD和格爾底寺的少年僧侶

僧人轉頭，面無表情，淡淡回應：「紮西德勒。」

「我從美國來。」我低聲對他說：「我見過格爾底仁波切。我答應過他要到寺院來看看。」

僧人：「他在美國作證的時候？」他知道格爾底仁波切在美國國會作證這件事，說明信息不可能被徹底封鎖。

我：「是的。他先在美國國會作證，然後到紐約來開會。我住在紐約，在紐約採訪了他。」

僧人：「聽說過仁波切去國會作證的事。」

我：「這裡情況怎麼樣？」

僧：「還好。」接著又補充道：「你看得出來。」

是的，我看得出來，這裡氣氛很緊張。武警駐紮在鎮外，公安駐紮在寺院門口。整個寺院幾乎看不到人，遊客寥寥無幾，七百多名僧人不知道在哪裡。這位僧人是我進來後看到的唯一一個成年人。

「寺院怎麼這樣破？沒有錢修嗎？」我問。

「不讓修。」他回答。他沒說誰不讓修，但我明白。

「最近有人被抓嗎？」我問。

「這次沒有。」他說。「二〇〇八年抓了五個。四個人放了，還有一個明年夏天放。」僧人說。

「有政治學習嗎？」

「有。」

「能不能學經？」

「很少。」他說。片刻後，他朝大經堂的方向抬起下巴：「下午會在那裡念經。」

H朝我走過來。僧人剛要說話，看到H手裡的相機，馬上停止。我示意H收起相機。H走開後，僧人問我：「仁波切好不好？」

「去年見到他的時候，他很好。」我說：「很健康。」

僧人點頭不語。

「我很快會去印度。」我說：「我會去看仁波切。」

「這裡有點緊張。」僧人說：「別的還可以。」這句話沒頭沒腦，我想他的意思是要我轉告仁波切，請他放心。二〇一〇年在青海西寧，我跟隨機而遇的藏人談話時，他們也是這樣言語謹慎，聽上去好像什麼也沒說，同時又說了很多。

「知道了。」我說。

「你要小心。」他對我說。

「你的話我記住了。」我說：「不過……你什麼也沒說！」

僧人點點頭，把繞在手腕上的念珠取下，朝經堂方向走去。

回到寺院大門口，我走向售票處，問賣票僧：「這裡好像沒有多少遊客？」

「有些去納摩峽谷的遊客會順便看看。」他說。

「三十元門票也包括納摩峽谷？」

「是的。」

小屋裡的另一個僧人問：「你們不去看看仙女洞？」

「沒時間了。」我說：「我們要去瑪曲。」

「門票收入夠養寺院嗎？」H問。

那位僧人回答：「每張票政府要拿走一半。」也就是說，每張門票政府要扣下十五元。

上車前，我拿起相機拍下寺院大門邊的藍白建築。這只是我看到的第一個寺院旁邊的公安派出所。

後來我在互聯網上找到若爾蓋縣公安局二〇一〇年六月二十五日公布的專案招標公告。這個編號為

20100625C7的項目是建造若爾蓋縣求吉寺和甲格寺警務室，地點在該縣求吉、降紮鄉，資金來源是「擴大內需中央預算內資金」，公報要求投標人將申請寄給「若爾蓋縣公安局國內安全保衛大隊」。也就是說，寺院裡的僧侶們是由國家安全局直接監視的。

第六章

風雨如晦的瑪曲草原

暮色蒼茫中，我到了瑪曲縣城

甘南州的瑪曲縣與青海省黃南州的河南蒙古族自治縣以黃河為界，從瑪曲的歐拉鄉過黃河就進入河南縣。從郎木寺到瑪曲，我是想抄近路去青海。

我指著地圖上甘青兩省交界處的黃河，對H說：「咱們上那兒去看看。」他立刻明白我指的是「柯生托洛灘戰役」發生地。我寫《當鐵鳥在天空飛翔》的時候，我們倆曾多次分析所有能找到的各種資料，比對衛星圖、軍方作戰圖和親歷者的描述，尋找那場「戰役」的準確地點。最後，我們鎖定河南縣境內一個現在叫柯生鄉的地方。我想到柯生鄉去尋找那場大屠殺發生的地點，然後，從河南縣北上西寧，無論是經澤庫、興海銜接二一四號國道，還是經同仁、貴德，我都會進入一個個一九五八年的祕密戰場。

從郎木寺到瑪曲有兩條路，一條是三一三號省道經大水軍牧場到瑪曲縣城，另一條是二一三號國道到碌曲的尕海，轉二〇四號省道到瑪曲，這條路要繞個大彎。看到碌曲二字，我立刻想起步兵十一師兩度對西倉、拉仁關等部落的軍事鎮壓，當即決定繞道尕海去瑪曲。

從郎木寺上二一三號國道，沒多久就看到綠野中豎著一塊大牌子：「開放的碌曲歡迎您」。我們進入了甘南藏族自治州。在傳統西藏地域概念裡，這裡亦屬安多。

碌曲得名於發源自縣境西南代富桑草原的洮河，「碌曲」就是洮河的藏語譯音。中共建政前，這裡曾是西倉、雙岔、賽赤三大部落的居住地。他們的祖先是吐蕃帝國的戍邊將士。三大部落各轄若干從事農、牧的小部落，加起來共有五十六個小部落。一九四九年之前，這個地區名義上屬臨潭縣，但國民政府並未施行過實際管轄，部落制度一直保持到一九五八年。

三大部落中最大的是西倉部落。這個部落相當於一個部落聯盟，由西倉和拉仁關兩部組成，兩部各有六個下屬部落。中共在此地建立人民公社時，西倉部落有一千一百六十九戶，八千三百多人。雙岔部落是個半農半牧部落，農業部分俗稱「土房部落」，牧業部分俗稱「帳房部落」，一九五八年共有近千戶，六千八百多人。賽赤部落在「甘肅郎木寺」一帶，由郎木寺直接管理，當時有兩百戶，八百多人。

一九五五年中共成立碌曲縣，把三大部落劃成三個區；三年後，中共強行取消部落制，代之以「社政合一」的人民公社，西倉部落成了「紅旗人民公社」，拉仁關部變成「光明人民公社」等等，原先的小部落則合併成若干個「生產大隊」和小隊。一九五九年，瑪曲和碌曲兩縣合併為洮江縣。洮江縣可能是中共建政後最短命的縣，成立不到三年就被撤銷，瑪曲和碌曲各自恢復原先的縣制。一九八〇年代初公社制取消，公社又改成鄉。於是，原先的部落就變成了現在行政架構下的七個鄉，二十四個村委會和九十五個村民小組。

部落的形成有血緣、家族因素，也有漫長的歷史變遷，來自外部壓力造成的改變，很多時候只能改變形式，無法改變成員的認同。我在印度遇到藏地牧區來的年輕人，他們都會告訴我自己屬於哪個部落，可見在他們的意識中，部落還是存在的。我在一些社會調查資料上看到，西倉等地的牧民至今還根據傳統的部落法來解決內部爭端。

公路在山谷裡蜿蜒，兩邊的山看上去並不高，但實際海拔差不多都在三千五百米以上。雨時下時停，沉沉灰雲遮住了較高的山頂，草甸上開著點點小花，一條亮晶晶的小溪在沼澤裡彎曲。汽車路過一個個定居村，房子都很新，可是看不到人。走了十幾公里，終於看到路邊有十來個孩子排著隊，冒雨走向不遠處的一大片紅房子。一個年輕牧人騎著馬，趕著一大群羊和十幾匹馬，也走向綠草地裡的那片紅色。不用說，那是個定居村。

二一三號國道與二一四號省道交會的地點在碌曲縣尕海鄉，路邊有些供往來人休息吃飯的小店，路口有塊路牌指向瑪曲。駛入二一四號省道，沒多遠就看到路邊的大湖，這就是海拔近三千五百米的尕海。天近黃昏，暮雲四合，湖水閃著灰藍色的光，尕海遼闊而神祕。環湖一帶是大片草灘，西倉和雙岔所屬的帳房部落曾經在這些草灘上遊牧。尕海鄉境內有四大草灘，我只記得其中的一個：曬銀灘。那是西倉部落的牧地。

一九五六年，西倉部落的藏人因為反抗合作化，與政府派來的工作組發生衝突，各帳圈集中搬遷到曬銀灘。六月，一隊向若爾蓋運糧的軍車路過曬銀灘時，遭到部落武裝的伏擊，擊毀二十五輛汽車，解放軍士兵死傷十餘人，時稱「曬銀灘事件」。幾天後，步兵十一師奉蘭州軍區之命，在曬銀灘圍殲該部。雙方打了兩個多小時。據《碌曲縣誌》記載，部隊打死「武裝持槍者一百零六名，俘虜十名」，但繳獲的槍卻只有三十三支。不到兩周後，解放軍在甘青交界處將西倉、達參兩部落包圍，打死打傷二百多人，抓了二百三十多人。「曬銀灘事件」的相關資料尚未解密，迄今能夠看到的只是少量公開資料裡的簡單敘述，其中有很多細節相互矛盾。一九五六、一九五八年夏季裡，碌曲到底發生了什麼，尚待核心資料解密，但可以得知的是，在這兩次鎮壓和後續的處理過程中，「由於受『左』的干擾」，製造了大量冤假錯案，後來在黨史中被稱之為「平叛擴大化」。直到一九八二年，中共才對「平叛擴大化」予以名義上的平反。

碌曲和瑪曲縣東南部以海拔四千二百米到四千五百米的西傾山為界，二〇四號省道翻過西傾山，就到了瑪曲境內。瑪曲也是個因河得名的縣，藏語稱黃河為「瑪曲」。

從尕海到瑪曲縣城的路正在修，路況非常差，越野車在泥濘裡顛簸了不知多久，前方出現點點亮光，縣城快要到了。突然，幾輛特警車從我們對面的方向駛來，迅速消失在暮色中。緊接著，又有幾輛軍車從另一條路駛往縣城方向。

「瑪曲出事兒了？」我問H。他沒回答。離開南昌後我們都沒上過網，也沒用過手機，信息完全隔絕，瑪曲是否有事，我們倆都無從得知。

華燈初上時，我們四人二狗到達瑪曲縣城尼瑪鎮。

尼瑪鎮是五〇年代出現的眾多「草原新城」之一，如今是個頗具規模的城市，有好幾條交錯的大街和不少很像樣的建築。不緊不慢的雨中，霓虹燈發出濕汽濛濛的光，五顏六色的光暈交織成一片模糊迷離的色彩，形成奇異的夢幻圖景。街邊一座大樓上掛著一條大幅招貼，光影雨霧中，我看到「第六屆格薩爾賽馬節」幾個大字。難道特警出動就是為了這個節日？

我們避開城中心大街上那些看上去很不錯的賓館和酒店，在一間政府部門的招待所裡住下。

「這就叫『燈下黑』！」我笑著對H說。他叫我先別得意，看樣子瑪曲正處在緊張狀態，小心為妙。

當晚，我們在一家裝潢不錯的餐館吃晚飯。我拿出甘肅省地圖冊，翻到瑪曲縣，一眼就看到省道南段的一個點：阿萬倉。

雨中訪阿萬倉寧瑪寺

次日一早，四人二狗出發去阿萬倉。從瑪曲到阿萬倉的三一三號省道是條簡易瀝青路，路況還不錯，不過路上看不到車，路兩邊也看不到人煙。

一九五八年之前，阿萬倉是個部落名稱。這個當時只有四百四十二戶，一千六百多人的部落，在現在被稱為「阿萬倉草原」的地區駐牧。現在的阿萬倉鄉距縣城約六十公里，是甘南「草原旅遊」景點之一。

一個相當偶然的機緣讓我知道了阿萬倉這個地方。二〇一〇年，我在印度達蘭薩拉做歷史訪談期間，收到一封來自洛杉磯的藏人讀者電郵。他希望我認識他在達蘭薩拉的一個朋友，他說這人對歷史有很深的研究，或許可以提供我一些資料。就這樣，我見到了果洛康賽部落的丹炯喇嘛。丹炯喇嘛通過翻譯對我說，他只研究「離現在一千年以前的事」。不過，應我的要求，他詳細敘述了他的家族在一九五八年間，以及那以後的經歷。在他的敘述裡，我聽到了「阿萬倉」這個名字。一九五八年，康賽部落在阿萬倉的牧地與前來「平叛」的解放軍某部打了一仗，丹炯喇嘛的舅爺，康賽部落的帶兵官，在那場戰鬥中陣亡。他的家族有三人在中共稱為「民主改革」的強制性社會改造過程中死於非命。

我記住了「阿萬倉」這個地名。回美後，我給這位在洛杉磯的讀者打電話，問他是否認識阿萬倉部落的人。他很快為我找到一位。二〇一一年夏，我在首都華盛頓一家麥當勞的角落裡，採訪年已七十多歲的克相仁波切。仁波切的父親是曾任瑪曲縣政協副主席的末代阿萬倉頭人昂加，母親是果洛康賽部落千戶康萬慶的姐姐。原來果洛康賽部落和瑪曲的阿萬倉部落有這樣一段因緣，所以一九五八年康賽部落逃避「牧業合作化」，就是逃到阿萬倉的駐牧地，而且阿萬倉部落也參與了那場與解放軍的對抗。

一見面仁波切就對我說，他的故事三天也講不完，可是我只有三個多小時。我只好把訪談集中在一個時段。一九五七年，克相仁波切和父親去西藏朝佛，路上往返走了一年多。他們根本不知道家鄉發生的事。一九五八年，他們返家路上，走到果洛州的瑪多縣時，被解放軍當作「叛匪」抓起來，多次批鬥凌辱後關進監獄。他的父親昂加死在獄中，他自己被關了二十年。我在筆記本上記下「民改」期間他家族的死亡名單：父親、哥哥、四個舅舅、一個舅媽。回到紐約後查《瑪曲縣誌》，關於末代阿萬倉頭人，該書說他「（一九五七年）去西藏朝拜。一九五八年返回瑪曲途中病逝於青海瑪多縣境內。」關押昂加的監獄，顯然是在瑪多縣境內。

這個陰雨綿綿的八月天，海拔三千五百米左右的瑪曲草原氣溫不到攝氏十度，我穿了加厚衝鋒衣還感到涼意。雲滿長空，霧鎖草原，天地混沌一片，草原隱藏在茫茫霧氣後，只能看到路邊的草地和最近的草山。

路邊有條水溝彎向草原深處，不知是天然小河還是昔日「改造草場」時挖的排水溝。被雨水洗得鮮綠的草地上顯出一片片黑色，像濺落在綠毯上的汙跡，那是「黑土化」，草原退化的標誌之一。圓渾的山頂有群羊，山下的黑帳房頂掛著幾條經幡。路邊閃過一塊白色金屬廣告牌，上面是藏漢雙語的宣傳文字：「全黨重教／全民興教」，下款顯示這塊廣告牌是四個鄉政府共同製作的。宣傳牌下倒吊著兩隻濕淋淋的死鳥，讓「全黨全民」的宣傳文字顯得有點怪誕。沒多久，路邊又出現一塊大型廣告牌，雪山、黃河、開滿黃花的草灘背景上，寫著兩行血紅大字：「堅決開展反分裂鬥爭／全力維護社會大局穩定」，下面的小字：「阿萬倉鄉政府宣」。

這裡就是阿萬倉。

公路筆直地伸向前方，宛如一柄利劍插向草原深處。路旁的一座山側，無數經幡橫拉過山凹，把幾道山梁連接起來。幾座簡易房前有個鐵絲網圍成的簡易羊圈，幾個小夥子正在忙活。兩個少年站在圈口，把羊一隻一隻地往外趕，羊圈外的三個小夥子抓住跑出來的羊，利索地放倒，用紅布條捆住蹄子，一個男人蹲在地上剪羊毛。那是一群漂亮的扭角羊，形體大得像鹿，這就是著名的瑪曲歐拉羊。

不久，我看到路邊有塊風景牌，介紹說這裡是貢賽爾喀木道濕地，是貢曲、賽爾曲和道吉曲這三條河與黃河匯流的地方，這裡自古就是戰略要地，是遊牧民族通向隴南、川西和青海的咽喉要道。

阿萬倉鄉是個挺大的鎮子，像個小型縣城。鎮內街道整齊，還有幾座四、五層高的樓房，看上去像賓館。街上的商店大多沒開門，一群狗在街上跑來跑去。X問我去哪裡，我說去寺院吧。藏區比較大的部落都有自己的寺院，阿萬倉部落的寺院叫寧瑪寺。在華盛頓的採訪結束後，克相仁波切曾對我說，如果我去阿萬倉，只要向人提到他的名字，我就可以問任何問題。可是街上一個人都沒有。就算看到有人，我能隨便提起克相仁波切嗎？在華盛頓我忘了問他，中共把他劃入「藏獨分子」還是「海外藏胞」，這兩類的待遇是截然不同的，前者是敵人，後者是統戰對象。

往前開了一段，終於看到路邊一家小店門口有幾個男人在喝茶。我叫X停車，剛要下去問，H已經下了車，朝小店走去。幾分鐘後，他上車告訴我們：「寺院在那邊。」他指著雲霧茫茫的草灘，往前走一點有條岔路，沿著岔路走就到了寺院。

「在這裡要問『寺院』，問『寺廟』人家聽不懂。」他對我說。

岔路邊有塊牌子，顯示這裡是阿萬倉古戰場遺址，但沒有說明「古戰場」的年代。「古戰場」被鄭重其事地標記，現代的戰場在哪裡？丹炯喇嘛說，一九五八年兩部落與解放軍作戰的地點靠近黃河，是一片草灘，阿萬倉部落的人管它叫「康賽虎子們戲耍的地方」。後來的幾十年裡，阿萬倉的牧人們從不在那裡放牧。他說那個地方離鄉政府有幾十里路，騎馬要走大半天。

我打開地圖，岔路走向西南，恰是黃河的方向。過了黃河就是青海果洛州久治縣，康賽部落的駐牧地。丹炯喇嘛描述的戰場，是離黃河不遠的地方。他說部落武裝埋伏在山上，解放軍從黃河那邊過來，也許，我們正在走向那個現代史書上不予記載的戰場。

道路拐角上，有塊路牌指向「寧瑪寺」。拐上這條路，我們駛進茫茫白霧中。濃霧背後有一條長長黛色，那是一道山脈。也許就是那道草山，其中的某個山頭，就是「康賽虎子」們埋伏的地方……公路筆直，目所能及的草灘上有點點黑色，那是一大群犛牛。路邊的鐵絲網後，幾匹馬在水窪裡飲水。瑪曲的另一名產「河曲馬」，就是這些英氣勃勃的生靈。

離黃河越來越近，霧氣也越來越濃。十來分鐘後，迷濛霧氣中顯出淡淡的色彩。色彩越來越清晰，紅白黃藍漸漸聚成一座金碧輝煌的樓閣，金頂飛簷好像浮在迷茫的霧氣之中，似真似幻，彷彿海市蜃樓。路從樓閣下彎過，霧中現出一雙寧靜的佛眼。緊接著，一座白色門樓從濃霧中顯現。門樓有三個門洞，中央的門洞頂上有座白色尼泊爾式佛塔。在金色佛眼的注視下，我走進寧瑪寺。

寧瑪寺亦譯娘瑪寺，是一座寧瑪派寺院，始建於一八三四年。一九五七年，寧瑪寺有三位仁波切，八十多僧人。據介紹，寧瑪寺現有一百一十四名僧人，可是我走進的卻是一座空蕩蕩的寺院。圍牆沒有建成，新的經堂和舊的小院零散分布，格局顯得相當混

圖6-1：重修的阿萬倉寧瑪寺大門

亂。寺院裡有幾座式樣精美的舊建築，它們原先很可能是一組建築的部分，或許是某位仁波切居住的「昂欠」，或是護法殿一類的殿堂。寺院裡有大片空地，到處是大大小小的水窪，細密的雨點落在水窪裡，濺起亮晶晶的小水泡。我走到經堂前，大門鎖著，環顧四周，看不到一個人。

「這不是原先的寺院。」我對H說：「寺院原先的格局不是這樣的，空地上原先一定有建築。原先的寺院在一九五八年或者文革期間被毀了。」

H指給我看空地上的一處廢墟。我從背包裡拿出相機，我要記錄下這段歷史留下的點滴證據。

J牽著Moma和KD走過來，告訴我僧人都在一個大院子裡。我們走到一個大門半開的門洞，裡面是個很大的院子，幾個童僧看到我們身邊的大狗，驚叫起來。聲音驚動了其他僧人，好幾扇窗子幾乎同時打開，幾個僧人探頭朝我們這邊張望。

克相仁波切說，到了阿萬倉，提起他的名字……此刻，我應該在眾目睽睽中走進僧院嗎？我應該向誰提起克相仁波切？

我試探著朝院子走了幾步。一位中年僧人走出房

圖6-2：阿萬倉寧瑪寺的舊殿堂

門，朝我們揮手，示意要我們離開。在他眼裡，我們是兩個不懂規矩的漢人遊客。我遲疑不決。假如我鼓起勇氣走進院子，對這位中年僧人說，我認識克相仁波切，我知道阿萬倉部落的遭遇，我想了解寧瑪寺劫後重生的經歷……

中年僧人再次揮手，用生硬的漢話說：「走！走！」

我轉身走進細密的雨中。克相仁波切告訴我，一九五八年，阿萬倉部落的男人幾乎全部被抓走，大多數沒有回來。當這一切發生的時候，仁波切本人在監獄裡，他沒能告訴我當部落被強行解散，牧人被關押後，阿萬倉的老人、女人和孩子是怎樣活下來的。現在，我終於到了阿萬倉，可是我無法詳細了解那段歷史。我只能用相機記下寺院裡的殘存的廢墟。那些斷牆殘壁和清理過後的空地，無聲地向我訴說許多鮮為人知的故事。

我走到四層樓閣式經堂前。根據經堂的式樣和環境，我看出這是一座大型立體壇城。一對老夫婦緩慢地繞著壇城轉經。我站在雨中，默默望著他們。他們是否經歷過五十多年前發生的一切？那些被抓走的部落男子，一定有他們的祖父、父親、兄弟。我想走過去問：那些年裡，你們是怎樣生活的？你們是否經歷過批鬥？是否經歷過饑荒？

雲霧開始消散，寺院背後現出一道碧綠的草山。黃河在圓渾的草山之間蜿蜒流淌，河邊的豐美草灘曾經是不為人知的戰場。丹炯喇嘛的舅爺，康賽部落的帶兵官霍托色騎著馬，揮舞腰刀，率兩部落的男子沖下山，迎面射來猛烈的炮火……

五十多年前，這片大草灘經歷了歷史上最大的劫難，無數生命消失在草原深處。然而，那段悲慘的歷史被宏大的「革命敘事」深深掩蓋，至今難以發掘。

雨越下越密，冰涼的雨水在我臉上流淌。裹著皮袍的老婦從我身邊走過，我真想對她說：對不起，我知道得太晚，我知道得太少，無論怎樣努力，我都無法走進歷史深處，尋找那些被侮辱、被損害、被壓制的靈魂。

此刻，我又能用什麼來祭奠那些消失在草原深處，也消失在歷史記錄中的亡靈？

我從背包裡取出一條來自達蘭薩拉，達賴喇嘛尊者親手掛在我頸上的哈達。我雙手捧著哈達，走上台階，走到在廢墟裡重建的經堂門口，把哈達繫在金色的門環上。

我想到克相仁波切，想到他的父親，死在獄中的末代阿萬倉部落頭人昂加。

我仰望長天，用心靈呼喊：寧瑪寺浴火重生，阿萬倉部落沒有滅絕！

在歐拉草原眺望黃河

瑪曲縣的形狀像條魚，魚頭和魚身的上方跟青海連接，朝下彎的魚尾跟四川阿壩相連。地圖顯示尼瑪鎮往西有條幾乎是筆直的小路，只有三十三公里就出了甘肅省界，進入河南蒙旗，即青海黃南州河南蒙古族自治縣。黃河在兩省交界處曲曲彎彎地流淌，在河南縣和瑪曲縣歐拉鄉之間轉出幾個大彎。河彎與山之間有幾片很大的平灘，那就是我要去的地點。

大清早冒雨出發，問了好幾個人才找到城西那條沒有標誌的小路。路在黃河北岸，是甘青兩省間的近道，許多青海牌照的車從我們對面來，也有不少甘肅和四川牌照的車朝青海方向去。如此繁忙的道路卻是條簡易的縣鄉級公路，許多路段穿過草地，似乎連路基都沒修，連日陰雨後，路面就成了一串泥坑。

路況雖差，但公路修在山側或山頂，視野開闊。天空陰暗，烏雲沉沉壓下，隨時會有暴雨襲來。車到高處，遠望山巒層疊，近看黃河如帶。

黃河從青海果洛州久治縣門堂鄉進入瑪曲，在草原上轉了個大彎，又從瑪曲歐拉鄉流入青海黃南州河南縣，在瑪曲境內流淌四百三十三公里。在瑪曲草原上，黃河吸納大量支流，補充約四十五％的水量。因此，瑪曲草原成為重要的黃河補水區，有「黃河蓄水池」之稱。

可是，目前瑪曲草原嚴重退化。據二〇一一年中國生態學會編纂的《生態文明與綠色長征》這本書中有關瑪曲草原的研究文章，瑪曲縣草場退化面積已達草地總面積的八十三％。其他調研報告指出，瑪曲草原重度退化面積達天然草原面積的三十八點五％，鼠蟲害面積達可利用草地面積的三十一％，而且沼澤大面積乾涸，許多黃河支流斷流。「黃河補水區」出現乾旱沙漠區域，黃河沿岸出現二百多公里長的流動沙丘帶。黃河補水量減少了十五％，成為下游斷流的原因之一。

資料指出，瑪曲草原在二十世紀四、五〇年代沒有一點沙化，但在六、七〇年代，「由於社會、環境和人為因素的影響」，草原開始出現零星沙化。一九八〇年後，沙化越來越嚴重，如今「黃河蓄水池」有乾涸之憂。

為什麼瑪曲草原沙化從六〇年代開始？公開出版的調研報告和研究資料都迴避了瑪曲草原退化的源頭：一九五〇年代末的大規模草原開荒。

一九五八年八月中旬，就在解放軍在西南、西北用強大武力鎮壓藏、蒙、回等非漢民族的抗爭的同時，中共在北戴河召開中央政治局擴大會議，通過了三十多個文件，其中一個是《關於動員青年前往邊疆和少數民族地區參加社會主義建設的決定》。這份文件決定一九五八年到一九六三年從內地動員五百七十萬青年到邊疆支援建設，其中從河南動員六十五萬人去青海，十五萬人去甘南。這就是史稱「支邊」的運動，也就是內地青年朝邊疆非漢民族地區的大遷徙，其根本目的是「屯墾戍邊，鞏固社會治安」。

十月中旬，中共中央在北京召開八屆二中全會，提出「以糧為綱」、「全黨大辦農業」，整個中國隨即陷進狂熱的「大躍進」運動中。甘肅省委確定河西和甘南兩大墾區，甘南州委根據中央和甘肅省委的決定，擬定支邊青年安置的首要原則，是「根據軍事戰略需要和工農牧業生產的需要進行安置工作，取人民公社的組織形式，做到組織軍事化，行動戰鬥化，生活集體化，以便加強鞏固社會治安，並達到迅速發展生產的目的」，並訂下「到一九六〇年完成開荒一百萬畝」的目標。

一九五八年十一月底，第一批七百五十名河南青年到達甘南。到一九五九年底，共有四萬一千六百多名河南青年到甘南屯墾。甘南州建立了許多國營農場，但不同的具體資料之間有很大的出入。《甘肅省志．農墾志》裡的數字是二十九個，《中國共產黨甘南歷史》裡的數字是七十一個。

兩年裡，國營農場在甘南開墾草原近三十萬畝，主要在碌曲、瑪曲和夏河的牧區和半農半牧區。《甘肅文史資料選輯》第四十七輯裡收錄了一篇當年墾荒者的回憶：「（當時）甘南所有國營農牧場都在全力開荒，日夜鏖戰，大挖生草皮，三步一丘，五步一垛（燒生草皮灰當肥料），到處濃煙滾滾，火光沖天，形成燈火輝煌的大草原夜景。」

當時甘南州委還提出「當年播種，當年受益」的目標，要求牧區的公社在一九六〇年底做到糧食自給，提出「開光平灘，牛羊上山」之類的口號。然而，不管中共「大辦糧食」的決心有多大，「甘南墾區」跟川西北墾荒一樣，徹底一敗塗地。到一九六〇年，各農場平均畝產只有十一點三公斤，連種子都沒收回；油菜畝產不到兩公斤，基本上是顆粒無收。牧區的農場和公社非但沒做到糧食自給，牲畜數量還大幅度下降，至少減少了三分之一。

在此期間，農牧民的房屋、農具、牲畜、乃至生活用品等被大量「平調」，即無償調配。墾荒的地點多數在氣候適宜、地形平坦的地方，那些地方多是牧民的「冬窩子」，即牧民過冬的寒季牧場。牧民和他們的牲畜被趕上山，加上用軍事行動來強制牧民合作化，導致牲畜大量減少，一九六二年，甘南牲畜比一九五七年減少六十五點七％。牧民的槍支被收繳，加上大量男性牧民被抓進監獄，結果是大量牲畜被野獸咬死。「支邊」的河南青年生活極其艱苦，口糧不足，水土不服，許多人在墾荒期間病餓而死。勉強維持到一九六二年，這些農場大多數不得不撤銷，或者改成國營牧場，倖存的河南青年絕大多數返回原籍。

在甘南牧區「大辦糧食」是甘南草原沙化之始。這一愚蠢決策的後果，內部出版的《中國共產黨甘南歷史》中承認：「一點八萬公頃被翻耕的天然草場，在以後的二、三十年內寸草不長，很難恢復到水豐草茂的原狀。」

一九七〇年代，政府為了增加草場面積以增加牲畜數量，又組織「草場改造」，在沼澤裡開溝排水，結果進一步導致沼澤乾涸，草場進一步退化。

黃河流經的歐拉草原是當年的一個農場所在地，如今也是瑪曲縣草原沙化最嚴重的地區之一。

在坑坑窪窪的公路上行駛二十來公里後，我們上到一座山頂。這是我們在瑪曲走到的最高點。從山上下來，進入兩山之間的草地，公路被一串汽車堵住了。下車一看，前方的路被雨水泡成了爛泥灘，有輛貨車大半個輪子陷在泥裡，司機和幾個熱心幫忙的人站在路邊一籌莫展。對面來車紛紛掉頭往回走，我們前面的車也在設法掉頭。X試圖從路邊繞過去，但路邊的草地也成了泥坑，開了幾米，一個輪子就陷進了泥裡。我們三人下車猛推了一把，車搖晃著回到路上。X很困難地把越野車掉頭，我們原路返回。

車到山頂，我下車遠眺大草原。沉沉烏雲下，近山青綠，遠山迷濛。腳下的山梁和遠處的山巒之間，那片寬闊的草灘上，黃河閃著銀灰色的光。

這裡離甘青省界已經很近了。往前約十公里，在一條南北向的黃河支流邊有個叫王安瓊果的地方，在這裡過橋就進入青海的河南縣。過橋後，這條小路將會穿過一大片黃河灘，那兒就是一九五八年六月解放軍騎兵第一師對蒙藏牧民大屠殺的地點。在官方歷史上，那場大屠殺稱為「柯生托洛灘圍殲戰」。官方歷史沒有說明的是，騎一師「圍殲」的是因抗拒「合作化」而意欲逃往歐拉草原的牧民部落，近萬牧民。

甘肅境內的草灘上，隱約可見點點白色帳房。那裡應該是原先歐拉部落，現歐拉鄉牧民的牧場吧。根據《甘肅省志．軍事志》裡的說法，一九五八年藏人對「合作化」的反抗就是從歐拉部落開始的，但沒有提供具體情況。這一年，歐拉部落的牧民遭到解放軍空軍轟炸，在《瑪曲縣誌》上，這一軍事行動僅被描述為「歐拉一部進至縣冷庫一帶，遭偵察情況的飛機轟炸後稍緩其勢」。「縣冷庫一帶」本來就是歐拉部落的牧場，轟炸時，歐拉部落的部分牧民正在從冬季牧場轉往夏季牧場的途中。「柯生托洛灘」大屠殺過程中，歐拉部落有二百多牧民渡河援助同胞，他們中有多少人死於那場屠殺，至今未見資料，《瑪曲縣誌》裡只有一句話：「……由於當時受『左』的指導思想的影響，沒有堅決貫徹執行『軍事打擊、政治爭取和發動群眾相結合』的方針，出現了嚴重的擴大化錯誤。」

但是人口資料卻透露了「嚴重擴大化錯誤」的後果。根據《瑪曲縣誌》裡的人口資料，一九六四年瑪曲人口比一九五三年減少了十二%。瑪曲諸部落的遭遇可想而知。

目前瑪曲縣人口密度為每平方公里不到四人，一九五八年的人口密度更低於此。當時，黃河第一彎曲部的大草原是人跡罕至的地區。作為「黨的馴服工具」的「人民解放軍」，手握中共中央和中央軍委的「尚方寶劍」，在這裡以「平叛」為名對牧民大開殺戒。他們不必擔心「錯殺」，他們在這裡所作的一切無人看見，軍隊甚至不必清理戰場；地方官員也不必擔心「錯捕」，無數牧人被關押，死在監獄裡，對這些官員來說只不過是執行中共中央的命令。在大草原上的中共政權就是這樣建構起來的。建政後，這個傲慢和無知的政權立即開始對草原肆無忌憚地破壞，終於造成了無法逆轉的生態失衡，而這一切造成的後果，現在卻以「保護生態」為名讓牧民承擔。

黃河彎曲到一脈草山背後，消失在煙雨迷離的遠方。頭頂的烏雲傾下一陣暴雨。我回到車裡，心裡暗下決心：有生之年，我一定會再來。

第七章
從「黑錯」到「合作」

清晨，合作寺

我到了合作市才想起合作寺。

清晨，離開合作市郊外的小旅館時，我問工作人員合作寺在哪裡。他說：「一直往前走，就在路邊，看到『九層樓』就到了。」我想起合作寺的標誌建築是九層高的米拉日巴佛閣，「九層樓」指的就是這座佛閣吧。

知道合作寺是因為在研究一九五八年「宗教制度改革」運動時，在《甘南州志》裡看到，一九五八年五月二十日，甘南州一百九十六座寺院，除拉卜楞、禪定寺、黑錯（合作）寺和郎木寺外，其餘一百九十二座全被廢除，僧侶均被遣返原籍還俗。這樣的大事件居然是在一天之內發生的，如此高效率的破壞行動讓我留下深刻印象，因此記住了這四座保留下來的寺院。

合作市是甘南州的首府。一九五三年以前，現在的合作市是一片大草灘，草灘上有條名叫德烏魯的河，還有一寺一鎮，即黑錯寺和黑錯鎮，共約一千二百多人。「黑錯」是藏語音譯，原意是「羚羊出沒的地方」，因此合作市也有「羚城」之稱。

甘南藏族自治州是一九五三年八月成立的，當時州府設在夏河縣。一九五六年，甘南州府遷到黑錯鎮，大概當時的主事者覺得「黑錯」這個譯名又「黑」又「錯」，寓意不佳，遂取「民族合作」之意，將鎮名改為「合作」，寺名也隨之改變，「黑錯寺」就這樣變成了「合作寺」。

一九五八年，夏河縣撤銷，黑措鎮改成德烏魯市。原先水草豐美，羚羊出沒的德烏魯草灘上因此出現了一個「草原新城」。到一九六〇年，這個城市的人口已達兩萬左右。一九六一年，德烏魯市撤銷，合作鎮依然是州府駐地。一九九八年鎮改成市，就是現在的合作市。

二一三號國道穿過市區不遠，就看到了那座高大的絳紅色金頂佛閣。我們先經過現代化

圖7-1：現在的合作寺與合作市

的合作寺格樂賓館，賓館樓頂拉著一條大紅橫幅：祝賀第十二屆中國九色甘南香巴拉旅遊藝術節圓滿成功。

許多條經幡和彩旗從賓館樓房上拉到街邊，經幡在陰沉沉的天空下飄動，賓館大門前的小香爐冒出淡淡桑煙，看上去一切都很安詳。這天是八月十八日。我離家前翻牆上網看到，八月七日，也就是十一天前，一位名叫卓尕措（Dolkar Tso）的二十六歲女子，兩個孩子的母親，在這座寺院裡舉火自焚，抗議中共對藏區的高壓統治。

從公路上拐進寺院大門，車停在一片差不多有兩個足球場大的平坦空地上。空地的那端橫躺著一座翠綠小山，大經堂就坐落在山坡下。寺院左右各有一座白塔，左邊的在山坡上，右邊的在平地，距米熱日巴佛閣不遠。卓尕措就是在右邊的佛塔前自焚的。

清晨六點左右，寺院很安靜。幾座金頂殿堂顯然是重修的，最高處的經堂尚未完工。經堂周圍的僧舍是「新舊結合」的式樣，現代式

圖7-2：昔日合作寺的廢墟

的大玻璃窗，新修的院門，但幾乎每個院子都保留了一段土牆。塗了白灰的薄磚牆連接厚實的傳統土牆，透露出一段被湮沒的歷史：這座一九五八年保留下來的寺院沒能逃過文革。

草叢裡有條被人踩出的小徑通往坡頂的佛塔。小徑邊的荒草中立著一截截殘牆，還有幾個荒棄的院子，顯示出寺院曾經經歷過的劫難。一九五八年的「反封建鬥爭」中，這座寺院雖然是「保留寺院」，但內部出版的《中國共產黨甘南歷史》中透露，這四座寺院保留的只是「一些建築和形式」，其他的寺院全部被拆毀，寺院財產下落不明。當時甘南全州有一萬五千五百九十二名僧侶，戰場上打死或被捕的就有四千一百多人，其餘的除二百四十九名老弱病殘者外，全部遣返家鄉，被迫還俗。文革期間，這四座「保留寺院」也被拆毀、占用。

我站在佛塔下眺望合作市。像中國各處的城市一樣，合作市正在努力擴展，各種各樣的建築填滿了山谷，一片低矮的紅瓦屋頂上聳出毫無特點的高樓。在灰濛濛的天空下，城市顯得擁擠凌亂。德烏魯草原早已不再是羚羊出沒的地方，而曾經被拆毀的寺院，如今修復成「九色甘南香巴拉」的一個「景點」。

H走到我身邊，示意我回頭看山坡。碧綠的草坡上有一道道土黃色，那是一段段殘牆。黑錯寺從路邊的空地到接近坡頂的殘牆處，從米拉日巴佛閣到佛塔的山坡，那才是昔日寺院的範圍。現在的寺院，不足原先的五分之一。

「這個，你從哪裡拿到的？」

一個僧人坐在經堂前的台階上低頭讀經。我站在經堂的廣場上，環顧四周。四面無人，我們的車孤零零地泊在空地裡。時間尚早，路上車不多，遊客尚未到達。

我慢慢走上台階，心裡琢磨著怎樣對僧人說話。快要走到他身前時，僧人抬起頭，我看到一張年輕的臉。不知道為什麼，年輕的僧人讓我感到安心，或許是因為他們太年輕，還沒到被指定為「寺管會」成員的時候。

我有點魯莽地在他身邊坐下。清早，海拔近三千米的高原空氣寒涼。僧人裹著絳紅袈裟，我穿著綠色外衣，這太招眼了，而且經堂正對著公路和那個權當停車場的空地。不到兩周前寺院裡發生了一起藏人自焚抗議事件，這裡一定是被嚴控的。我知道此地不可久留，也不能多談。

「你能讀藏文嗎？」話剛出口我就覺得自己問了個非常傻的問題：這位年輕僧人正在讀經書，他能不懂藏文嗎！

好在僧人不以為忤：「可以。」他的漢語裡帶著我已經很熟悉的西北口音。

我轉身朝背後的經堂掃了一眼，大門緊閉，經堂附近一個人也沒有。

我從外衣的內袋裡拿出用哈達包著的小包。我一層層解開哈達，把小包捧到年輕僧人面前：「你能看懂這上面的字嗎？」

他接過小包輕輕地讀。稍頃，他抬起頭，緊盯著我：「這個，你從哪裡拿到的？」

「在那邊，他親自給我的。」

「你從哪裡來？」他問。

「美國。」我回答他，「過兩個月我還會去那邊，還會採訪他。」

我們誰都沒點明「他」是誰，但彼此心照不宣。年輕僧人長長出了口氣，想說什麼，又咽下了。

「我給你一些。」我說：「你有東西包嗎？」

他扯下肩上的袈裟一角，托到我面前。我解開小包上繞著的紅色吉祥結，打開印著藏文的黃紙，從裡面的小塑膠袋裡拈出十幾粒黑色小藥丸，放在他的手裡。年輕僧人連聲道謝。

「你什麼時候去的？」他問。

「每年都去。」我說：「我研究當代藏史，每年都去採訪他，也到定居點去採訪老人。」

「他好嗎？」

「很好，很健康。每年都會到很多地方去講經。」

沉默片刻，我問他：「這裡……情況還好嗎？」

「還好。」

「有沒有人被抓？」

「……沒有。」

外電報導說，八月七日，卓尕措自焚身亡後，合作寺有數名僧人被公安帶走。他們是被帶去問話，還是被扣留？我想知道詳情，但這位年輕僧人顯然不想說。

我望著經堂前的大片空地問：「前面怎麼會有那麼一大片空地？」

「原先都是和尚住的房子，」他說，「後來拆掉了。」

「這裡原先都是廢墟？」

「是。前些年重新修寺院，都清乾淨了。」

黑錯寺創建於一六七三年，鼎盛時期有兩座經堂，十座佛殿，僧侶千人，僧舍兩百多所。一九五八年這座寺院有五百多名僧侶。原先的米拉日巴佛閣建於一七七七年，是全藏區僅有的兩座米拉日巴佛閣之一。這座佛閣在文革中被拆毀，現在的佛閣是一九八八年建的。

一輛旅遊車開進寺院。我站起來，向年輕僧人道別。

稍後，一名中年僧人把我帶到一座小殿堂裡。他告訴我，這座小殿是當年留下來的，板壁還是原物，上面的彩繪也是原來的。他指著高掛殿堂一角的鏡框，告訴我那是「一九五八年前的寺院」。我仔細看照片，果然，現在的空地上曾經整齊地排列著僧舍。

後來的旅行中，我特別留意尋找寺院的歷史照片。在我去過的不少寺院裡，僧人們曾給我看他們保留下來的圖片。這些歷史影像有的掛在佛殿裡，有的擺在佛龕上，有的被僧人藏起來。有時候，寺院沒有留下照片，僧人站在經堂門前，告訴我原先的寺院範圍，告訴我某段殘牆原來是大經堂，某個廢墟曾經是佛殿，現在的村莊曾經是僧舍。

寺院上空傳來敲擊聲和吟唱聲。三名僧人站在經堂頂上的雙鹿法輪前，一個在吟唱，一個用木棒敲擊一段木頭。緊接著，經堂前響起長柄鼓和銅鈸的聲音，兩名少年僧人雙手叉腰蹲在經堂前的廣場上。銅鈸一聲脆響，少年僧人跳起來，跟著鼓聲鈸聲的節奏，踏步、跳躍、旋身、揚臂。他們在練習金剛舞。

金剛舞也叫羌舞，是大乘佛教密宗裡的一種儀式性舞蹈。金剛舞源自印度，由蓮花生大師於西元八世紀傳入西藏。正式表演時，舞者身穿色彩斑爛的服裝，頭戴面具以代表不同的角色。金剛舞具有宗教上的神祕意義，因此往往在特定的日子、特定的時間表演。在藏地，金剛舞對於表演者和觀看者都是一種修行的方式。

經過一九五八年和文革兩度大破壞，藏傳佛教的許多傳統幾近失傳。一九八〇年代初，中央批准修復和重建寺院，一些被迫還俗的僧人重披袈裟，他們不僅在廢墟上重建寺院，也恢復了宗教儀軌的傳承。

鼓鈸聲裡，我走下經堂前的台階。天空現出清藍，一道光透出雲層，照著米拉日巴佛閣。

「請告訴他，我們什麼都沒有了！」

從合作寺去拉卜楞寺的途中，我們在一家藏人開的小店裡吃飯。就在這家路邊小店裡，我遇到了兩個藏人失地農民。

聊天是從店裡的佛龕開始的。我問正在為我們蒸藏式包子的女店主，佛龕上的那些照片是什麼人？女店主不大會說漢語，她走進旁邊的小單間，叫來兩名顧客。這兩人穿著漢式衣服，一個是滿面風霜的中年人，看上去約五十多歲，另一個還年輕，看上去不到三十。中年人為我介紹：戴眼鏡、穿金色藏袍的是第六世嘉木樣仁波切，黑白照片是貢唐倉仁波切……我輕聲說：「沒有嘉瓦仁波切嘛。」

兩個人楞了一下。稍頃，年輕人低聲對我說：「不會擺在這裡。」我點點頭。

H和我跟著兩人走進小單間。我對他們介紹自己，然後拿出哈達裹著的小黃包，分給他們一些藥丸，H從外衣的內袋裡取出兩條吉祥結，雙手捧著送給他們，告訴他們這是「嘉瓦仁波切加持過的」。兩人雙手接過吉祥結，輕觸額頭，然後鄭重地繫在頸上。

我問他們：「你們的生活還好嗎？」

中年人眉頭緊鎖，沉重地歎了口氣：「壓力很大。」

「什麼樣的壓力？」我問。

「窮，日子不好過。」他回答。

他告訴我他們兩個都是農民，家裡的地被徵收了，沒有地，沒有收入，生活艱難。

「地被誰徵收了？」我問。

「政府收了，修公路。」年輕人說：「你們是走合作那條路過來的吧？徵地就是修那條路。」

從瑪曲返回二一三號國道，公路相當不錯。路修在狹窄的山溝裡，路兩邊不時可見村莊梯田，靠近路邊的很多梯田已經被劃入「退耕還林」區，地裡種的不是莊稼，而是松樹苗。路邊常常看到有關植樹造林、旅遊興州的大型宣傳牌。一路上我們都誇路況不錯，完全沒有想到，在這樣狹窄的山溝裡修路會占用溝裡的農田，加上路邊種樹占用的地，對農民來說這意味著什麼。

「徵地給錢嗎？」H問。

「給一點。」年輕人說：「一畝莊稼地給兩萬六千塊錢，一畝草灘一萬塊，河灘三千塊。」

我拿出筆記本，邊記邊問：「就這麼點？」

中年人說：「就這麼多。地沒有了，一家人吃的糧食都要買。這點錢花不了多久就沒了。」

「那你們怎麼生活呢？」

他長歎一聲：「到城裡去做苦工，什麼活都做。壓力很大。」

我問年輕人：「你的日子過得好嗎？」

年輕人搖頭：「壓力也很大。溝裡靠河邊的地沒有了，坡地又沒法種。」

「為什麼沒法種？」

「不讓種莊稼，只能種樹。你們在路上看到沒有，路邊上的地裡都種上小樹。」

他告訴我他有兩個孩子，都在讀書，他和妻子都為孩子們未來的學費發愁。孩子上小學和初中不需要學費，但要想讀到高中以上的話，各項費用一年要花一萬二到一萬三千塊錢。我想起來，中國實行九年義務教育，也就是從小學到初中這個階段是免費的，高中需要交各種費用。

「考高中分數線是六百分，差幾分就要花錢買。一分要花幾千塊錢。」年輕人說。

這顯然是學校的生財之道。年輕人說，他打算讓孩子們讀到初中畢業就回家幹活，高中以上讀不起。在內地常聽人們抱怨政府對非漢民族的特殊照顧，其中一項是非漢民族學生高考可以加分。但是，享受此類照顧的前提是學生能進入高考，如果他們由於貧窮連高中都上不起的話，「照顧分」對他們毫無意義。

自從一九五〇年代以來，中共對非漢民族的政策實質上一直就是「胡蘿蔔加大棒」，在宣傳上則是以少量的「胡蘿蔔」來掩蓋嚴酷的「大棒」。藏區發生的許多重大事件都被深深掩蓋，藏人底層民眾的生存狀態也不為人注意。在目前的中國，失地農民的抗議是層出不窮的「群體性事件」來源之一，但藏人失地農民無法抗議。藏人的一切抗議活動，無論是為保留藏語文教育，還是抵制採礦造成的環境污染，都會被貼上「藏獨」標籤，遭到嚴酷鎮壓。

窗外傳來摩托車的聲音。我回過頭，見一個小青年把摩托車停在窗下，走進餐館。我對面的年輕人神色慌張：「不能說話了，這裡不安全。」

我把小筆記本放進衣袋裡，低聲對兩個失地農民說：「我們過兩個月要去『那邊』，你們有什麼話對仁波切說嗎？」

中年人含著眼淚對我說：「請你告訴他，我們什麼都沒有了！」

第八章

尋找故戰場

循化——「青海平叛」第一槍

過了夏河就進入臨夏回族自治州。臨夏離蘭州不遠，我們可以走二一三號國道到蘭州，然後上蘭西高速去西寧。從路況來看，這條路應該是最佳選擇。

但是，我在地圖上看到與夏河毗鄰的一個縣名：青海省循化撒拉族自治縣。一九五八年「青海平叛」的第一槍就是在循化打響的。我當即決定走循化這條路去西寧。

我們在臨夏縣轉上三一〇號省道，走向西北方向。

三一〇省道到甘青邊界只有二十公里左右，路況不錯。臨夏縣城一帶人煙稠密，山上開著一層層梯田，有些梯田看樣子已經「退耕還林」，雖然保留了梯田的形式，但長的不是莊稼，而是綠油油的草，山上的植被正在恢復。

山谷裡有很多村莊，不時看見清真寺的高塔聳立在一片低矮的泥土房子上。公路邊有條不大的河，水很淺，河床裸露，很難想像就是這樣一條半乾的河在澆灌河谷裡的梯田，滋養這麼多的人口。

臨夏縣是昔日「青海王」軍閥馬步芳的故鄉。一九五八年，中共在西南西北非漢民族地區強制推行社會改造時，青海回民也曾武裝反抗，臨夏是戰場之一。但相關情況目前只有零星官方資料，當年發生在回、撒拉、東鄉等民族中的事件似乎未見獨立研究，亦未見非官方的記述。

甘青邊界的循化—臨夏段以達里加山為界。達里加山是祁連山脈的一段，主峰高四千六百三十五米。公路進入達里加山中，山谷越來越窄，谷底到處是亂石，看上去像乾涸的河床，又像古代冰川的遺存。公路險要，靠山谷的一側大多沒有護欄，常常一個驚心動魄的轉彎，令人感到稍有不慎汽車就會沖下山谷。

公路盤旋而上，視野越來越開闊，風光越來越壯美，到了山頂的埡口下車眺望，多雲的晴空下群峰挺立，遠處的山裡浮著一條條白雲，一道陽光穿透濃雲，灑在埡口對面的山梁中央。腳下的公路像淺黃色的緞帶繞在碧綠山間，只有走過之後，險路才會變成優美。埡口邊的山上有條小路通往山頂的插劍台，小路一邊的岩石上拉著經幡，草地上散著彩色風馬，這一定是座神山。

這裡就是甘青邊界，甘肅的三一〇號省道在此結束，下山的路是青海的二〇二號省道。

翻過達里加山，我們進入一個寬闊的山谷。兩邊的高山黃土裸露，山谷卻像一個長長的綠洲。循化是以農業為主的地區，八月正是收穫的季節。農民忙著收割，割下的麥子紮成捆，上面還蓋著「頂」，像一個個小窩棚，整齊地立在地裡。黃綠的油菜籽沉沉低垂，成熟的油菜已經割下攤在路邊。公路從一個個藏民村裡經過，這裡的農民也和我家鄉的農民一樣，把公路當成曬場，公路的一半被農家占據，家家戶戶把麥子攤子路上，讓過往的汽車壓碾。脫粒、揚場還是傳統的手工操作。X放慢車速，小心地通過村莊。

路旁突然閃過一個路牌。我一下坐直，對H說：「道幃鄉！這裡是道幃鄉！」

循化縣是民族雜居區，人口以撒拉族為主，藏人人口約占全縣人口四分之一，但全縣七個鄉有四個是藏族鄉。道幃鄉在循化東南，另外三個鄉在循化西南和中部。

H臉色沉重，他知道我想起了「循化事件」。這個民眾抵制「合作化」，要求政府釋放被扣留的民族上層人士事件當時被定性為「反革命武裝叛亂」，遭到解放軍強大軍事力量的鎮壓。道幃鄉和其他三個藏族鄉都參與了「循化事件」。

一九五八年初，中共在甘南推行農牧業合作化，遭到民眾激烈的抵制和反抗。三月中旬，當時的中央統戰部長李維漢、副部長汪鋒和中央民委副主任楊靜仁到甘肅調查。四月三日，他們交給中共中央一份報告，即「李維漢、汪鋒、楊靜仁三同志關於平息甘南藏區叛亂問題的意見」。報告中提出：

> 平息甘南的叛亂，不只是同這個地區的反動上層做鬥爭的問題，同時也是同整個藏區特別是西藏反動上層做鬥爭的問題。勝利地平息這個地區的武裝叛亂，不僅可以使這個地區的社會主義改造，進行得更迅速，更徹底一些，而且對於其他藏區將發生重大的影響，因此必須集中優勢兵力堅決地打、狠狠地打。每次戰役和戰鬥要有充分準備，力爭打殲滅戰，每打必勝，徹底殲滅叛亂武裝，防止逃跑流竄。

報告還建議「（甘肅）省委以各種適當的方式，儘快地把頭人特別是影響較大的頭人根據目前（情況）控制在我們方面，有叛亂可能的要監視起來。」四月十二日，中央將這份文件轉發給甘肅、四川、青海省委，並在轉發批示中表示同意三人的意見。青海省委據此通知各州、縣採取開會學習等方式將民族宗教上層人士集中控制起來。循化縣文都寺的加乃化仁波切等上層人士就被請到縣城去辦「學習班」。

四月十七日，剛察鄉牧主奴日洪布帶領民眾抗拒合作化，同時要求釋放加乃華仁波切，民眾扣押鄉黨支部書記，砍斷電線杆。第二天，抗議升級為武裝衝突，工作組組長被打死。撒拉族頭人後來也率撒拉族民眾加入。四月二十一日，各族民眾共四千多人在撒拉族頭人韓乙奴和阿訇韓乙四夫的帶領下包圍縣城，期間發生毆打幹部，搶劫商店等暴力行為。這就是「循化事件」。

三天後，解放軍兩個團兵力，其中包括一個炮兵營和一個工兵營，加上化隆縣的兩個民兵騎兵連在化隆和循化邊界附近的甘都鎮渡過黃河，二十五日拂曉，軍隊趕到積石鎮，立刻向「叛亂武裝」發動攻擊。當時撒拉族武裝已經撤離，被軍隊包圍的主要是噶楞、溫都、道幃和剛察四個藏族鄉的民眾。軍隊將這些人「壓縮」到距縣城三公里左右的石頭坡村，四小時之內打死四百三十五人，打傷二百八十四人，在接下來的大搜捕中還逮捕了二千四百九十九人，其中包括五百三十七個藏人和一千五百八十一個撒拉人。《青海省志．軍事志》中稱這場大屠殺為「循化城郊殲滅戰」。軍方沒有透露另一組資料：「循化反革命叛亂事件」平息後，全縣共繳獲「長、短槍一百七十三支，刀、矛、斧頭等一千六百九十九件」，這就是被當作「反革命叛亂武裝」殲滅的近四千名循化縣各族民眾所擁有的全部武器。

二〇二號省道一路走向西北，然後在清水鄉朝西轉個九十度的彎，與黃河平行，進入循化縣城積石鎮。我們穿過縣城，直接來到黃河吊橋邊。黃河正是汛期，河水漫到堤壩下，一行綠化林帶浸在水中。黃河北岸是小積石山脈，一行三角形山峰如同天然金字塔雄踞岸邊。山坡溝壑縱橫，刻滿了時間的痕跡。

我走上吊橋，站在橋中央眺望。天空蒼藍，落日如金，黃水滔滔，千仞壁立，看不盡的萬古蒼涼。循化縣城已不復舊貌。曾經的城牆早已拆除，經過半個多世紀的改造，古城循化亦如中國的其他市鎮，失去了獨有的風格。現在的循化縣城已經找不到當年「循化事件」的痕跡。

二〇二號省道經過石頭坡村。我望著黃河邊的田野，想像半個多世紀前發生在這裡的屠殺。這是一片平坦的黃河灘地，被兩個團的正規軍追擊到這裡的民眾，面對黃河和積石山，無路可逃。

「循化事件」導致了中共民族政策的一個大轉折。一九五八年八月二十七日，中共中央在批轉青海省委關於「循化撒拉族自治縣反革命武裝叛亂事件的教訓」報告時，提出了「在階級社會裡，民族問題的實質是階級問題，不把握階級實質，是不能夠徹底解決民族問題的」這一觀點。此後的幾十年裡，這個觀點成為中共民族政策的指導思想，直到一九八〇年才糾正。

過馬營，不為人知的慘案

九月初，我們四人二狗從西寧出發，翻過拉脊山到貴德，然後沿一〇一號省道直奔同德縣。此行是為了去興海縣，更確切地說，是去興海縣東南部與同德縣交界的一個地點：中鐵鄉。

從西寧到興海有兩條主要路線。一條是沿二一四號國道經共和縣朝西南方向走，過河卡鎮後，在「十三道班」這個地點換三一一號省道轉向南，穿過興海縣城子科灘，約二十公里到曲什安鎮，在那裡上一條小路，不到二十公里就到了中鐵鄉。我在地圖上仔細看另一條路線，這條路線取一〇一號省道南行，經過湟中、貴德、貴南到同德，然後換三一一號縣道橫貫同德縣，在曲什安鎮過黃河到中鐵鄉。一〇一號省道進入貴南縣之後，要朝東南方繞一個半圓形的大彎。這個彎的北端是貴德的熱光村，南端是貴南的過馬營鎮。

過馬營！看到這個地名，我立刻想起一九五八年發生在那裡的一場中共幹部和警察對民眾的屠殺。

不用說，我們當然是走這條路線去興海。

翻過海拔三千八百多米的拉脊山口，在貴德縣城郊過黃河，進入過馬營地區的時候，正是中午。九月的天空藍得純淨，白雲凝在秋色乍現的草山頂上，寬闊山谷裡種著大片青稞，正午的陽光照著成熟的青稞地，把空中的雲也映成了淡金色。

一〇一省道邊出現一條岔道，通往一座城鎮。這就是過馬營鎮。現在的過馬營是個相當規模的市鎮，下轄十七個自然村。一九五八年，現在的過馬營屬霞石鐸區，這個鎮子是區政府所在地。過馬營距貴南縣政府八十二公里，這一帶至今還是人口密度很低的地方，村莊之間相隔很遠，除了偶有牧民趕著羊群穿過公路，公路邊幾乎看不到人。這裡不是旅遊勝地，沒有著名景點吸引遊客，我們一路行來，公路空蕩蕩的，很少有車來往。一九五八年這裡更是人跡罕至，在這裡發生的事件，外界無從得知。

在研究一九五八年的「青海平叛」時，我在《貴南縣誌》裡看到一條關於一九五八年貴南「平叛」的記錄。「平叛」發生在一九五八年六月十七日至八月二十九日，期間駐軍「戰場擊斃」七十一人，打傷、迫降、逮捕一千六百一十六人」，還「解救被裹挾群眾」五千九百餘人。一九五三年貴南全縣人口只有一萬五千六百多人，差不多一半人口捲入了這場歷時一個多月的「平叛」事件，而軍隊繳獲的武器卻只有十支步槍，七百一十發子彈和二百四十一把刀、矛。中共方面有七十二人死亡，其中包括該縣副縣長。

那條簡短的記錄裡承認「平叛」過程中發生了「擴大化」錯誤，一九八一年六月二十四日，也就是事件發生二十三年後，貴南縣政府在過馬營地區召開群眾大會，「為死難的八十六名無辜群眾公開平反、恢復名譽，按規定給予撫恤」，但是隻字未提「八十六名無辜群眾」的死亡是怎麼回事。

一個偶然的機會，我找到了一份迄今未解密的文件。這份文件題為〈關於解決一九五八年平叛鬥爭擴大化遺留問題的請示報告〉，是一九八一年三月三十一日青海省委給中央和鄧小平的請示和彙報，同時請求中央撥款補償「擴大化」受害者。這份報告中提到貴南縣為「過馬營公社被成批錯殺的八十六名無辜群眾平反昭雪」，說明這些人是被「成批」處決的。他們是什麼人？他們為什麼被集體處決？是誰下令處決他們的？報告中沒有說明。這些蛛絲馬跡只透露了這樣一個資訊：一九五八年，過馬營發生了一場對「無辜群眾」的集體屠殺。

大概是「有心人，天不負」吧，在我努力追尋這個事件的時候，朋友轉交我一部書稿。書名叫《一場被湮沒了的國內戰爭——記一九五八年青海平叛擴大化及其糾正始末》，作者韓友仁參加過一九八〇年代初處理青海「平叛擴大化遺留問題」。由於內容「高度敏感」，當時作者尚未決定是否出版，轉交我的朋友說，我只能參考，不可公開。書稿裡提到一九五八年在過馬營地區發生的一件「令人震驚的慘案」。

根據韓友仁先生的調查，這個慘案發生在一九五八年六月十九日，當時區政府的會議室裡關押了四十二名以辦學習班名義集中的人。那天清早，村外突然響起槍聲，政府工作人員認為是「叛匪」進攻，而關押在區政府會議室裡的人一定會與「叛匪」裡應外合。區負責人張國權決定「先下手為強」，下令將反鎖在會議室的人用機槍和手榴彈全部打死。

此外，該縣騎兵連還槍殺了四十三名俘虜，其中包括十四名婦女和一個小孩，又因語言不通槍殺一名老人。這就是青海省委報告中所說的「被成批錯殺的八十六名無辜群眾」。

二〇一二年第三期《炎黃春秋》雜誌裡刊登了一篇文章〈金銀灘之痛〉，作者是安徽省公安廳原常務副廳長尹曙生。尹曙生先生在青海省公安廳工作多年，參與了一九六一年「西北民族工作會議」後落實「民族政策」的行動。他的文章裡也提到了「過馬營慘案」，但慘案發生的時間略有不同。他的文章裡，「過馬營慘案」發生在一九五八年五月十三日，被打死的四十二人是以開會、學習為名，送往海南州貴南縣的四十二名上層人士和統戰對象。途中他們在過馬營短暫停留，接著就發生了「過馬營慘案」，四十二人全部被殺，執行者是該地的民警和民兵。慘案發生後，青海省委書記高峰對此表示讚賞，而且要對貴南縣「通報表揚」。

「過馬營慘案」雖已被當作「平叛擴大化」平反，受害者被宣布「平反昭雪，恢復名譽」，但至今不在「人民共和國」的正史記錄中。

H問我要不要進鎮看看？我搖頭。X放慢車速，讓H拍照。望著明亮陽光下的過馬營鎮，我彷彿聽到迴蕩在歷史深處的槍聲和受害者的哀號。想起五十多年前那間牆上寫著「為人民服務」大字的會議室，我感到寒意徹骨。

過馬營慘案是一場毫無理性的屠殺。這四十二個人是當地藏人中的上層人士，他們以為自己是被政府召去開會學習的，他們和騎兵連槍殺的四十三名俘虜一樣，都沒有武裝，沒有絲毫反抗能力，也沒有想到自己的生命會突然終結於那一瞬間。當緊鎖著的區政府會議室窗戶突然打開，機槍從窗外對無辜的人們噴出子彈的時候，那是怎樣的一種慘烈情景？我無法想像，也無法面對。在突然到來的最後一瞬間，他們會不會想到，後人是否會為他們伸張正義？

這片土地上有多少冤魂在遊蕩？「平反昭雪、恢復名譽」能安慰他們驚恐、怨怒的靈魂嗎？金錢能撫平受害者家屬的痛苦和冤屈嗎？僅僅對「平叛擴大化」的「平反」能治癒無數家庭、一個民族的創傷嗎？

過了鎮子不遠，汽車開始爬山。山路盤旋到一個面對峽谷的高處，我請X在路邊停下。

過馬營在一片寬闊的谷底，高原台地環繞四周。「過馬營」是藏語音譯，原意「多泉之川」，眼前的山谷卻像戈壁裡的一小片綠洲。四周的台地植被稀少，裸露的山坡在陽光下呈現出刺眼的黃色。鎮裡有幾座粉紅色樓房，主街邊列著兩行紅頂新屋，不知是度假村還是賓館。

五十四年前的霞石鐸區政府早已沉入歷史，經過「平反昭雪」，那年發生的慘案似乎也對受害者家屬作了交代。但是，誰應該為慘案負責？《貴南縣誌》中提到「對造成擴大化的主要責任人張國權等依法進行了處理」，但沒說是什麼樣的處理。

一九六一年七月中旬，中共西北局在蘭州召開第一次民族工作會議，史稱「西北民族工作會議」，這次會議對一九五八年對藏、回、蒙等民族的軍事鎮壓做了一點「糾偏」，釋放了一批被關押的人，重開了一些寺院。但是，當時的青海省委第一書記兼青海省軍區第一政委高峰，並沒有為青海非漢民族地區發生的一系列慘案承擔責任。一九六三年，高峰因大饑荒期間青海人口大量餓死而撤職，調到北京中央黨校學習，一九六五年調任吉林省第三屆政協副主席。他於一九七六年在北京病逝。在青海擔任青海省最高領導人期間，在他的鼓勵和直接支持下，他的下屬犯下了一系列罪行，他治理下的青海成為大饑荒和屠殺非漢民族的重災區，根據《青海藏族人口》這本公開出版的書中，從一九五七年到一九六四年，青海藏人人口減少了十九％。但作為青海黨政軍的最高領導，高峰失去的僅僅是仕途。跟隨他倒台的一些中、低層幹部只不過受到「黨紀處分」，只有極個別人受到司法處分，其中不少人在文革後官復原職，甚至被提升。

我想起「過馬營慘案」的直接責任人「張國權」。我曾多方設法尋找這個人的信息，但找不到任何資料。這個神祕的人物隱藏在歷史

圖8-1：過馬營鎮

的迷霧中，他的存在彷彿只是一個符號，一個象徵，代表中共掌握的國家權力肆無忌憚的擴張。

在一九五八年青海發生的許多事件中，「過馬營慘案」並不是最大的事件，集體槍殺俘降、關押人員的事件也遠不止過馬營這一次，過馬營慘案只是由於偶然的原因而在半個多世紀後透露出來，官方文件和詳細情況仍然被掩蓋著，我找不到一個受害者的名字。但是，人命不是抽象的數字，對每一個個體生命價值的尊重是文明社會的基本原則之一。如果我們不接受這一點，我們就無法成為一個文明社會，我們自己的生命也同樣失去了價值。半個多世紀過去了，如今在過馬營，人們還記得當年的慘案嗎？新一代藏人還知道他們父輩的遭遇嗎？當地的幹部和軍警們，端起槍來面向平民的時候，能否以此慘案為警戒，槍口向上抬一寸？我不知道這些問題的答案，但是我堅信，總有一天，過馬營會立起一座紀念碑，紀念碑上將用漢藏兩種語言刻上所有在那裡被冤殺者的姓名，並且明確說出，這是一場「國家犯罪」，這樣的戕害人類罪，即使是政府官員以國家的名義所犯下，也不能原諒。

在中鐵溝，我停留了半小時

沿一〇一號省道繼續南行，穿過黃南州澤庫縣一角，公路轉向西，走三一一號省道進入同德縣。我們沒有在同德縣城停留，直接穿過縣城，轉上不知名小路。這條路在山溝裡，似乎是在原先縣道的基礎上修的，路段時好時壞，有些路段接近簡易公路，路面不是溝就是洞，越野車幾次開進淺坑裡，我們在車裡東倒西歪，蹲在我身後的Moma顛得跳起來，腦袋撞在後窗玻璃上。

山溝裡風光很美，溝底有條清淺的河，水不多，卻滋潤了沿岸的田地。地裡有人在收割，較大的地裡停著拖拉機，幾個人正忙著把割下的青稞搬到車廂裡。對岸的土山是平頂的，山頂上想必是一片片台地。山上植被稀疏，土黃色的坡上長著低矮的草棵，山體被風雨切割出一道道溝壑，像老人臉上縱橫交錯的皺紋。山梁的陰面長著薄薄的草，陽面被風雨侵蝕成各種形狀，有的像古代的城堡，有的像傾頹的塔，有的像倒塌的巨宅。山上清晰地呈現一道道平行橫線，像是從遠古海洋裡漸漸升起的痕跡，又像是冰川留下的刮痕。

一道平平的山梁頂上立著金字塔形的經幡塔，山梁下有一片寺院的廢墟。進入藏區後，我不記得一路上經過多少個這樣的廢墟，有的廢墟中央立著重建的佛塔，有的聳出一座新修的殿堂，有的仍然是荒草中的殘牆斷壁，記錄著一段鮮為人知的歷史。這片不知名的寺院廢墟裡有座新修的藏式房子，寺院似乎正在修復。

大約三十多公里後，我們到了黃河邊。這一段黃河並不寬，簡易水泥橋跨過黃河，橋兩邊的欄杆上掛滿經幡。站在橋中央遠望，黃河從崇山峻嶺間奔湧而來，在我視線所及處扭出一個S形的彎。右側的河岸突入河中，與屹立河心的巨礁相對，形成一座「天門」，河水因之分為兩道，一道繞石從容而過，一道奪「天

圖8-2：興海與同德交界的黃河

門」而出。蒼藍的天空下，數百米高的黃土崖拔地而起，風蝕的崖壁宛如古代遺留的巨堡。

過河不遠就是興海縣的曲什安鎮。這一帶是高原少有的出產大米的地方，因此這一帶也叫大米灘。這個鎮在黃河東岸，原先的名字叫東大米灘。

上山的公路大彎大曲，常常在意想不到的地方一個急轉彎，與來時路平行而上，隨著山勢彎轉起伏，冷不防在懸崖邊又是一個急彎，滑下陡坡，隨即又盤轉而上。好在路況尚佳，沿途沒有村莊，路上也很少有車交會，偶然有年輕牧人騎著摩托呼嘯而過。途中遇到兩個牧人趕著一大群羊迎面而走來，占據了整段公路，還好不是最驚險的路段，X就地停車，讓羊群走過。

到了山頂，我們駛進一片巨大的平坦台地。公路幾乎是筆直地延伸，前方是碧藍的天，淡淡的雲，一望無際的遼闊草原。公路邊看不到村莊，看不到帳房，只有偶爾出現的一簇經幡暗示人的存在，路上卻看不到一個人。

路邊閃過一條岔道，路牌指向龍藏鄉。我翻開地圖查看，我們要去的中鐵鄉在曲什安河以南，這條往西北方向的路在曲什安河以北，沿著這條路一直走，我們將到達興海縣城。

我們顯然走錯路了。X掉頭下山回到曲什安鎮，開進鎮邊的加油站詢問。根據加油站工作人員的指點，我們穿過小鎮，走上一條縣鄉級公路，轉了幾個不算太驚險的彎，然後就像上台階一般，走上一層又一層台地。最高的台地平坦得像球場，公路筆直向前，大約二十公里左右，我看到豎在路邊的牌子：「中鐵鄉」。我看看手錶，已經是下午四點多了。

相比國道或者省道穿過的鄉鎮，中鐵鄉顯然不大受重視。鄉政府院子看上去很新，院子裡堆著各種建築材料，工程似乎還沒結束，可是大門上「中鐵鄉人民政府」七個字卻脫落了三個，剩下「中鐵」和「政府」四字。小街兩邊各有一排小商店，三、五間人站在商店門口。這是個以牧業為主的鄉，想必很少有外人來，我們這輛掛著江南某省車牌的越野車開進小街，立刻引起了人們的注意。

不久，我看到路邊有條岔道，路口的牌子上指向「中鐵林場」。這就是通往中鐵溝的小路。

為了尋找被中共軍方稱為「興海東南圍殲戰」的主要地點，我用了近四年時間。二〇〇八年十月，我第二次去印度達蘭薩拉時，得到已故紮益仁波切丹增華白爾所著《我故鄉的悲慘史》這本書，書中記錄了中共軍隊對藏人的三場大屠殺：「循化」、「克森」和「甲莫瑪爾莫」。當時我對「循化事件」已經有所了解，於是參照中共官方出版物裡的資料，對另外兩個事件進行調查。由於地名的不同譯法，以及相關資訊的匱乏，調查費了很多時間，最終，我確定紮益仁波切書中記錄的「克森大屠殺」就是《青海軍事志》中的「柯生托洛灘圍殲戰」，「甲莫瑪爾莫大屠殺」即「興海東南圍殲戰」。通過衛星圖和內部出版的「青海平叛作戰略圖」，我確定了柯生托洛灘大屠殺的地點。可是，對興海東南發生的事件，資料上只點出一片很大的區域，沒有更具體的地點。

二〇一〇年，我從紐約到南印度哲蚌寺，找到來自興海的第一代流亡者土登尼瑪，他告訴我，大屠殺的地點在「中鐵溝」。這是我第一次聽說「中鐵溝」這個地名。衛星圖顯示，中鐵溝的地貌符合各方資料的描述。又過了兩年，我才有機會從中國的華東地區開車幾千公里到西北，來到那場大屠殺發生的地點。

嚴格說來，「興海東南圍殲戰」的地點並不僅限於中鐵溝。整個戰區涵蓋中鐵溝以南、切木曲河以北、黃河以東的地區，也就是現在的興海、同德和果洛州瑪沁縣交界的地帶。這一帶是阿尼瑪卿山，即大積石山的北緣，中鐵溝是一條長達四十公里的山溝，溝裡有條注入黃河的同名小河。溝的頂端有座高山，山下就是名寺俄合沙寺。這裡地形隱蔽而險峻，平均海拔四千多米，當年來自果洛、同德、興海等地的多個牧民部落，為抵制中共的「牧業合作化」，趕著牛羊逃到這一帶的深山老林裡，其中至少有六千多人進入中鐵溝及其以南一帶。

一九五八年八月至九月的「興海東南圍殲戰」第一階段主要就發生在這裡。一九五八年八月二十八日，「海南平叛指揮部」轄下五個團的兵力，從四個方向開始行動。具體部署為：蘭州軍區步兵一六三、一六五兩個團在黃河東岸堵擊；蘭州軍區騎兵一、三團從南朝北進擊；五十四軍一三四師四〇二團兵分三路，從西、北兩個方向朝俄合沙寺一帶突擊。

這五個團的指揮者是怎樣掌握「敵情」的呢？當時的一三四師偵察科副科長王廷勝在他的回憶錄裡說，他們「原始敵情知之甚少」，主要靠興海縣政府部門掌握的「概略情況」為依據，縣政府相關部門告訴他們，「敵人盤踞在以俄合沙寺為中心的附近地域」。九月二日，王廷勝親自率部偵察，發現山脊上約「千餘叛匪」，山溝裡有「被裹脅群眾兩千多人」。

這是一場多兵種戰鬥，除了步兵、騎兵，炮兵之外，解放軍還動用了空軍。空二十五師周廷彥機組投下九枚一百公斤炸彈，當場炸死三百多人，騎兵、步兵乘勢衝上山，將山上的牧民「全殲」，並「解救」了兩千多「被裹挾的群眾」。王廷勝認為這場戰鬥「打得較好」，卻沒有提供更多的細節，特別是具體的死傷人數。相關資料對死傷人數一直緘口不言，甚至連被軍隊壓縮在包圍圈內的牧民人數都語焉不詳。

一年後，「海南平叛指揮部」在這一帶地區又進行了第二次「圍殲戰」。第二波鎮壓於一九五九年十月結束。

一九九一年，這場戰鬥被定為「平叛擴大化」中，「錯定性」的案件之一。

狹窄的公路沿山而行，若干公里後，路邊出現一片平壩，上面有座小平房。X把車開進岔道通往平壩的砂土便道，跟我說我們不能再往前走，現在已是日落時分，我們必須在天黑前回到同德縣城，如果在那裡找不到安全的住處，我們就得去澤庫。我只能在這裡呆半小時。

我拿著相機走上平壩。KD和Moma跳下車，撒著歡兒朝草地奔去。草叢裡冷不防跳起一條鐵鍊拴著的長毛大狗，沖著KD和Moma又蹦又叫。那是條很漂亮的藏獒。幾十年來，藏獒也和它們主人一樣命運多舛。「合作化」期間，為了貫徹毛澤東關於人民公社「一大二公」的設想，中共幹部在牧區不顧實際地搞「大群放牧」，結果各家的牧羊犬就成了多餘。鄉幹部帶領民兵組成「打狗隊」，把各家養的狗統統射殺，嗜食狗肉的漢族幹部乘機大吃狗肉。一九八〇年代後，藏獒突然成了著名的寵物犬，被捧成「中華神犬」，如同藏文化一樣成了一種消費品，純種藏獒幼犬的售價常常被炒到幾千，甚至幾萬元。

狗叫聲引來一個面頰帶著淡淡高原紅的女子。她望著體形龐大的Moma驚呼了一聲，然後揚聲對藏獒吼了幾句。狗立刻趴在草地上，安靜下來。我走過去想跟她說話，可惜語言不通，她看一眼我手裡的相機，對我笑笑，轉身走進小屋。

我走到平壩邊緣。面前是連綿不斷的草山和縱橫交錯的山溝。這些山的海拔高度都在四千米以上，但都很平緩，較低的山坡上稀疏地長著灌木和小樹，山頂覆蓋著牧草。空曠的草

圖8-3：中鐵溝-興海東南部圍殲戰地點之一部

山視野極佳，對面山上的公路、房屋、帳房看得清清楚楚。若從飛機上朝下看，草山頂上的一切無疑是一覽無餘。周廷彥機組投下九枚炸彈，當場炸死三百多人，傷者不知其數，說明空軍轟炸的是相當集中的人群。

溝底在上百米高的陡坡下。谷底有一條小河，不知是因為枯水季還是因為水量減少，河床大部分裸露，小河更像是小溪。山溝又深又曲，完全可以想像，當年牧民們趕著牲畜逃到這裡，是因為這一帶地形隱蔽複雜，而且有水草，既可放牧，又可躲藏。

我朝東眺望，兩山之間可見一片台地，台地邊緣是垂直如壁的百丈懸崖。那裡就是黃河。那樣的絕壁是無法逃生的，即使攀上絕壁，在空曠平坦的台地上也只是空軍的掃射目標。軍隊只需控制這一段黃河的主要渡口，被包圍的牧民們插翅難逃。

這一帶至今還是人口密度極低的地區。一九五八年，興海全縣人口密度為每平方公里一點九六人。《興海縣誌》裡沒有一九五八年中鐵鄉的人口資料，但一九六四年中鐵鄉人口密度為每平方公里一點八八人；以此推算，一九五八年和一九五九年，這一帶的人口密度不會相差很大。軍隊在這樣人煙稀少的地區，可謂進了「無人之境」，他們眼中的男性牧民都是「叛匪」，婦女、兒童、老人、僧侶則是「被裹挾的群眾」。手持中共最高層給予的「尚方寶劍」，作為「黨的馴服工具」的軍隊盡可有恃無恐、毫無顧忌地對民眾大開殺戒，屠殺過後，軍隊揚長而去，甚至不必掩埋屍體。

一九五八年至一九六二年，封建帝王統治術借「社會主義」的軀殼還魂。死神帶著紅色的面具，一手舉著「民主改革」的血紅旗幟，一手拿著現代軍事武器，在青藏高原縱橫肆虐。它所到之處屍橫遍野，人血猶如水，滔滔流成河。

半個多世紀過去了，歷史的真實仍然被掩蓋在各種謊言、推諉和「解放農奴」之類的「革命敘事」之下。發生在藏區的一系列慘案，不是用「擴大化」三個字就能交代的。那是一個聲稱「為人民服務」

的政府、一支自稱「人民子弟兵」的軍隊對人民犯下的反人類罪。「平反昭雪」和對受害者家屬的少量賠償並不能代替正義。罪惡如果不清算，真相不公之於眾，則正義無法申張。

事實上，「擴大化」是中共建政以後所有以「對敵鬥爭」為內容的政治運動的普遍規律，中共以「運動」治國，而每搞運動則必「擴大化」，幾無例外。十一屆三中全會以後，中共黨內反思這些運動，已經承認當年的土改擴大化、鎮反肅反擴大化、平叛擴大化、反右擴大化，等等。運動初期發動群眾，不要怕過分，運動後期落實政策，逐個平反，已經成了幹部群眾對待運動的經驗之談。然而，為什麼一而再、再而三地擴大化，為什麼直到今天，藏區還是左禍肆虐，中共黨內卻不去尋找根源。形形色色的「擴大化」仍然在發生，而且還將繼續發生。

「擴大化」不能杜絕的原因，就在於中共黨內對這些政治運動中罪行的追問，只能到達「擴大化」這個程度。「擴大化」還將發生，正是因為中共只允許把這類罪行叫做「擴大化」，意思就是，運動本身是正確的，只是尺度沒掌握好，「打擊面」太大。人們最熟悉的例子就是反右運動，官方認定的錯誤打成右派分子的人數是五十萬，但最高層堅持有五個人是應該打成右派的，不予改正，於是反右運動本身沒有全盤否定，問題只在於「擴大化」了。政權對民眾智商的蔑視莫過於此。

當年藏區「平叛擴大化」也是這樣，官方正式承認，平叛中普遍發生了「擴大化」。半個世紀後回頭看，中共當年在藏區展開的一系列運動，無一成功，無一有利於藏區人民。土改後迅速合作化，「翻身農奴」們並沒有得到土地，也沒有得到共產黨承諾的富裕生活。「宗教改革」和文革，破壞了藏人賴以生存的精神世界，並沒有給藏地帶來現代化。如今在藏區展開的「反分裂」、「反邪教」、「牧民定居」、「愛國主義教育」等運動，無不以反對者將受到嚴厲懲罰的威脅來推行，「擴大化」是必然的。

「擴大化」的根子，就在於中共無論做什麼，都是當成「鬥爭」來做的，階級鬥爭的意識形態是「黨文化」的核心，「鬥爭」是這個黨處理一切問題的方式。

為什麼搞階級鬥爭就一定會「擴大化」？因為階級鬥爭的理論和意識形態給自己一個目的正當性以後，是不論手段之正當性的。黨的目標確定以後，黨的成員們必須達到這個目標，為達到目標，什麼手段都可以採用，沒有底線。而為了儘快達到目標，黨所重用的總是人群中最沒有道德約束的那些人。他們盡可以放手去做一切壞事，而無需為此負責。於是，反人類的罪行就普遍地發生，一再地發生。

不過，我堅信，正義雖然經常遲到，但絕不會缺席。

第九章
古寺殘陽

拉卜楞今昔

走近拉卜楞，老遠就看到那片樹林。長著稀疏灌木的翠綠草山上，面對寺院的那片濃綠格外醒目。這座山應該就是「蓮花」，拉卜楞寺周圍自然形成的吉祥八寶之一。

H說那片樹林是拉卜楞寺的神林。一九八〇年代初他到過拉卜楞，那時候寺院剛恢復不久，整體非常破舊，不過神林還在。看樣子拉卜楞的神林逃過了一九五八年的「宗教制度改革」、文革中的「破四舊」這兩度大劫。

拉卜楞寺是藏傳佛教格魯派六大寺院之一，為第一世嘉木樣仁波切阿旺宗哲創建，始建於一七〇九年。寺院地處農區和牧區的過渡帶，在沒有現代交通的歲月裡，從拉卜楞去周邊的蘭州、同仁、循化、阿壩等地都只有幾天的路程，因此拉卜楞成了周圍地區的主要商品集散地。經過兩百多年的發展，到二十世紀中葉，拉卜楞寺已是這一帶的政治、文化、宗教、教育、經濟以及商業中心，寺院擁有一百四十一座屬寺和眾多直屬部落、村莊，統治範圍和影響力達甘青川三省。

X把車泊在鎮裡的街邊，我們帶著Moma和KD步行去寺院。在通往拉卜楞寺大門的路上，停著一輛司法部門的麵包車，儘管如此，跟我二〇一〇年在塔爾寺的情況比起來，拉卜楞寺表面看來還算不錯，殿堂門口沒看到「迷彩服」，進入大門時也沒看到便衣虎視眈眈盯著每個進來的人。

走進拉卜楞寺，我先去找重要景點通常都會有的「景點介紹」，我想知道「有關部門」是怎樣介紹這座寺院的。在一個不大引人注意的角落裡，我看到了那塊背襯紅牆的景點介紹牌，牌子上用藏漢英三種文字寫著「拉卜楞簡介」。中文介紹中寫道：

> 在三百多年的歷史長河中，經過曆世嘉木樣主持和其他高僧大德的嘔心瀝血，以及廣大僧俗群眾的不懈努力，拉卜楞有包括佛教顯、密二宗的聞思、下續部、時輪、醫學、喜金剛及上續部六大學院，近四十多座佛殿，五百多院僧舍，一百零八座屬寺等。總占地面積八十六點六餘萬平方米，其中建築面積四十六餘萬平方米。

介紹中沒有說明上述數字是拉卜楞寺的現狀，還是重建前的狀況。不過，現在的拉卜楞寺顯然不可能有一百零八座屬寺，而一九五八年之前，拉卜楞的屬寺不止一百零八個。接下去，這個「景點介紹」用一句話介紹了寺院「每年主要佛事活動」，然後直接跳到一九八〇年之後：

> 一九八〇年對外開放旅遊。一九八二年拉卜楞寺被列入全國重點文物保護單位。二〇〇五年被評為國家AAAA級旅遊景區。二〇〇九年被列入全國重點古籍保護單位。

介紹牌的英文部分信息量更少，除了始建年代，只提到拉卜楞寺的歷代轉世建造了六個學院、兩座圖書館、傳統和現代印經院、一座博物館、一座旅館，以及未注明數量的「喇嘛住所和僧舍」。

對中共建政後的拉卜楞歷史毫不知情的中西方遊客，看到的就是這樣似是而非的介紹。這段短短的文字其實是一段文字遊戲，隱去了非常重要的史實。當然，內地遊客更不會知道，二〇〇八年三月西藏抗議事件中，拉卜楞寺也是一個抗議地點。那年四月，中國政府邀請的外國記者團到拉卜楞寺時，一些僧人不顧危險，向外國記者們展示雪山獅子旗，告訴記者他們沒有信仰自由，要求西藏獨立，達賴喇嘛返回西藏。記者團離開後，僧人們立刻被「維穩部門」抓起來，為記者團擔任翻譯的僧人被捕，遭受酷刑。

我們四人二狗在寺院裡隨意漫步。拉卜楞寺雖是個遊客絡繹不絕的景點，但遊人大多在主要殿堂一帶。我避開著名佛殿，在僧舍的簡陋小巷裡穿行。這些僧舍很簡陋，看得出來有許多小院是在廢墟上重建的，有的在修補過的舊牆上抹了一層新泥，有的在牆下砌了一些石塊加固，在不為人注意的角落裡，還可見一些殘牆。這些僧舍與我在「印度三大寺」看到的僧舍相比，可謂天壤之別。印度三大寺的僧人雖然是難民，但他們的居住條件比塔爾寺和拉卜楞寺僧人好太多了。

巷道裡空蕩蕩的，大多數僧舍院門緊閉，四周靜悄悄地聽不到一點聲音。我想找個僧人聊上幾句。根據我在國內外眾多寺院裡的經驗，藏傳佛教寺院裡的僧侶是非常友善的。藏人是講究禮儀的民族，陌路相逢時通常比漢人之間容易溝通，你問之於禮，他必答之於禮，僧人更是如此。可是我們在拉卜楞寺的小巷裡到處轉悠，始終就沒能和一個僧人說上話。遠遠看到僧人走來，我迎上前，剛要打招呼，他們卻突然拐入另一條巷道，或者消失在某個院子裡，顯然是在躲避。實在避不開時，僧人就會低頭匆匆走過，避免與我們視線相交。

直覺告訴我，這兒的僧人必定生活在我們這些偶爾「到此一遊」的人看不到的另一個世界裡。我告訴H，二〇一〇年我在印度北部的一個定居點採訪了一位來自夏河的流亡藏人。二〇〇八年拉卜楞寺發生抗議事件時，他正好回來探親。一天深夜，武警包圍寺院，衝進僧舍搜查。當時他恰好在寺院看望侄子，就住在僧舍裡。搜查期間，他的侄子被警察打傷，警察還「順便」撈去了一些僧人的私人財物。第二天，寺院照常開放，遊客們拿著相機到處拍照，完全不知道深夜裡發生的一切。以我二〇一〇年在塔爾寺觀察到的情況，拉卜楞寺僧侶們顯然處在嚴密的監控之下。在這樣的氛圍裡，沒有僧人敢跟我們這幾個身分不明的漢人說話，這不難理解。

我們走出寺院，從轉經道邊鐵絲網的一個缺口中鑽出去，攀上寺院背後的山坡。山坡上有條小徑，通往十來座僧人閉關的小屋。站在山坡上不僅能看到拉卜楞寺全景，還可以看出殘存的廢墟。

我的電腦裡存著兩張西方傳教士於一九三〇年代拍攝的拉卜楞寺全景照片。在研究中共建政後藏傳佛教毀滅過程時，我曾將這兩張照片與現在的拉卜楞寺全景圖反覆比較。我面前的拉卜楞寺經過三十多年的修復，尚未達到原寺的一半，原先的樓房所剩無幾，現在的拉卜楞寺全景已有很大變化。

作為全國4A級景點，拉卜楞寺被毀後遺留的廢墟早已清理掉了，但是歷史記錄卻不可能被徹底抹去。一九八九年出版的

圖9-1：一九三二年拍攝的拉卜楞寺全景

《甘肅文史資料選輯》第三十一輯中有篇題為〈拉卜楞寺簡況〉的文章，記錄了寺院被毀前的規模：

自西元一七一〇年（清康熙四十九年）建寺至解放後，在二百餘年之間，先後建有經堂六座，大小佛殿八十四座，其中七層樓一座（因樓高可達九層，故統稱九層樓），六層樓一座，四層樓四座，三層樓八座，二層樓九座；鎏金銅瓦頂四座，綠色玻璃瓦頂兩座，嘉木樣大師及各大囊欠的藏式樓房三十一座，各囊欠活佛住舍三十院，吉哇院六所，大廚房六所，印經院一所，講經院二處，嘉木樣大師別墅二處，經輪房（俗稱瑪尼房）五百餘間，普通僧舍五百多院，全寺占地面積達一千餘畝。

這篇文章說，一九八九年拉卜楞寺有經卷六萬餘部，為當時藏傳佛教寺院藏經之冠。可

圖9-2：拉卜楞寺現貌

是一九五九年六月三日新華社《內部參考》報導說，拉卜楞寺藏經有三十餘萬部。那二十多萬部藏經到哪裡去了？根據《內參》報導，一九五九年六月有二萬多部被運往蘭州和北京，其餘經書顯然是在後來的幾十年裡漸漸失散，到一九八〇年代末，原先的藏經僅剩二十%。

拉卜楞寺的毀滅是從一九五八年到文革的幾十年中逐漸發生的。寺中二十四米高的佛像在一九五八年的「大煉鋼鐵」中被砸碎煉鐵，七層樓在四清運動中被拆除，建築材料用來蓋電影院。到文革期間，寺院只剩原寺的西北角，約占原寺的四分之一。未拆毀的部分被形形色色的機構占用，直到一九八二年才退還給寺院。

拉卜楞寺曾經是非常富有的寺院。抗戰期間，五世嘉木樣仁波切曾向國民政府捐獻三十架飛機。曾任拉卜楞地區國民黨黨部書記的繩景信在回憶文章中寫道：「這個寺文物收藏頗豐，除有價值的佛教經典外，尚有不少珍寶，每年念大經時，喇嘛將珍藏的寶物列隊捧在盤中繞寺一周，任人觀賞，其中有巨大的象牙、珊瑚、瑪瑙……」一九五八年後，這些珍寶落到何處？

拉卜楞寺原有的僧人呢？一九五八年之前，寺院有僧眾三千四百二十四人，包括六十八位仁波切，五百六十四位僧官。一九五八年那場對外稱為「反封建鬥爭」，內部稱為「宗教制度改革」的運動後，拉卜楞寺的仁波切剩下七人，僧官三十二人，僧侶一百六十六人。其他人的境遇如何？《甘南文史資料》第三十一輯的文章裡只有「僧人離寺四散」這幾個字。這些資料都沒有提到一九五八年五月的一天。那天，數千軍人和幹部闖進拉卜楞寺，包圍貢唐倉仁波切的府邸，這時貢唐倉仁波切已經在成都遭到誘捕。這些軍人和幹部將貢唐倉仁波切的財產搬上汽車運走。不久後，寺院裡的仁波切和僧官大部被捕，其中包括年僅十八歲的紮益仁波切丹增白華爾。在他所著的《我故鄉的悲慘史》中，紮益仁波切詳敘了拉卜楞寺中上層僧侶的遭遇。

一九五八年，十八歲的紮益仁波切是拉卜楞寺醫學院的堪布。那時候中國內地正在轟轟烈烈地大搞人民公社和大煉鋼鐵，公共食堂遍地開花，似乎前面就是共產主義天堂。就是在那樣全國人心振奮的年代，甘肅和青海藏區全面鋪開「民主改革」。該年春天，拉卜楞寺的前後山上，解放軍修築了工事，東面一公里處的曼陀羅山頂上，一門大炮直對著拉卜楞寺大經堂。在做好了「大打」的準備後，一千多解放軍和幹部闖入寺院抓人。

那時，拉卜楞寺的僧人和外來的求學僧人共有四千餘人，解放軍把他們全部集中起來，分成九大組，分別關在拉卜楞寺的各個紮倉（學院）建築內，而寺院的各級活佛和負責人就被逮捕後送進了州縣的監獄。連在山裡閉關修行的僧人、平時閉門不出的密乘僧院的僧人、尼姑寺的大部分尼姑也被逮捕。紮益仁波切等僧侶被捕後被押往蘭州大沙坪監獄（甘肅省第一監獄）。僅拉卜楞寺一個寺院，就有一千六百多人被押往蘭州、安西、馬鬃山、平涼、合作和拉卜楞等地的監獄和勞改隊。這些僧人在監獄和勞改隊受到了駭人聽聞的虐待。

紮益仁波切回憶，有一天，甘肅省公安廳的一個處長和夏河縣公安局局長等一行幹部來到監獄，組織發起「揭發反革命罪行」的運動，他們指責僧侶用所謂護身符和護身結來欺騙群眾，說什麼把護身符和護身結戴在身上能避刀兵之災，於是威脅僧人說：「過幾天你們戴上那些所謂的護身結，站在大院裡，我們用槍射擊，看看你們的腦袋能不能穿洞！」

在這樣的處境下，被關押的高僧大德仍然不動搖自己對佛法的信仰，堅持解釋說，他們無論何時都為佛法昌盛、消災驅禍而祈禱，從未詛咒共產黨，佛法中根本沒有詛咒這一套。監獄的監管人員就強迫犯人鬥爭和毆打他們，將他們打得昏死過去，然後用冷水澆醒了再鬥再打。

拉卜楞寺就這樣被毀。拉卜楞寺被捕的僧侶後來被送往各地勞改，包括德高望重的高僧貢唐倉仁波切在內的很多人被關押了二十多年，紮益仁波切也被關押了十多年，又被送往一個小村莊監督勞改十多年，到一九八〇年代才被「摘掉帽子」，成為一個中學教師，直到一九八七年出走印度。

四省藏區所有的寺院都遭到了和拉卜楞寺一樣的命運。一九五八年的「宗教制度改革」運動後，整個甘南州的一百九十六座寺院中的一百九十二座被廢除；全州原有一萬五千五百九十二名僧侶，在「平叛」中被打死和逮捕四千一百名，占僧侶總人數的二十六點三%。剩餘的除了二百四十九人之外，全部被迫還俗，並且通過「學習班」、「訓練班」的方式，對還俗僧侶進行「教育改造」，這些「學習班」和「訓練班」實質上是變相勞改所，內部出版的《中國共產黨甘南歷史1921.7～2003.7》中承認，在此過程中，由於「物質生活條件極差，勞動量過重，死了一批人。造成了極壞的後果和不良影響。」

我站在寺院背後的山坡上，久久注視對面山上的神林。那片濃綠中的每棵樹代表一個生命。山坡下，拉卜楞寺沐浴在午後的陽光裡，安詳沉靜。可是我熟知半個世紀裡這個寺院的遭遇，我能從每一段殘牆，每一座殿堂的修補痕跡裡看出，這座曾經輝煌的寺院經歷過怎樣的苦難。一千多解放軍士兵包圍四千餘身披絳紅袈裟的僧侶，那是怎樣慘烈的景象！佛教宣導慈悲，而慈悲的基礎是同理心，簡單點說就是讓自己設想他人的痛苦發生在自己身上會是怎樣。也就是我們平時所說，惻隱之心人皆有之。可是此刻，我不免懷疑，惻隱之心真的是人人「皆」有的嗎？那些指揮這場拉卜楞寺浩劫的解放軍軍官們，那些執行逮捕、鬥爭、毆打僧侶的士兵們，那些被動員起來殘酷毆打甚至打死他們上師的「進步喇嘛」和「貧苦僧侶」們，他們可曾有那麼一瞬間想過受害者的痛苦嗎？

如今，當我們不得不回顧發生在半個多世紀之前，令我們內心顫慄的往事時，我們往往將苦難歸結於那個時代。可是，當我身在拉卜楞寺，看到僧人們的躲避和惶恐神情，我比任何時候都堅信，對過去罪惡與殘酷的審視，只追問到那個時代是不夠的。對罪惡和殘忍追索不足，那麼罪惡和殘忍就還會繼續。

尋訪白馬寺

白馬寺在海南州貴德縣，一個叫做「大磨村」的地方。貴德以「天下黃河貴德清」著稱，但距離縣城二十五公里的白馬寺顯然不是個「景點」，問了幾個朋友，他們都說從來沒聽說過白馬寺。於是，一個細雨綿綿的早晨，我帶著一本地圖去尋找這座寺院。我想看看一個古老但對遊客而言並不著名的寺院。青海藏區曾有七百二十二座寺院，絕大多數寺院就像白馬寺這樣，屬於古老但非「國家級景點」的地方寺院。這些建立在深山、峽谷、牧場裡的中小型寺院是一個部落、幾個村莊的中心，在漫長的歲月裡，寺院伴隨著村莊和部落，共度生死輪迴。在塔爾寺、拉卜楞寺這些「國家級景點」裡，已經很難找到曾經被摧毀的痕跡了，我想知道這些在公路上看不見、旅遊指南中未提及的寺院現狀如何。

沿著一〇一省道南行，翻過拉脊山，我們在第一個村莊停下，X問一位站在路邊的僧人白馬寺在哪裡。他說：「往前走，右邊下去。」

我們一頭霧水地「往前走」。這一帶海拔二千七百多米，氣候溫和濕潤，居民以農業為主。溝裡的河灘和山坡上到處闢有小塊農地和梯田，正是青稞收穫的季節，賞心悅目的綠色中夾著小塊金黃。路邊的村莊全是一模一樣的暗粉紅色，顯得相當單調，明顯經過統一的「美化」，以符合某些幹部心目中的「社會主義新農村」形象。

十幾公里後，公路右側出現一條岔道，幾個人站在路口，好像在等車。X再次停車詢問，他們指著岔道說：「從這裡下去。」拐上岔道我們才明白僧人說的「右邊下去」是什麼意思：這條便道是個陡坡。越野車滑到溝底，過小橋，開進一個村莊。這一定就是大磨村了。村子在河邊，據說曾經有過好幾家水磨坊，所以叫大磨村。

村裡的路轉了個幾個彎，暗粉紅色的磚牆突然消失，密密的綠楊樹下排列著西北鄉村處處可見的黃土院牆。小路繞到村後，綠楊葉叢裡露出鮮豔的色彩，彎過楊樹林，一脈圓渾草山下，白馬寺出現在我眼前。

白馬寺是典型的藏式寺院建築，卻有極精美的漢藏結合式門樓。這是一座巍峨華麗的三層斗拱歇山式門樓，每層的橫脊是精緻的鏤空磚雕，高挑的簷角上裝飾著龍頭，斗拱和雙簷繪著豔麗的花紋。門樓頂端橫脊上的雙鹿法輪設計得頗有匠心：一對小鹿和中間的法輪都加了底座，立式的小鹿小巧精緻，雙鹿法輪的金色與寺院大門和門前的六根黃色木柱恰好呼應。

寺院靜悄悄的，門樓下的大門緊閉，四周看不到一個人。我們繞到一側，發現側門開著。走進側門，裡面是個方正院子，原來白馬寺主殿是兩個相連的院落。第一個院子的三面是兩層磚木結構的廊房，當中的空地鋪著紅磚，想必是辯經和跳金剛舞的場地。步上十來級石砌台階就是大經堂，經堂兩側各有小門，通往另一座殿堂，可惜大經堂和兩側的門都鎖

圖9-3：白馬寺

著，看不到第二個院子是什麼樣子。

站在大經堂前看，門樓的後部是兩層精緻的閣樓。下層廊房裡放了些建築材料，雕花木柱有的是新換上的，二樓的護欄也有不少是新裝的，尚未油漆。整個院子裡看不到壁畫，但處處顯示出曾經有過壁畫的痕跡。

大經堂也是兩層磚木結構的平頂建築，牆角鑲嵌精美的磚雕。二樓走廊有一排精緻的花窗，但彩繪不完整。看得出來，白馬寺的主體建築逃過了兩度大劫，但壁畫、彩繪等基本上全部毀壞，佛像很可能也是重塑的。我走上二樓，透過窗格眺望，經堂後面的山坡上，仍可看到殘存的廢墟。看來白馬寺倖存至今的建築僅僅是這兩個院子。

一個年輕僧人走進院子。看到我們，他愣了一下，大概沒想到這麼早會有外人到寺院來。H向他合十致意，他微笑作答。僧人走到香爐前，用打火機點著幾支香，插進香爐裡。我走過去問他大經堂是不是原物？他說是的，一九五八年後寺院改成了公社糧站，所以保存下來了，一九八〇年代才歸還。寺院原先有多少人？他說最多的時候有三百多僧人，現在呢？他說有四、五十人吧。

我從經堂另一側的小門走出去，想看看寺院周遭的環境，不料走進了一片廢墟。那片廢墟顯然曾是一排排僧舍，其中有幾座已經修復，原先的院牆裡新建了簡單的房子。大多原先的僧舍如今只剩無頂無門的幾堵殘牆，曾經的房子或院子裡長滿雜草。更多的僧舍已成荒地，草叢裡散亂著不到一米高的斷牆。據《貴德縣誌》記載，一九五六年白馬寺有僧房六百零六間，經堂四十四間，僧眾一百零四人，牲畜二百三十三頭，耕地六百四十八點四畝，現在的白馬寺遠沒有恢復到原先的規模。這座寺院很可能跟塔爾寺和拉卜楞寺一樣，再也無法恢復原先的盛況。

貴德縣曾是現在的海南州境內寺院最多的地區。一九五八年，貴德縣共有五十三座藏傳佛教寺院、三座苯教寺院、住寺僧二千一百四十八人。一九五八年八月，伴隨著那場以「平叛」為名的祕密戰爭，中央統戰部、國家民委等批准發動了一場以「反封建」為名的「宗教制度改革」運動。在這場運動中，貴德縣有二十八座寺院被拆毀，其餘寺院「解體」，僧人被迫還俗。

八年後，那些「解體」但未被拆毀的寺院終於未能逃過文革。一九六六年八月，貴德全縣四十五座漢藏佛教寺院被摧毀，六十八萬部經卷和近三萬五千冊書刊字畫被燒毀，大量屬於寺院和私人的金銀財寶被沒收。

白馬寺精美的門樓和經堂兩度倖免遇難，得以保留至今，不能不說是個奇蹟。

走進珍珠寺

走進珍珠寺古色古香的青磚門樓，第一眼看到的是正對面的藏式佛殿，緊接著，我看到「貴德縣公安局珍珠寺派出所」。派出所就設在大門左邊的平房裡，門口掛著藍底白字牌子，藏漢文字底下還沒忘加上「POLICE」這個英文詞。派出所的兩個大窗子正對著寺院大門右側的景點介紹牌，所有走進珍珠寺的人都無可迴避地從POLICE前經過。

我繞到景點介紹牌後，假裝讀牌子上的導覽圖，悄悄觀察派出所的窗子。兩個窗子外面都安裝了大大的鐵柵欄。我從沒見過這樣大的窗柵，它不僅擋住了玻璃，連整個窗框也護在裡面。柵欄有十根拇指粗的豎鐵條，上下各有一根橫鐵條，當中還有個大大的鐵雙菱，看上去似乎堅不可摧。派出所的門開了一條縫，左邊窗子的窗簾拉開一半，裡面很可能有人，可是裡面卻漆黑一團，看不出是不是有人坐在玻璃後面。如果有人的話，那就是「你在明處，他在暗處」，你的一舉一動都在他的監視之中，你卻連窗子後是否有人都不知道。我不由想道：大經堂裡是否安裝了隱祕的監控設備？

我不管三七二十一，舉起相機對著寺院裡的派出所拍了張照片。

H東張西望地走過來，我朝派出所的方向偏偏頭，對他笑道：「瞧，老大哥在注視你！」他停下腳步，回頭看到派出所，愣了一下，說：「哇！直接修在寺院裡面?!」我知道他想起了四川若爾蓋格爾底寺門口的派出所。

「可不是嗎。」我說：「可見這年頭佛教徒也不讓領導們省心啊！」

「像間牢房。」H說：「老大哥把自己關在牢房裡注視我？」

我再看看那兩扇堅不可摧的窗子，不由笑起來。珍珠寺一進大門就是空地，寺院不收門票，參觀、旅遊、拜佛的人可以自由出入，坐在鐵窗後的公安人員反倒把自己圈在狹小的空間裡，畫地為牢。窗子弄得如此堅固，難道擔心有人把整個窗框卸掉？

接著我想起來在白馬寺內外都沒看到派出所。或許是因為白馬寺不是個「景點」，不在公路邊，影響力也不大。

珍珠寺是個很特別的寺院。寺院占地面積並不大，而且不是個「佛、法、僧」俱全的寺院。珍珠寺沒有常住寺院的僧眾，也沒有主持，一直是由附近的貢巴寺管理。可是，這座寺院歷史悠久，名聲顯赫。寺院裡藏漢英日四種文字的「景點介紹」說：

> 珍珠寺始建於宋末元初，屬省級文物保護單位，因寺內主供的釋迦牟尼佛像加持力相當於拉薩大昭寺的釋迦牟尼佛，被稱為前藏第一寺。前去朝拜大昭寺的人，常會被問到，是否朝拜過貴德珍珠寺，由此可見這座寺院在青藏高原的宗教地位。

這個介紹過於簡單，它沒有注明珍珠寺創建的確切年代，沒有說明創建者，更沒有說明現在寺院主供的釋迦牟尼佛像並非原物。不僅如此，連現在的「前藏第一寺」本身都不是原寺。

關於珍珠寺的來源，《安多政教史》有此記載：「當年文殊上師薩班．貢噶堅贊應元朝皇帝之邀，路經青海時，專程到貴德城考查寶塔。恰好收到元朝皇帝賜贈的一騾馱珍珠，上師即以所賜珍珠為資，在貴德修建了釋迦牟尼殿，塑造了釋迦牟尼佛像。」薩班．貢噶堅贊即歷史上大名鼎鼎的薩迦班智達。一二四四年，薩迦班智達應元太宗窩闊台次子闊端之邀前往涼州，途中他專程到貴德考查的寶塔即乜納寺的大佛塔，並為此塔開光。在貴德期間，薩迦班智達收到闊端派人送來的一馱珍珠，遂以此為資建立一座寺院，即珍珠寺。以此推算，珍珠寺的始建年代應在一二四六年左右。據說珍珠寺仿拉薩大昭寺而建，大殿供奉的釋迦牟尼像亦仿大昭寺的佛像，故信眾們相信珍珠寺中的佛像有與大昭寺佛像同樣的加持力。

我們跟著兩位老者往裡走。這兩位老者一僧一俗，僧人穿著黃綢大褂，花白的長髮盤在頭上，俗人在寺院門口就脫了鞋，穿著襪子，肩上斜背著一個鐵制或皮制的方形物件，我猜想那是個護身符，可是我第一次看到有人把護身符背在背上，而不是掛在胸前。我琢磨著老者背後的那個物件，不知不覺跟著他們走到了正殿。

珍珠寺正殿是座綠色琉璃瓦頂的殿堂。我們在門口脫鞋，走進殿門。殿堂裡面有內外兩間大殿，外殿空蕩蕩的，牆上繪滿壁畫，內殿才是供奉佛像的大殿。佛像極精美，正中的釋迦牟尼像面對大門。外殿光可鑒人的地板上有幾條凹痕，那是無數人磕等身長頭磨出的痕跡。這座佛殿是一九八〇年代重修的，三十多年裡，有多少人在這裡面對釋迦牟尼佛像伏地長叩？

殿堂的氣氛安靜莊嚴。我盤膝坐在牆下，看著男女老少靜靜地走進來，站在地板上，挺直身體，雙手合十，舉至胸、口、額，跪地伏拜。

我不由想起當年在紐約大學上「宗教學概論」這門宗教學基本課程時，教授引導我們討論「什麼是宗教」、「宗教的本質是什麼」、「信仰與宗教的關係」、「人類為什麼會有宗教」等問題。在那門課程裡，我們花了很長時間討論宗教的各種定義。就在那門課程裡我才知道，「宗教是麻醉人民的精神鴉片」這個中國幾乎人人皆知的馬克思對宗教的定義，其實並非馬克思的原話。

一八四三年，馬克思在《黑格爾法哲學批判》導言裡寫道：「宗教是被壓迫生靈的歎息，是無情世界的感情，正像它是沒有精神的制度的精神一樣。宗教是人民的鴉片。」

一九〇九年，列寧在〈論工人政黨對宗教的態度〉這篇文章裡，將馬克思「宗教是人民的鴉片」這句話加以發揮：「宗教是人民的鴉片——馬克思的這一句名言是馬克思主義在宗教問題上的全部世界觀的基石。馬克思主義始終認為現代所有的宗教和教會、各式各樣的宗教團體，都是資產階級反動派用來捍衛剝削制度、麻醉工人階級的機構。」

在一九五〇年代出版的《列寧全集》裡，列寧引用馬克思「宗教是人民的鴉片」這句話卻被加上了原文中沒有的「麻醉」二字，成了「宗教是麻醉人民的鴉片」。無論這個錯誤的翻譯是有意還是無意，它成為中共宗教政策的理論基礎。這個「馬列主義宗教觀」與「階級鬥爭」理論結合，就成了一九五〇年代中共全面摧毀宗教的指導思想。

一九五八年，這座寺院被拆毀。文革期間，有三百多年歷史的珍珠寺正殿被夷為平地。一九八八年寺院開始重修，至今第二座殿堂尚未完工。貢巴寺也被拆毀，只剩下十幾間廚房。

走出珍珠寺時，我又看了看大門邊的派出所。門關上了，半開的窗簾完全拉開，窗子裡依然漆黑一片，看不出是否有人坐在窗後。

「他們其實很沒有安全感。」H說。

殘牆下的祭壇

公路在寬闊的山谷裡穿行，經過一個個村莊和連綿沃野，在一條清淺的河邊拐彎，進入一個村莊。路邊探出一塊寫著「衙門莊村」四字的小牌子，小牌子下面豎著個大牌子，上面寫著「黨政軍企共建社會主義新農村」。

這裡就是大通縣東峽鄉衙門莊，青海名寺之一廣惠寺所在地。

穿過村莊北行，沒看到廣惠寺的標誌，卻看到一面牆上的大標語：「高舉法制旗幟，旗幟鮮明地反對分裂滲透；加強教育管理，堅定不移地維護寺院穩定」。標語旁邊的黃房子牆上是我已經很熟悉的派出所標誌。派出所大門邊掛著的「大通縣公安局衙門莊派出所廣惠寺警務室」牌子顯示，我面前的寺院就是廣惠寺。

那是個陰寒的下雨天，灰濛濛的天空下，經幡像一朵朵鮮豔的花，開在寺院後面的山上。停車場的另一端有座院子，門口兩邊各有一根漆成黃色的瑪尼杆，繫在杆子上的重重經幡垂在大門前。我在經幡下走進油漆剝落的大門。

院子正中是一座紅磚紅瓦的兩層殿堂，左右各有一座小巧精緻的配殿。我注意到左側配殿邊有一截約三米多高的土牆，通往正殿的小徑旁邊有座漢式碑亭，這就是一七三二年清雍正皇帝敕賜的〈重修廣惠寺碑〉。這座碑的碑頂和石龜碑座看上去年代久遠，碑體卻是新刻的。歷史上廣惠寺曾兩度毀於兵災，又兩度重建。這塊碑文所記載的就是廣惠寺第一次被毀後由雍正皇帝出資重建一事。

廣惠寺始建於一六五〇年，由來自西藏哲蚌寺郭莽紮倉（即果芒紮倉）的大學者端智嘉措（頓珠嘉措）創建，因此寺院亦稱郭莽寺。寺院鼎盛時期有七百多僧眾，寺主為敏珠爾仁波切。這個世系源自第五世達賴喇嘛時期，第一世敏珠爾仁波切為五世達賴喇嘛於一六六〇年親封。現在的敏珠爾仁波切為第九世。敏珠爾世系與滿清皇室和蒙古貴族有很深的關係，第七世敏珠爾仁波切出身蒙古貴族家庭，他提倡現代教育，曾在寺院創建蒙藏小學，自己兼任小學校長，各族學生最多時有一百三十多人。

除了敏珠爾世系，廣惠寺的先靈仁波切世系也頗有名。一九五〇年七月，當時的先靈仁波切曾作為西藏和談代表團成員，與十四世達賴喇嘛的哥哥塔澤仁波切、隆務寺的夏日倉仁波切同赴拉薩，直到一九五三年才返回寺院。

走向正殿，首先注意到的是水泥台階旁那對造型奇特的石獅。它們大腦袋，大眼睛，扁鼻子又黑又亮，張開的大嘴巴裡被人塞進幾張鈔票，頭上還被人像包頭巾一樣裹上了哈達，看上去不像獅子，倒像一對淘氣的大狗。

X站在石獅前左看右看，斷定這對獅子是原物。寺院第二次重建是一八七五年，這對獅子即使是那時製作的，距今也有一百三十七年了。

殿堂裡光線暗淡，釋迦牟尼像前閃爍著數十盞燈，照著地板上的幾排墊子。一個年輕僧人靜靜地站在門邊。不知是不是因為天氣不好，這天寺院裡幾乎沒有遊人。我在殿堂裡輕輕走了一圈，回到門邊，問年輕僧人是否有寺院一九五八年之前的照片。僧人指著一根柱子上掛著的鏡框：「那個，我們寺院以前的樣子。」

鏡框裡有兩張年代不詳的寺院全景圖。黑白照片上的廣惠寺面積相當大，從河邊直到山坡下都是寺院範圍。也許是因為曾經有過兩度兵災，那時的廣惠寺四周被土牆團團圍住，像個很大的寨子。寺門不大，正對著一座經堂。照片上還可見許多殿堂式建築。

資料記載，中共建政時，寺院有二百六十名僧侶，其中包括十名仁波切，十五座大小經堂，十三座仁波切居住的府邸，共一千四百四十九間房舍。

年輕僧人指著照片上的一座大殿：「這裡就是我們現在的地方。」

H問道：「你是說，這座經堂原先是這樣的？」

僧人點頭：「這裡原來是我們寺院最高的經堂。」

我想起左側小殿旁邊的土牆，那一定是原先的院牆。H和我同時舉起相機拍照。這時，一位中年僧人走進來，見我們對著鏡框拍照，他停下來注視我們。我向他解釋說，我一直在研究一九五八年到一九六〇年的「宗教制度改革」，特別是一九五八年青海的「宗改」，我知道那年青海的寺院幾乎全部被關閉，大量寺院被拆毀，我需要尋找歷史證明。

中年僧人說：「那，我給你看一樣東西，你也拍下來吧。」幾分鐘後，他遞給我一個紙卷。打開紙卷，H和我同時驚歎了一聲：這是一張厚紙印出來的圖片，放大的黑白照片上是一座四層大樓閣，看上去是木結構，每層的方形木柱頂上裝飾著極精美的木雕。照片下有段文字：

> 古剎廣惠寺位於大通東峽鷂子溝，始建於清朝順治七年（一六五〇），是由西藏喇嘛贊布・頓珠嘉措主持興建，為西藏哲蚌寺屬寺。本照五頂樓為廣惠寺主樓，「文革」時期遭到毀滅性的破壞。本照拍於一九六四年五月，拍照人將原照放大、敬獻，以填補名寺空白，銘記聞名古剎廣惠寺盛景。敬獻人：夏延忠　二〇一一年五月

一九五八年的「宗教制度改革」運動中，廣惠寺被關閉，一九六二年「西北民族工作會議」後重新開放。這張四十七年前的照片顯示，一九六二年重新開放的廣惠寺，並非沒有遭到破壞。這座樓有明顯的破壞痕跡，而且顯然是座空樓。即使這座空樓也沒能逃過文革。文革期間，這座精美的樓閣，連同整個廣惠寺，被夷為平地。

「照片上看上去是四層。」中年僧人說：「其實是五層。當地人叫它『五頂樓』。」大概是因為每層

樓都有寬闊的雙重簷。後來我在資料裡查到，這座全木結構的佛堂建於清光緒初年，約一八七五至一八七八年間。這是廣惠寺的第二次重建。

「這座樓原來就在現在這座小經堂的位置？」H問。

「是的，後面的牆就是五頂樓後面的牆。」僧人說。

我把圖片平放在地板上的坐墊上，年輕僧人關上經堂大門，H和我拍下廣惠寺五層樓最後的影像。

佛龕的彩漆柱子上掛著十世班禪喇嘛的彩色肖像照，這張照片下方，放著一張年輕僧侶的黑白照片，這是第八世敏珠爾仁波切的遺照。

第八世敏珠爾仁波切生於一九三九年，是興海縣阿曲乎部落人，一九四四年在廣惠寺坐床。一九五八年青海「平叛」期間，第八世敏珠爾仁波切因「防叛」被捕入獄，後被誣為與西藏「叛亂」有牽連，以「反革命罪」被判刑，關押在被稱為「西寧南灘園藝場」的勞改農場裡，四年後，年僅二十三歲的仁波切死在獄中，死因不明，公開資料中只說他是「病逝」的。第八世敏珠爾仁波切死後十九年，中共宣布為他平反昭雪。當時與他一同被捕的還有八十四名僧人，另有四十五名僧人留在寺院裡「勞動管教」，其餘僧人全部被迫還俗。

現在的第九世敏珠爾仁波切是貴南人，生於一九八〇年。他於一九九五年被塔爾寺住持阿嘉仁波切以「金瓶掣簽」的方式認定，同年十一月在廣惠寺坐床。當時十五歲的仁波切只受過兩年小學教育，一九九九年，他被送到塔爾寺的「活佛大專班」學習。

一九五八年，許多像敏珠爾仁波切這樣的高階僧侶被以種種莫須有的罪名被捕判刑。由於相關資料尚未解密，至今不知道他們中有多少死在獄中。這並不是偶然發生的。一九五八年七月，青海省委根據當年五月中央統戰部「青島會議」精神，決定在青海開展「宗教制度改革」，「改革」的內容之一就是「逐步廢除『活佛轉生』」制度。可見對寺院高階僧侶的迫害是有計畫的行動。當時年幼的仁波切們，如塔爾寺剛滿八歲的阿嘉仁波切，被送進學校讀書；德高望重的仁波切如隆務寺的夏日倉仁波切，則被羅織罪名關進監獄，冤死獄中。僥倖活著出獄的如犛益仁波切，他們寺院已毀，無處存身，不得不另謀生路。中共就是以這樣的方式「逐步廢除」了藏傳佛教的轉世制度。

一九八〇年代初，部分寺院批准開放，被迫害而死的仁波切們被公開宣布平反昭雪後，一些寺院悄悄地尋訪他們仁波切的轉世，其中一些靈童的資訊被祕密送到達蘭薩拉，請達賴喇嘛依據傳統宗教儀軌來認定。這些年輕轉世有的輾轉到達印度，在流亡社區的寺院裡學習。一九八九年初第十世班禪喇嘛圓寂，中共中央根據阿沛·阿旺晉美的建議，開始公開尋訪轉世靈童。此後，被事實上廢除了幾十年的轉世制度才得以公開恢復，但在人數和認證方式上依然受到政府的控制。

我們走出經堂，按照順時針方向繞經堂而行。轉到經堂側面，一眼就看到那堵三米多高的殘牆。牆有明顯的上下兩層，牆頂和兩層的接合處長滿荒草。H碰碰我的手臂，示意我往牆下看。順著他的手，我看到牆根下的一堆磚雕石刻。

那是十幾塊極精美的磚雕殘片。一截龍身、一顆寶珠、一朵蓮花、一段龍爪、幾片青瓦，還有看不出圖案的殘片，整齊地壘作三層，最高層是一塊石板，上面刻著佛像，石板旁邊砌了一塊刻了佛像的石頭。泥牆裡探出一隻小龍頭，它旁邊站著一對小石獅。這堆殘片上掛著黃白藍三色哈達，還貼了幾張鈔票，其中有張印著毛澤東頭像的一元人民幣，這張鈔票是倒貼的。磚雕旁邊還有一塊鏤空雕獸首，它的嘴裡銜著一藍一白兩條哈達。這些磚雕殘片不是隨意放置在牆下，而是用和了麥草的泥砌在殘牆下方，與牆體連為一體。

這是一個祭壇。

我面對祭壇，內心震撼，如遭雷擊。這座祭壇告訴我：歷史或許能被掩蓋，記憶卻無法被剝奪。

人們沒有忘記。他們沒有忘記死於非命的年輕仁波切，沒有忘記被刻意摧毀的寺院，沒有忘記夷為平地的精美佛殿。

祭壇上的小龍頭大張著嘴，彷彿奮力呼喊；那對小石獅圓睜雙目，似在怒目而視。

我聽見了，也看見了。

歷史並沒有因加害者的掩蓋而消失，創傷也沒有因時間的流逝而痊癒。每個人都能看到一個民族痛苦的記憶，也能聽到一個民族內心的呼喊——只要你願意去注視，只要你願意去傾聽。

夕陽裡，我闖進覆滿山頭的廢墟

從尖紮縣城沿黃河左岸走，經過兩個村莊後，就進入崇山峻嶺之中。

拉莫德欽寺離黃南州尖紮縣城只有十五公里，可那十五公里中的大部分路段非常險峻。這條縣級公路從尖紮縣城通往尖紮灘鄉，也就是從海拔二千零八十四米的黃河河谷直上海拔三千三百二十米的草原。

那是一片黃土高山，山上植被稀少，如同

圖9-4：廣惠寺殘牆下的祭壇

戈壁。山下的黃河河谷像戈壁裡的綠洲，楊樹叢裡露出清真寺的穹頂和雙塔。午後的陽光在溝壑縱橫的山上畫出道道陰影，陡峭峰頂上常常豎著一叢經幡或一座插劍台，襯著碧藍的天空，經幡斑斑點點的色彩使支離破碎的高山顯得更加蒼涼。公路所經之處荒無人煙，路邊山崖壁立，如同刀劈斧削。在這樣的公路上行駛，若有閃失就是萬劫不復。

公路到了山頂，眼前忽然換了一番景色。隔著一道深溝，公路對面的山頂是一片平坦的台地，樹林牧場，田疇村莊清晰可見，山谷裡長著著茂密的樹林和灌木，五顏六色的梯田布滿渾圓的山頭。青稞地金黃，蔬菜地碧綠，翻過的地塊露出黑土，一個男人正推著手扶拖拉機耕地。兩個少年騎著摩托車，夾在一群犛牛中間朝我們走來。X剎住車，摩托上的少年朝我們笑笑，從車邊走過。路邊閃過寫著「能科鄉」三字的牌子，緊接著出現一座掛了許多經幡的簡易彩門，上面寫著幾行藏文字。我注意到門頂上兩側的星月標誌，不確定彩門下的土路是通往寺院還是通往村莊，我猜想寺院快要到了。

幾分鐘後，路邊出現一排土牆。轉進土牆間一條狹窄的水泥路，一下車，我們幾乎同時驚叫了一聲。

這就是著名的拉莫德欽寺。準確地說，這是拉莫德欽寺的廢墟。來此之前，我只知道拉莫德欽寺是尖紮最大的寺院，完全沒料到我將看到是一大片廢墟。

西斜的陽光下，一排排長著乾枯苔蘚的土院牆立在荒草中。那些土牆曾經是僧舍、佛堂、府邸，大多數院子空蕩蕩的，裡面的房屋早已拆除，地上長滿了草。有的院子剩下歪斜的木門，有的遺下殘破的板屋，有的土牆半傾，門頂和牆頭上荒草半枯，還有一些連土牆都消失了，但牆基還清晰可見。

拉莫德欽寺始建於一六八二年。一九五八年寺院有兩座大經堂，二十六座小經堂，二十四座仁波切府邸，一百一十五座僧人居住的院子，共有房屋兩千多間，五百二十二名僧人，而此刻，在我眼前的是難以計數的廢墟。

拉莫德欽寺的毀滅是從一九五八年開始的。那年的「宗教制度改革」運動中，寺院被關閉，一九六〇年重新開放。這時候，耕地、森林、牲畜等寺產已經全部被政府沒收，只剩下九頭牲畜和二點三公頃耕地，讓二十七名僅存的僧人自食其力。一九六五年寺院再次關閉，一九八〇年重新開放。可以想像，那時開放的只是一片覆滿山頭的廢墟，其狀況比當下更加淒慘。

一九八〇年至今已經三十二年了，拉莫德欽寺的修復不到原先的四分之一。寺院裡鋪了些水泥小路，廢墟中聳出一座新建的大經堂和一座白塔，塔附近有一座金頂和一座綠頂佛堂。

我們走進新建經堂邊的院子。院子裡依著山坡的一段有座殘破的建築，它看上去像是一座小經堂或者原先大經堂附屬的廊房。廊道裡堆了一大堆拆除的舊木料，一隻花貓站在兩根木頭中間，瞪著眼睛看著我。廊房平頂的野草

圖9-5：拉莫德欽寺就像戰爭遺址

叢中採出鏽跡斑斑的雙鹿法輪，小鹿腳下開著幾叢紫色野花。

我們走到一座殘破的院子前。看得出來，它曾經是個精緻的小院，可能是某位仁波切的府邸，或是一座小巧精緻的佛堂。約三米高的院牆缺了一段，缺口被人壘了一米左右高的磚石。斷牆上的荒草有半人多高，荒草中露出一座精美的四方閣樓，閣樓的雙重歇山頂上鋪設青色筒瓦，鏤空磚雕横脊裝飾了兩條彎曲的小龍。閣樓的花窗和木雕完好無損，但彩繪已經脫落，瓦縫裡野草叢生。

H和我攀上斷牆，院子裡一片狼藉，屋樑跌落，雕窗歪斜，亂草中依稀可見紅磚小徑，牆角的煨桑爐前開著一叢野花。從敞開的窗洞裡，我看到閣樓底層佛龕拉開的門和抽屜，腦中突然閃過童年時一群紅衛兵闖進家裡抄家的記憶。我頓時感到全身發冷。匆匆拍了幾張照片，我跳下斷牆，逃一般離開那座院子，就像逃離一個無意中闖進的犯罪現場。

X站在路邊朝我招手：「過來看！」

我跟著他繞到閣樓後面。閣樓背後的牆上糊了一層黃泥，我猜想是抹掉牆上的壁畫。

「看！」X對我說：「牆上那個大洞！」

閣樓後牆有個兩米左右寬，一米多高的洞，明顯是人為造成的。

「這裡太恐怖了。」X說：「就像發生過戰爭。」

這裡確實發生過戰爭。那是另一種形式的戰爭，是一個以無神論和唯物主義為理論基礎的政治集團，以武力為後盾對一個古老信仰發動的戰爭。這座埋沒荒草的精美樓閣是一種宣示，一個通過「武裝鬥爭」取得勝利的政治集團，以這樣的方式來昭告他們對文明的蔑視。

寺院的後部有些院子安裝了紅漆門，一些廢棄的院子被僧人修復，成為又一代僧舍。一扇半開的門裡傳出讀書聲。H推開門，這是個修復了的院子，裡面有座簡易房，地上用紅磚鋪出兩條小徑，一個十來歲的童僧盤膝坐在破墊子上，面前放著一隻紙箱當桌子，正在朗讀放在紙箱上的經書。我輕輕走進去，童僧沒有停止朗讀，也沒有回頭看。我在他背後拍了張照片，走出院子，輕輕關上院門。

也許是聽到我們說話的聲音，一個院門打開了，走出一位僧人。他朝我們微笑，自我介紹說他是仁波切的管家，熱情地請我們進去坐坐。這是個兩進的院子，外院正對門的是一排正房，左邊有一排木板廂房，右邊卻是長著蒿草的平台。H問管家為什麼廂房是不對稱的？管家說原來有兩排廂房，那邊的廂房被拆掉了。

管家帶我們走進內院，說這是仁波切的佛堂。那是個清雅小院，兩邊各有一個花壇，長著幾棵枝葉繁茂的樹。佛堂看來是經過修復、重新彩繪過的舊建築，佛龕正中的釋迦牟尼佛像下放著一位老僧的照片，管家說這就是已經圓寂二十年的前世仁波切。

望著照片上的慈祥老僧，想起他一生的際遇，我不由在心裡歎息。幾十年裡，這位德高望重的仁波切一直被稱為「愛國活佛」，他的公開講話始終符合當時的政治風向。有關他的資料很少，我無法了解這位仁波切的內心。令我難以釋懷的是，無論仁波切是出於自保，還是真誠地相信「黨的宗教政策」，他都無法力挽狂瀾，他沒法保住自己的寺院，甚至保不住自己居住的小院和佛堂。也許，對一位高僧來說，這一切只不過印證了「世事無常」？

返回前院，管家已經為我們準備好了酥油、烤餅和奶茶。他告訴我們仁波切不常來，寺院偏僻，遊客也很少。

我問管家：「寺院什麼時候成了這個樣子？是一九五八年還是文革？」

「一九五八年就開始拆了。」管家說：「縣上派人拆的。」

「拆下的木料上哪兒去了？」H問。

管家回答：「運到縣上蓋房子。」

從一九五八年開始，拉莫德欽寺被一點一點地拆除。文革期間，大經堂被夷為平地，這座有三百多年歷史的寺院就這樣變成了一片覆蓋山頭的廢墟。

我見到的寺院廢墟基本上都是這樣，房子的木料、門窗、地板等都被拆除，只剩下空蕩蕩的院牆。在通過戰爭奪取政權的勝利者眼中，寺院只不過是他們的戰利品。在他們眼裡，這個戰利品相當於一個物資倉庫，裡面收藏了無數金銀珠寶和金屬木料。他們用對待戰利品的方式瓜分寺院財產：「國家財政」掠取金銀珠寶和貴重物品，地方政府運走木料，基層政府機構占用房舍。貴金屬製造的佛像和宗教用品被融化為金錠、銀錠，少量有「文物價值」的佛像被送進各級博物館，瑪尼石用來鋪路，沒有「實際用途」的經書被焚燒，期間還有無法統計的物品被盜竊。就這樣，藏地幾千座凝結著上千年人類智慧和藝術的寺院淪為廢墟。

僧人的遭遇更為不堪。不計其數的僧人被迫害致死，僅拉莫德欽寺就有三位仁波切死於一九五八年。

在中共官方書寫的歷史中，這一過程被稱為「宗教制度改革」。

第十章
他一直在這裡

我剛要走，一位僧人匆匆趕來……

那座寺院在黃河邊。在安多歷史上，那座寺院歷史悠久，頗有聲望和影響，但是對於旅遊者來說，那座寺院並不出名，遠不能跟塔爾寺這樣的大型寺院比。因此，寺院雖然就在離縣城不遠的公路邊，去參觀的人並不多。

我之所以專程去那座寺院，是因為資料裡說寺院的殿堂保存完好。經過一九五八年和文革兩度大破壞，藏地保存完好的佛殿屈指可數，無論是建築藝術還是宗教氛圍，那些碩果僅存的殿堂都是一九八〇年後重建的經堂比不上的。只要有機會，我一定會去尋找那些古老的佛殿，哪怕只是為了感受幾百年傳承不斷的氣氛。

進入寺院區，一眼就能看出，這座寺院是重建的。大門外的八座佛塔尚未完工，圍牆是在原先的一段土牆上加新砌的磚牆，木結構歇山式兩層門樓也是新建的，大概由於經費不足，門樓沒有上漆，下層的木雕和橫樑上已經印著雨水滲漏的痕跡。

走進大門，我看到山坡下有一大一小兩座殿堂。大的那座是藏式經堂的式樣，較小的是藏漢結合式，這座殿堂前有明顯的廢棄台基，顯然是被拆毀的殿堂留下的痕跡。兩座殿堂背後的樹林和荒草間，可見黃土殘牆。這兩座殿堂顯然是新建的，而非保存完好的古殿。

H叫我回頭看寺院的另一邊。那邊有一排紅磚平房，看樣子像是從原先的寺院廊房改建的，牆上留著煙火熏黑的痕跡，還扔了個破灶台，可能曾經被用作廚房。這排房子的幾個門都鎖著，缺了玻璃的窗子上蒙著塑膠布，看樣子現在無人居住。平房後聳出一座三層綠瓦飛簷，屋簷的綠釉陶飾非常精美。簷角裝飾的蟠龍、獅子和龍頭顏色不同，有可能是後來補上的。

一個僧人走過來，H問他這三座殿堂都是一九五八年之前的嗎？僧人指著平房後面的綠瓦飛簷說：「只有那座是以前的，這些都是新蓋的。」

原來我讀過的那份資料玩了個文字遊戲。資料提到一九五〇年代中期，這座寺院曾經有一座經堂和六座「其他殿堂」，七百七十四間僧舍，一百七十名僧人，到一九五〇年代末期，寺院部分僧舍被毀，但其他建築「至今保存完整」。既然如此，那寺院應該有七座殿堂，但我們看到的只有三座，還有兩座殿堂式樣的房子，但那是該寺寺主，一位著名仁波切的居所。實際上，真正「保存完好」的只有這一座殿堂，「其他建築」只是在「一九五〇年代末期」保存完整。資料小心地避開了「宗教制度改革」，或者「民主改革」這樣的提法。

我問他寺院的情況，他說寺院人不多，情況還好。他們知道近兩年連續發生的自焚事件嗎？他說當然知道。他說僧人之間很少談這些，因為寺院裡有「派來的人」。

「你知道誰是『派來的人』嗎？」H問。

「當然知道。」僧人說：「別的寺院也有。」

他問我們從哪裡來，H說我們倆從美國來，很快要去印度。僧人問我們有沒有見過嘉瓦仁波切，我說我們採訪過他很多次。說著H拿出手機，調出照片給他看。僧人接過手機，在額上輕觸，在頭頂上放了片刻，然後交還給H。

我問他為什麼那座殿堂能保存下來？他說不知道，但那座殿堂非常殊勝，與某一世達賴喇嘛有關，而且建築也很特別，包含了蒙、藏、漢文化的元素，在藏地也不多見。

「你們難得來這裡，去看看吧！」僧人對我們說。

他帶我們走向一個新修的門樓。推開虛掩的大門，一條兩邊開滿鮮花的紅磚小徑通往水泥平台上的殿堂，殿堂前有片地方鋪著刻花青磚，從結構上看，原先殿堂是在一個精巧的院子裡。殿堂大門前安裝了保護性的大鐵門，鐵門上掛著大鎖，透過門上的塑膠窗，我看到殿堂大門關著，只能看到殿堂門前新描的彩繪。

很遺憾看不到這座碩果僅存的古老殿堂內部。我們各自拍了幾張照片，轉身走向院門。突然，一位僧人匆匆趕來，對我們喊道：「你們等一下，等一下！」

我們停下，僧人快步走過來，對我們說：「管家叫我打開殿堂給你們看。」

我們跟著僧人返回殿堂。他手裡拿著一串鑰匙，打開鐵門，脫鞋走進去，推開彩繪大門，然後一聲不響地站在門邊。

我把鞋子留著門外，走進殿堂。大殿裡的燈關著，從門口透進一道光，落在地板和佛像前的供桌上。

僧人輕輕走進大殿，關上殿門，打開電燈。

我眼前忽地金光一閃：大殿當中的釋迦牟尼鍍金像下，金色哈達環繞中，我看到達賴喇嘛尊者的大幅彩照，照片上還有美國國會金獎的圖形。這是尊者二〇〇七年獲得美國國會金獎的照片。

我這才明白為什麼這座殿堂的兩道門都鎖著。兩個多月前，這座寺院所在的縣裡發生過一起藏人自焚事件。可以想像，現在這裡正是高度緊張的時候。

我們依次走到佛像前合十致敬，然後，我拿起相機，拍下殿堂內部的照片。僧人站在門邊注視著我們，自始至終一言不發。

過來看看，這是隱修的地方

兩天後，我們開車去了另一座寺院。

早就聽說過這座寺院。對我提及這座寺院的人有虔誠的佛教徒，也有熱衷於「驢行天下」的旅遊者。這座寺院始建於十四世紀中葉，是安多地區最古老的寺院之一，也是藏傳佛教格魯派的發祥地，與藏傳佛教歷史上許多著名高僧大德有關，因此，在佛教信仰者心目中，這是座極其殊勝的寺院，有機會必去朝拜。寺院所在地面對黃河，背依高山，河如長龍悠游於前，山似大鵬展翼於後，地形奇異，風景絕佳，是旅行者們讚不絕口的「景點」。

寺院建在偏遠山中，離西寧近百公里。公路從河谷盤旋而上，接近山頂的時候，眼前出現一排白塔。寺院到了。

我們走進大門，沿著狹窄的砂土公路走向經堂。寺院依山而建，公路下面的山坡上有許多大大小小的四方形平頂僧院，幾座殿堂的金頂在正午的太陽下閃閃發光。這座寺院鼎盛時期有三千多僧眾，二千二百六十多間佛殿和僧舍。一九五八年六月，寺院所在的縣開始「宗教制度改革」運動，那時侯，寺院有四千一百三十一間房屋，另有經堂佛殿近五百間，歷代傳下的珍寶不計其數。一九五八年後，這座寺院被關閉，一九六三年重新開放時，大部分房屋已經被拆除，僧人只剩一百二十一人。一九六六年，這座寺院又一次被關閉，直到一九八〇年才再次開放。遭此兩度大劫後，這座經歷了六百多年雨雪風霜的寺院基本上被夷為平地。

看得出來，寺院經過多年整修，一九五八年後留下的廢墟已經基本清理掉了，許多原先荒廢的院子已經重新修為僧舍，但只要稍加留意，依然可見曾經被毀滅的痕跡。

我走到寺院最高的殿堂前。這座精緻小殿堂的石階邊有棵枝葉繁茂的大樹，人們相信這是一棵百年菩提。殿門前掛著一塊幔子，示意「遊人免入」，我在門前站立片刻。這是寺院最神聖的殿堂，曾經供奉寺院創建人的靈骨塔。現在的殿堂看上去是新建的，內部供奉的造像很可能亦非原物。

資料記載，這座寺院曾經擁有價值連城的珍寶，包括八位達賴喇嘛、三位班禪喇嘛、以及多位高僧的個人用品，還有金、銀製作的供燈、無數歷史悠久的佛像、唐卡、經書等等，這一切都在那兩度浩劫中散失殆盡。

我站在殿堂平台邊憑欄眺望。寺院的主體建築建在山頂，經堂下就是百丈懸崖。懸崖下是一層層的台地，漸漸展成平坦的河谷。樹林村野之中，蜿蜒著一道綠松石色的大河。黃河的藏語名字叫「瑪曲」，意為「孔雀河」，只有到了中下游，河水才變成黃色。河谷對面是一望無際的高原，天邊的白雲壓著山頂，朝寺院的方向移動，彷彿千軍萬馬奔騰而來。

我想，假如站在河谷裡朝上看，台地像基座，陡崖像寶塔，塔頂上的寺院高踞雲端。在漫長的歲月裡，如此險峻的地形很大程度上保護了寺院，使這座名寺得以安全度過幾百年的人間滄桑。然而，險峻的地勢擋不住一九五〇年代的紅潮。

遠處的白雲湧到寺院，變成清涼的霧。寺院在雲霧縹緲中變幻莫測，時而清澈，時而虛無。稍頃，霧氣散去，大經堂頂上的鎏金塔發出耀眼的金光。

寺院雖然名聲顯赫，但地處偏僻，交通不便，遊人並不多。也許正因如此，比起拉卜楞寺，這座寺院的氣氛比較輕鬆。我回到菩提樹下，H正在與幾名年輕僧侶聊天。他問僧人們是否知道一九五八年寺院發生的事，他們說聽老喇嘛們談過一點點，但是不知道詳情。我問他們寺院裡還有老喇嘛嗎？如果有可能，我很想了解一些那時候的情況。他們說還有一位，八十多歲了，不會說漢話。有人說，要是他肯講，他們幾個年輕僧人可以翻譯，他們也想知道當年到底發生了什麼。

我請H拿出他的手機，調出一張一年前我採訪達賴喇嘛時拍攝的照片。僧人們接過我的手機傳看，臉上露出驚喜的神色。手機最後傳到一位不苟言笑的中年僧人手裡。他拿著手機仔細看了幾分鐘，然後交還給我。我問年輕僧人，寺院裡有沒有公開掛達賴喇嘛的照片？一名年輕僧人說有時候可以掛，但是常常會有人來檢查，看到了就會沒收。

一位老僧拄著拐杖慢慢走上台階。年輕僧人趕忙圍上去，七嘴八舌跟他說話。一個僧人對我們說：「就是他！就是他！寺院裡只有他經過一九五八年的事情。」

老僧抬頭看了我們一眼，低聲說了幾句話，繼續往前走。一個二十來歲的僧人抱住他，急切地對他說了一番話。老僧搖搖頭。年輕僧人失望地放開手臂，老僧低著頭，朝殿堂後部走去。

年輕僧人對我說：「他不肯。他一直說『不敢說，不敢說』。」

事件已經過去半個多世紀了，倖存的僧人依然不敢說出當年的經歷。可以想見，那年發生的事必定極其恐怖，在當年的親歷者心裡留下了終生不愈的傷痕。

史料記載，一九五八年寺院有八百八十多名僧人，一九六三年重新開放時，僧人只剩一百二十一人。幾年後，文革開始，寺院再次關閉，那時僧人只剩下十九人。一九五八年，各大寺院都有「駐寺工作組，他們以農村土地改革過程中「發動群眾鬥地主」的方式，組織大規模訴苦會、批鬥會，動員、鼓勵「貧苦喇嘛」批鬥他們的上師。高階僧侶們有的遭到毆打，有的被百般侮辱，有的被當場逮捕。許多著名高僧被羅織罪名關進監獄，從此再也沒有回來。這座寺院八百多名僧侶的遭遇，至今不為人知。

我心情沉重地看著老僧消失在殿堂後，對年輕僧人說：「有機會的話，你去問問他，記下他的話，最好能錄音，要不然你們寺院的那段歷史以後就沒有人知道了。」年輕僧人點點頭。

這時，中年僧人走過來，對我說：「來，到裡面看看。」

他帶我們繞到殿後，打開一扇小門，裡面是個狹窄的院子。僧人帶我們走進院子一邊的狹窄走廊，走廊一邊有幾扇門，看上去像是有幾個小房間。中年僧人推開一扇門，裡面是一間極小的房間，佛龕占據了房間的一半，正對房門有個洞口，裡面是個山洞。「這是喇嘛隱修的地方。」僧人說：「外人不讓進來。」

我朝佛龕看去，一眼就看到佛龕正中的達賴喇嘛大幅照片。照片前供著新鮮水果，兩邊各有一大束塑膠花，供桌上放著幾條哈達和幾張鈔票。一張印著毛澤東頭像的十元鈔票倒放在照片下方。H和我會心一笑：我們在好幾個地方看到過印著毛澤東頭像的鈔票被人倒貼。常聽到過藏地的遊客說在藏人家裡看到懸掛在醒目位置上的「領袖像」，這些人顯然沒看到這樣的情景。

我們走出隱修處，中年僧人站在門口等著。我對他合十道謝，他微微一笑，伸手阻止了幾名想進去的遊客，鎖上院門。

一抬頭，我看到了熟悉的笑容

此行每到一座寺院，我就會走進紀念品商店。我在尋找一串念珠。

這些年來，為追尋那段歷史，我像個雲遊的尼姑一般，在印度、歐洲、台灣、香港、大陸遊走。大概是某種因緣吧，我到了某個地方，走進某座寺院、商店，或者路過一個地攤，在琳琅滿目的商品裡，突然間一串樸素的念珠吸引了我的注意。就這樣，我不知不覺地收集了不少念珠。這些念珠材質都很普通，價格也不貴，唯一特別的是，這些年裡我有幸採訪過多位高僧，這些念珠都經過某位高僧加持。常有朋友看到我的某串念珠，喜歡得不得了，於是就以珠結緣了。此次旅行前，一位新近皈依佛教的朋友看上了我的紅瑪瑙念珠，那是達賴喇嘛鄭重加持過的念珠，也是我身邊最後一串念珠。

不用說，寺院紀念品商店裡有的是念珠，各種顏色、質地、材料、價格一應俱全。可我相信人與物也是有緣的，緣分不合的時候，眼見成百上千串念珠，卻都不是我要找的那串。這無關價格、質地或材料，只關乎初見它時，心裡升起的親切感，初次觸摸它時，手指感受的暖意。

從一座寺院到另一座寺院，我在大大小小的紀念品商店進進出出，最終走進某個小鎮裡的一家禮品店。店面很小，三面牆上掛滿了色彩濃重的織物，店裡顯得光線暗淡，玻璃櫃檯裡陳列著各種顏色的念珠和藏飾。一個二十多歲的女人坐在櫃檯後面，一個中年女人倚著櫃檯，看上去像是母女倆，她們正在用藏語聊天。

看到我們進來，年輕女人換了流利的漢語，微笑招呼。我的目光落到櫃檯裡的念珠上。玻璃櫃檯裡，一排綠松石、紅、黑瑪瑙、珍珠和各色水晶念珠在燈光下閃著亮麗的光。我注意到一串珊瑚色念珠。在各色晶光閃亮的念珠旁邊，它的顏色溫和沉實，帶著「不與爭鋒」的安靜，待在櫃檯的角落裡，彷彿是在等待有緣人。

我請年輕女人拿出這串念珠。我知道藏區禮品店的這些念珠大多產自內地，通常來自一些小作坊，但這並不重要。

年輕女人拿出珊瑚色念珠，放在櫃檯上。這是成批生產的珠子，每一粒大小相同，除了珠子上微小的雜質，每串念珠幾乎一模一樣。我問她念珠是不是塑膠的？她說不是塑膠，也不是真珊瑚，是珊瑚粉膠粘後壓制的。我用指尖觸摸念珠，感覺珠粒的飽滿圓潤。

年輕女人問我從哪個省來的。我猶豫片刻，對她說我從美國來。我告訴她，自焚事件發生後，外界對藏區的情況有各種各樣的傳言，我想來看看。我問她這裡情況如何？年輕女人朝窗外看了一眼，低聲說：「這裡還可以。」

對街是鎮裡的武警駐地，一輛警車就停在小店斜對面。

我問她：「你們可以掛達賴喇嘛的照片嗎？」

年輕女人指著通往內間的門：「那裡。」

我這才注意到門頂上的小佛龕。在一排排折疊得厚厚的織物當中，佛龕很不顯眼。走到門下，一抬頭，我看到了熟悉的笑容。佛龕當中彩印釋迦牟尼像的鏡框一角，有張達賴喇嘛彩照。照片很小，加上店裡光線不足，不仔細看的話，很難看出那是達賴喇嘛的照片。

我付過錢，年輕女人把念珠裝進一個透明塑膠袋裡交給我，我們微笑道別。

在小鎮主街的一端，我走進另一家禮品店。這家店除了藏地禮品店裡常見的物品，還有各種尺寸的佛像和眾多高僧的照片。店裡光線很好，櫃檯上放著幾張不同尺寸的佛像，店主人正在接待幾名牧民模樣的顧客。我挑選了一張信用卡大小的度母像，一回頭又看到一張十世班禪喇嘛與幾位高僧的合影。這家店沒有佛龕，也看不到達賴喇嘛的照片。

店裡的顧客走後，我指給店主看我要的照片。他取出一個用舊課本糊的紙袋，把照片放好，我剛要付錢，心裡突然一動，低聲問道：「請問有嘉瓦仁波切的照片嗎？」店主人抬頭看了我一眼，猶疑片刻，一聲不響，轉身從一堆雜物裡拿出一個報紙糊的紙袋，取出一張達賴喇嘛的照片放在櫃檯上。照片清晰度不高，是那種從互聯網下載，用打印機印在高亮相紙上的照片。

「只有這一種照片嗎？」我問。

店主人點點頭。

「有沒有十七世噶瑪巴仁波切的照片？」

店主人彎腰從櫃檯的一疊佛像下拿出一張照片。這是一張流傳甚廣的少年噶瑪巴照片。從清晰度來看，顯然也是網上下載的電子版打印的。

我把裝著照片的紙袋放進背包，走出禮品店。經過鎮中心的政府機構時，我看到牆上釘著一塊金屬牌，刻在牌子上的文字表明，這裡是個「軍事禁地」。停在門前的警車強化了這個機構的威懾意義。然而，我剛才的經歷使這個威懾顯得如此虛弱。

我望著不遠處寺院的金頂，感到這一切是如此荒謬。在二十一世紀，在一個聲稱「宗教自由」的國家裡，你竟然不得不用這樣的方式來獲得自己精神領袖的照片。難道一九五〇年代的戰爭沒能做到的，在資訊科技高度發達的當下就能做到嗎？

「達賴喇嘛的照片？咋會沒有呢!?」

我們這一路走來，達賴喇嘛的照片是一個敏感的象徵。公開展示達賴喇嘛的照片，是要受到嚴厲懲罰的。因此，達賴喇嘛的照片成為藏人內心堅持信仰的象徵。這是一場權力的物質力量和人心的精神力量之間的抗衡。我們在一座寺院裡親眼看到了這種微妙的抗衡。

那是一座歷史上著名的寺院，尤其以歷代高僧輩出聞名於世。不用說，我們到寺院時，看到的不是原先的名寺，而是正在重修的寺院。這座寺院與廣惠寺一樣，在幾百年的歷史中經歷了三次毀滅。嚴格說來應該是四次，因為在當代，寺院經過一九五八年和「文革」兩度破壞。這兩度破壞目標是一致的，但重點略有不同。一九五八年的「宗教制度改革」運動，有一些歷史上著名的寺院被政府有意保留下來，以便「滿足群眾的宗教需要」，但是，保留下來的寺院只是個空殼，寺院裡的僧侶們絕大多數不是被捕入獄，就是被迫還俗；大量佛像被運走融化，經書被銷毀，珍寶被掠奪一空，只有被有意保留的殿堂裡留下了一些佛像，寺院留下少數老弱病殘或無家可歸的僧人看守。「文革」期間，這些「保留寺院」又一次遭到破壞，碩果僅存的殿堂和房屋幾乎全部被拆除。

文革之後，中共對藏地的大量「冤假錯案」平反，承認「平叛擴大化」，同時也意識到，當年在藏地發生的一切是不可告人的。於是，在「平反」的同時也開始對史實進行修改和掩蓋。藏區寺院的毀壞被歸到「文革」，帳算到「四人幫」頭上，而迴避一九五八年發生的一切。

我在研究過程中找到的零星資料顯示，這座寺院在一九五七年時有三百九十六名僧人，其中包括五位主要仁波切，九位地位稍低的仁波切。這幾位主要仁波切中，除了第七世章嘉仁波切在一九四九年逃到台灣，一九五七年三月四日在台北圓寂，另有四位在一九五九至一九六〇年間去世，包括名聲顯赫的第七世土觀仁波切。有關他們的資訊極少。我在網路搜索有關土觀仁波切的下落時，一個繁體中文維基詞條的注釋提供了以下信息：

據（該寺）官方網站（該寺）三次興衰紀略：一九五八年農曆五月九日早晨天剛亮，（寺院）轉寺的道路被持槍民兵包圍，不許人等出入。當天將寺院總管、各佛邸總管、活佛首領、經頭、老僧、有名望者都被當作反革命逮捕，總計五十八名。僧佛中受牽連的大的佛位者以土觀仁波切為首，包括噶桑丹曲尼瑪、瓊薩夏茸活佛、嘉鬥夏茸、洛桑旦曲嘉措等，皆被繩捆綁，接二連三地押解到縣城投入監獄。其後又將寺院大法台王家仁波切阿旺欽熱嘉措、林家堪布洛桑官卻嘉措、其他幾位僧人等逮捕。後將土觀仁波切、王家仁波切等幾位在押的寺院總管在大經堂內進行嚴厲的批鬥。批鬥時，學生們手指著被鬥者額頭，往臉上吐唾沫，隨意侮辱。

根據這個線索，我在互聯網上查找該寺官方網站，但既找不到網站，也找不到相關資訊。這條注釋所描述的情形，一九五八年在四川、青海、甘肅藏區普遍發生，不大可能是編造的。但作為歷史資料，我需要更多資訊。經過多方查尋，我終於在一本二〇〇五年出版的資料集裡找到了一點資訊，證實第七世土觀仁波切於一九五八年「平叛」時期被捕，一九五九年在獄中圓寂，另外幾位仁波切的情況依然不明。

我在台北國史館查資料時，曾在檔案裡找到過章嘉仁波切圓寂後，國民政府官方為他出版的紀念冊。官方為他的葬禮拍攝了紀錄片，蔣介石親往靈前弔唁，他的葬禮可謂極具哀榮。僅僅一年多後，以「改革」為名的大規模宗教迫害席捲甘、青、川藏區，大批僧人受到殘酷迫害，很多高僧的死亡地點都不為世人所知。章嘉仁波切如果留在境內，他的結局可想而知。

我們在寺前一下車，馬上有幾個女人圍上來賣家製酸奶。我買了一盒酸奶，一邊吃一邊東張西望。這裡環境優美，進入寺院的路邊有大片農田，正對寺院是茂密的森林。也許不是節假日，參觀或者參拜的人寥寥無幾。這座寺院雖然沒恢復多少，但卻是座名寺，我想應該會有個派出所吧。果然，在大經堂旁邊的一座藏式房子的門口，我看到寺院管理委員會和派出所兩塊牌子。繞過派出所，巷道裡還停著一輛法院的車。

新修的大經堂相當氣派，站在經堂下方的廣場上可見寺院背後崎峻的山峰，山上有幾座小巧玲瓏的佛殿，就像鑲嵌在山體上。最高的小殿接近山頂，建築式樣看上去蒼老古樸。從大經堂背後的砂土路往山上走，從高處往下看，整個寺院區就是個大工地，到處是建築材料，若干座殿堂仍在建築過程中。

沿著小路走到最高的殿堂，不經意間，砂土路變成了石階。無數條經幡橫過石階，密密層層的五彩布片擋住了陽光，必須深深彎腰才能走過那段石階路。走進古樸的小殿，一位僧人告訴我們，殿堂旁邊有個山洞，洞裡有聖泉。按照僧人的指點，我們走到山洞去喝聖泉水。山洞約兩米來深，一米多高，洞頂上的石壁裡滲出天然泉水，一滴一滴地落到一隻小碗裡。據說這水雨天不多，旱天不少，就這麼一滴一滴，終年不斷。在這座數米寬的木質小殿堂裡的僧人，就這樣守著聖水，一代一代，屢經劫難。我拿起小杯子，喝一口石壁上滴下的水，清涼沁入心中。

下山途中，我們走進一座不大的佛殿。殿堂與其他佛殿大同小異，佛龕裡供奉披著彩色天衣的釋迦牟尼佛像，佛像前放著七碗清水，點著幾盞酥油燈。佛龕的柱子上掛著一張黑白放大照片，一看就知道，那是一九五八年前的寺院照片。與其他佛殿不同的是，釋迦牟尼像下有三座塑像，當中的塑像比較大，兩邊的略小。塑像前還有一排五個鏡框，其中三個比較大，兩個稍小。當中的塑像下放著十世班禪喇嘛的大幅彩色肖像照片。我仔細端詳當中的塑像，斷定這是十世班禪喇嘛的塑像。班禪喇嘛像的左邊，較小的塑像下，同樣放著一個鏡框，裡面的照片乍看上去是張彩色的佛像，但細看顯然不是佛像，而是一位僧人的頭像。鏡框上貼了張紙條，上面寫著一行藏文字，一行中文字。我走近鏡框仔細看，中文寫的是「章嘉大師」四字。原來那是章嘉仁波切的塑像！那麼，班禪喇嘛右邊的塑像應該是……？我走過去一看，不出所料，那尊塑像下的鏡框一角有張小紙條，中文寫著「土觀大師」。三位大師像均結說法印，五色哈達將三尊塑像連接在一起。

一位年輕僧人走進佛堂。我問他這座佛殿是不是文革期間保留下來的？他搖頭，說寺院只有一座殿堂沒拆，就是山上最高的那座小殿堂。難怪那座小殿看上去蒼老古樸，那是一座經歷過兩度革命狂飆的佛殿。

我指著十世班禪喇嘛的照片，問年輕僧人：「你們這裡有達賴喇嘛的照片嗎？」

「達賴喇嘛的照片？咋能沒有呢！」僧人說。

「可是佛龕上沒有啊！」我說：「別的地方也沒看見。」

年輕僧人伸手從佛龕上拿起一個裝著度母像的小鏡框，H和我不由驚叫一聲：原來小鏡框背後還有一個鏡框，裡面是達賴喇嘛的照片。僧人把度母像放回原處，達賴喇嘛照片恰好被小鏡框擋住，這兩個鏡框尺寸顯然是經過精心選擇的，看上去毫無破綻。

「寺管會知道嗎？」H問。

「他們不問，也沒人說。」僧人說。

「平時不能公開放嗎？」我問。

「有時候可以，有時候不行。」僧人說：「上面來人查，看到了會被沒收。」

僧人說其實縣裡的幹部知道，要徹底禁絕達賴喇嘛的照片是不可能的，有時候「上面」要來人檢查，他們會事先通知寺院把照片「遮擋一下」，只要別讓「上面的人」看見就行了。

達賴喇嘛的照片屢禁不絕，不僅是因為在網路時代裡獲得一張照片並不困難，更是因為擁有和展示達賴喇嘛的照片已經成為一種「宣言」，甚至成為一種反抗的形式。

走出佛殿之前，我在佛龕前深深一拜。這座佛龕遠不止宗教上的意義，佛龕上的塑像和照片濃縮了一段鮮為人知的歷史，而那段歷史尚未完結。

圖10-1：佛像鏡框別有玄機

圖10-2：佛像鏡框背後是達賴喇嘛像

大多數漢人不認識他

我到過的寺院裡，幾乎都看到過達賴喇嘛的照片。在多數寺院裡，照片是隱藏的，但也有例外。在一座寺院裡，我看到了一幅公開放置的達賴喇嘛照片。

這座寺院是個遊人如織的「國家級景點」。當寺院成為「景點」之後，其重要功能之一是地方政府的財源。寺院門票很貴，每天僅門票就是一項相當可觀的收入，這份收入並非全部用於「以寺養寺」，地方政府會從中抽取一定比例。當然政府也有投入，比方說，繞過佛塔，我就看到了公安派出所，以及停在派出所對面的警車。寺院大門前有便衣人員緊盯著每輛進來的車，我從一座著名殿堂出來時，差點撞上一個「迷彩服」。

我在一座座殿堂裡進進出出。我知道這座寺院的歷史，也知道一九五八年這座寺院的遭遇。我看得出有的殿堂是新建的，有的是重新整修過的，我也知道這座寺院重新開放時，寺院的珍藏早已被洗劫一空。仁波切們居住的院子大門緊閉，遊客們不一定知道那些關著門的院子裡住的是什麼人，不過，導遊也有生財之道。在一座殿堂裡，我看到一名女導遊向一群內地遊客講解「強巴佛」，講完後，她似乎漫不經心地說，如果大家想到活佛家裡去參觀，或者想請活佛加持，可以在參觀結束後跟她一同前往。在活佛家裡可以得到特別贈送的護身符，那是經過活佛加持的護身符，有特別的法力，帶在身上可保個人平安，掛在家裡可保全家平安。護身符不是用來賣的，是去求的，所以不必付錢，隨意給活佛一點供養就可以了。不去也沒關係，每個人的緣分不同嘛，哈哈哈。

聽了這番介紹，我遊興大減。我想跟僧人聊聊，但僧人坐在佛殿角落裡，面無表情地望著來來去去的遊人。這座寺院跟拉卜楞寺一樣，僧人顯得相當謹慎，看到相機的鏡頭，他們會立刻用袈裟遮住臉，快步走開。幾次想跟僧人攀談，他們總是在我走近他們的時候突然走進一個殿堂，或者拐入一條巷道。

我走進殿堂背後的僧舍區。院子之間的小巷都是泥土路，院子大多是泥土牆，看樣子是原先的舊僧舍重修的。幾個少年僧人在巷道裡追逐玩耍，我對他們微笑，他們也對我微笑，然後拉開一扇院門，嚷著笑著沖進去。院門哐當一聲響，僧舍區只剩我站在那裡，望著空蕩蕩的巷道，感覺一種難以形容的怪異。

我走進那座殿堂，僅僅是因為殿堂裡的清淨。那不是一座主要殿堂，導遊們帶著遊客走進院子，連殿堂都不進去，站在院子裡說幾句話就走了。我站在空空的院子裡，望著半開的殿門，冥冥中好像有種力量帶著我走過院子，推開半開的門，走進大殿。殿堂裡沒有人，在遊人如織的寺院，這真是難得的清淨。

我繞到佛像背後，靠牆的玻璃櫃裡整齊地碼放著一卷卷經書，經書下供著一排一模一樣的銅質釋迦牟尼坐像。銅像高約尺許，裹著五彩錦緞，看上去似曾相識。我站在玻璃櫃前，凝視銅像，腦中浮出一尊與這些佛像幾乎完全相同的釋迦牟尼像。不過，那尊銅佛沒有這樣亮，佛像上的錦緞也沒有這樣新。

二〇〇七年，我第一次去印度時，專程去了一趟印度南方的帕拉庫毗西藏難民定居點。這個定居點建立於一九六一年，是西藏流亡社區的第一個農業定居點，也是最大的定居點。我在定居點採訪了一位第一代流亡藏人，這位八十多歲的老人是這個定居點的拓荒者之一，他給我講述了一個關於佛像的故事。

一九六一年，三百多名流落到印度噶倫堡的西藏難民被安置到帕拉庫毗，印度政府為他們安排了專列，免費將這批男女老少送到遙遠的南方。臨行前，達賴喇嘛派人送來一尊佛像，告訴難民們流亡政府目前很困難，無法給難民們經濟資助，勉勵他們努力，不僅要在異國生存下去，還要在印度保留西藏的宗教和文化。難民們捧著這尊佛像上了火車。從噶倫堡到印度南方，老舊的火車整整走了三天三夜，難民們輪流抱著佛像，將佛像帶到了定居點。

在定居點的頭三年相當艱苦，難民們先是住在印度軍隊淘汰的舊帳篷裡，後來遷入印度政府出資為他們修建的小屋。他們清除叢林，開荒種地，直到第四年才有了收成。終於有了一些收入後，難民們集資蓋的第一座建築，就是一座佛堂，裡面供奉的就是達賴喇嘛送給他們的佛像。將近半個世紀過去了，這個定居點現在已經有了三座大寺院，包括在印度重建的色拉寺。但是，這座佛堂還在，依然供奉那尊佛像。

我用採訪答錄機記錄下這個故事後，請求為我翻譯的朋友達瓦帶我去佛堂看看。老人叫來小孫女，小姑娘帶著我們穿過村莊，走進一個很小的院子。佛堂的門鎖著，在院子裡玩耍的兩個小姑娘馬上跑出去，找來一個中年人。他取出鑰匙，打開大門，裡面是一大一小兩個房間，大的是供人席地而坐念經的空屋，小房間靠牆有一排玻璃櫃，裡面放著各式佛像。

我請求看看達賴喇嘛贈送的佛像，中年人聽了面有難色，說那尊佛像是他們的「鎮村之寶」，平時不讓人看，只在每年的藏曆新年時才請出來，全村人禮拜叩頭後即收藏起來。他說佛像就在玻璃櫃裡，可是他沒有鑰匙，得去找管佛龕鑰匙的人。他對幾個小姑娘說了幾句話，她們飛跑出去。不一會兒，一個男人拎著一串鑰匙走進來，打開玻璃櫃，從正中約三尺高的佛像背後捧出一個白色哈達包著的小佛像。他把佛像放在櫃子上，解開包裹佛像的哈達，露出內層的金色錦緞。我目不轉睛地看著男人小心翼翼地解開金色錦緞，一尊銅質釋迦牟尼坐像顯現在我眼前。那一刻，小房間裡沒有一絲聲音，在場的人似乎都屏住了呼吸。

那以後，我在各種各樣的佛龕裡看到過同樣的銅佛。那是藏地最普遍的佛像。然而，正是那樣一尊佛像，以及佛像所代表的勇氣和信念，支持著難民們度過了最艱難的時刻。

此刻，我眼前的這排佛像與我在帕拉庫毗西藏難民定居點見到的佛像一模一樣。

我走到殿門口，剛要出去，突然聽到樓上傳來鈴鼓和誦經聲。走上二樓，上面是個小院子，中間有個小天井，對面的一排房子裡有一扇門開著，誦經聲就從那裡傳來。一對青年男女背對著門站在屋裡，正在跟僧人一同誦經。

我輕輕走進小屋。這是間很小的房間，嚴格說來，這不是個房間，而是旁邊大房間門廊的一部分。我探頭看看裡面的大房間，認出房間中央供奉的財神像，幾個內地遊客在裡面轉悠。

我收回目光，打量這個小間。小間正對門的牆上掛著一個金邊鏡框，裡面是一張黑白照片，鏡框上圍著金色哈達。照片下面有張很高的方桌，照片就掛在方桌正中，兩邊各擺著一個精緻的磁花瓶，裡面插了一大束塑膠花。桌上橫放幾條哈達，哈達上放著一堆信徒們留下的鈔票。一個僧人坐在方桌一側的地板上，正在低頭誦經。

我輕輕走近方桌，細看黑白照片，不由悚然一驚：這是一張達賴喇嘛青年時代的肖像照。照片上的達賴喇嘛神情憂鬱，看上去約二十來歲，我猜想是他出走之前或剛出走不久後拍攝的照片。這時我才注意到，房間裡放著的不是方桌，而是一張法座。法座的靠背上掛了一條印著吉祥八寶的金色哈達，墊子上覆蓋了一層層哈達，一幅十字金剛杵圖案的精緻織物垂在法座前，擋住了座椅正面，使它一眼看上去像張方桌。達賴喇嘛的照片是安放在這張法座上，而非掛在牆上。法座兩邊的牆上掛了兩幅護法神唐卡。

幾分鐘後，僧人停止誦經，男青年在法座上放了一張鈔票，兩人轉身離去。僧人放下鈴鼓，站起來，面無表情地看了我一眼。

我走過去，輕聲問他：「你們寺院裡怎麼會有這張照片？」

僧人神色一變：「你知道這是誰嗎？」

「當然知道。」我說：「我見過他很多次，去年還在印度採訪過他。」

僧人問我：「你是台灣人？」

「我是大陸人。」我回答：「不過已經在美國住了很多年了。我認識你們的仁波切。」我說出仁波切的名字。

僧人看了看里間的幾個遊客，輕聲問我：「仁波切好嗎？」

「很好，很健康，也很忙。」

僧人神色淒然：「他走的時候，我還很小。他在的時候，寺院紀律很嚴，現在……」他歎了口氣，不說了。

「這張照片在這裡放了很久嗎？」我問。

「應該很久了吧，什麼時候放的不大清楚。」僧人說。

「上面知道嗎？」

「應該知道吧，反正沒人說不可以放。」

「別的殿裡有嗎？」

「沒有。這裡很少有人來。」

正說著，裡間的遊客走出來，一個中年男人拿著一串念珠，請僧人加持。僧人接過念珠，對著它念了幾句咒語，交還給中年男人。他拿著念珠轉身出門，完全沒注意到法座上的

圖10-3：某寺院一個偏殿裡的青年達賴喇嘛像

照片。與他一同出來的女人漠然地瞟了一眼照片，沒有任何反應。

「到這裡來的人知道這是誰的照片嗎？」我問僧人。

「藏人當然都知道。」他說：「蒙古人也知道。剛才那兩個是內蒙來的。漢人大多數都不認識他。」

如果對藏傳佛教象徵系統有所了解的話，不難看出這間小屋所有的一切所包含的意義。這是一種獨特的語言，它以象徵的形式表達出極豐富的內容。

寺院並不是寺廟

在藏區旅行，不可能不看寺院，不可能不注意到藏人對寺院和僧侶的崇敬、尊重和愛護。不僅是因為寺院總是建在當地最好的地理位置上，有著藏區最優美的景色，最壯觀的建築，更因為寺院體系是藏區社會生活的骨架，是千年藏文明的物質載體，是藏文化的結晶。而對我這樣的藏史研究者來說，寺院是當代藏區變革的體現和象徵，藏區的寺院就是一部藏區史書，寺院的每一座建築，每一堵牆，每一個經輪，都有故事，都是歷史。

五十年多前，藏區的寺院幾乎全部被摧毀，如今，藏人在艱難地重新修復他們的寺院，而中國政府對藏區最不放心的也是寺院。對寺院的這種懷疑和敵視，很大程度上是源於漢人對藏區寺院系統的誤解。

對漢人來說，藏區的寺院就相當於漢地的佛教寺廟。H下去問路，回來說在這裡問寺廟人家聽不懂，要問寺院。這一字之差，說明了藏區寺院和漢地廟宇的巨大區別。藏傳佛教的寺院，有組織良好的層級和網狀體系，就像現代社會的小學、中學和大學體系一樣。藏區寺院的重要功能是藏文化的教育和傳承體系。

通常，人們把佛教列為世界三大宗教之一，於是也就把佛教視為和基督教、伊斯蘭教一樣的一種信仰，佛陀對於佛教徒，就像耶穌基督對於基督教徒一樣。我們漢地的多數佛教徒大概也是這樣認為，佛教是一種宗教信仰，關鍵是你要信，信則靈。達賴喇嘛尊者卻在他的講經中一再強調，佛陀和佛教的諸多高僧大德是反對盲信的。當佛陀三轉法輪，傳授他的教導的時候，他同時要求他的弟子和追隨者們用觀察和思考來檢驗這些教導，保留能夠得到證明的知識，放棄被證明是不實的或謬誤的結論。所以，佛教和其他主要宗教不一樣的，不僅是佛教沒有一個至高無上的造物主，沒有關於創世的信仰，而且佛教要求佛教徒要具備知識，在知識的基礎上建立起信仰來，而非盲從盲信。知識是需要學習才能得到的。

我在採訪達賴喇嘛的時候，達賴喇嘛告訴我，在佛教兩千多年的歷史潮流中，藏傳佛教特別強調知識和學習。藏傳佛教寺院裡喇嘛的學習量和學習強度，遠遠超過漢地佛教。對於藏傳佛教來說，佛教與其說是一種信仰，不如說是一套知識體系和修行生活方式。我們有句俗話「小和尚念經，有口無心」，在藏區卻沒有這種說法，因為藏傳佛教寺院裡的辯經學習方式，使得有口無心、濫竽充數都混不過去。

藏人把佛、法、僧視為三寶，到現在很多家庭還是要把家裡最聰慧、最出色的兒子送到寺院裡出家為僧，大多數寺院都有固定的村寨或部落作為僧源和供養的來源。藏人一般都不會把供養寺院看成是一種額外經濟負擔，他們的孩子就在寺院裡學習，經過考試漸漸成為受人尊敬的高僧，而這些高僧就是藏文化的資深學者。一個年輕人從入寺學習到獲得藏傳佛教的最高學位，需要經過十幾二十年的勤奮學習，而藏民族的所有文化積累，從文字書法到天文醫學，都是在寺院裡得到保存和傳承的。這一點和漢地的佛教廟宇有很大的不同。寺院在藏人日常生活中的地位與作用，也是漢地廟宇無法比擬的。今日到藏區旅遊的漢人，大多並不明瞭兩者的本質區別。

了解了這一事實，就不難理解，為什麼一九五八年的「宗教改革運動」和文革中的搗毀寺院，對於藏人是如此痛心疾首，如此刻骨銘心。這樣做，對藏民族的打擊就像釜底抽薪，比秦始皇的焚書坑儒有過之無不及。

作為一個研究者，當我在現場面對這些曾經輝煌的寺院廢墟的時候，不由得會想，當年的中共決策者和下面的執行者，是以一種什麼樣的思想和邏輯來組織和施行如此大規模的毀滅行動？他們跑到別人的家鄉，毀掉別人視為最珍貴的東西，為什麼還能那麼理直氣壯，毫不愧疚？他們那時是怎麼想的？他們下手砸毀藏人視為神聖的佛像的時候，焚燒藏人精心保存的經典的時候，他們的手，可曾有一瞬間的顫抖？

我不知道。到現在為止，我還沒有讀到過當年的決策者和執行者的反思和懺悔。但是，二十世紀佛教所受到的最大的暴虐和毀滅，從蒙古到柬埔寨，全部發生在共產主義政權之下，不得不讓今人注意到，這種以國家政權組織的反文明行動，是和共產主義的意識形態、共產黨人的思維方法、價值體系，以及由此為依據的行為原則聯繫在一起的。這種思維方式簡單地說就是：「真理只有一個，現在在我手裡」。從這種思維方式出發，全世界共產黨政權的行為，無不帶上法西斯的特徵：毀滅一切與我不一致的東西。

現在，在很多漢人的眼睛裡，藏民族仍然意味著落後。半個世紀前搞「宗教改革」，認為藏區寺院是落後時代的遺留，是早晚要掃進歷史垃圾堆的。現在搞牧民定居，也是認為遊牧生活方式是落後的生活方式。曾經的中共中央總書記江澤民到漢地的寺廟裡，說到打坐有益於身心，表示出對佛教的讚賞，可是在另一個場合，卻對海外媒體表示無法理解西方對藏傳佛教的推崇。他顯然不知道藏傳佛教作為一種知識體系和修行方式的寶貴價值。問題是，當政治家掌握了權力的時候，本來理應心懷謙卑，小心使用權力，不要傲慢地放縱自己的無知，甚至使用國家權力來改變他人的生存方式。

一九七二年，美國聯邦最高法院大法官沃倫．柏格在關於阿米緒人生活方式的案件中寫下的文字，可以作為半個世紀以來藏區佛教寺院遭遇的一個對照：

我們不可忘記，在中世紀，西方世界文明的很多重要價值是由那些在巨大困苦下遠離世俗影響的宗教團體保存下來的。沒有任何理由假設今天的多數就是「正確」的而阿米緒和類似他們的人就是「錯誤」的。一種與眾不同甚至於異樣的生活方式，如果沒有干涉別人的權利或利益，就不能僅僅因為它不同於他人就遭受責難。

第十一章

尋找果洛的記憶

憑著一點點信息，我找到了他

我並不認識達傑先生，但一連串的偶然使我與他結緣。

二〇〇九年，我在印度達蘭薩拉做歷史訪談時，在一位朋友家看到《果洛見聞與回憶》這本書，作者是前果洛藏族自治州州長達傑。達傑是青海化隆縣人，他在果洛工作、生活了大半輩子，從久治縣紅旗人民公社的大隊長升到果洛州長，經歷了一九四九年之後果洛所經歷的一切。研究果洛地區一九五〇年之後的歷史，達傑州長的回憶錄是重要的歷史資料。我對一九五〇年之後果洛歷史的研究，就是從這本書開始的。

回到紐約後，有一天我意外地接到一位藏人讀者打來的電話。這位讀者恰好是果洛人，而且與達傑州長有點親戚關係。他說他設法把我所著的《一九五九：拉薩！》這本書送了一本給達傑州長。達傑州長注意到我引用了他回憶錄裡的一些資料，很高興那些資料對研究那段歷史有所幫助。他還說，如果我打算深入研究果洛的話，達傑州長願意為我提供一些信息。

我請這位讀者問達傑州長，我是否能去拜訪他，得到的答覆是：「那個作家什麼時候來，我什麼時候見。」他還說達傑州長願意告訴我一些他的回憶錄裡沒有寫到的情況。

到青海省會西寧市的第二天，我就張羅著要J帶我去找達傑州長。

可是我不知道他家的地址，也不知道他的電話號碼。那位讀者只給了我「南川西路」這個街名和一個大致的號碼。我在衛星圖上搜索，發現這個號碼是個商業性建築，前果洛州長不可能住在那裡。離開紐約前，我打電話給這位朋友，告訴他我很快會回國探親，他說那段時間他也在國內。我問他是否能幫我找到達傑州長的電話號碼，他在電話那頭吞吞吐吐，言詞閃爍，繞來繞去我終於明白，他認為電話聯繫不安全，最好直接去敲門。可是我要敲的那扇門到底在哪裡，他還是說不清楚，只說我到了達傑州長家，不必說是他介紹的，只要說出我的名字就可以了。

我把這個情況告訴J，她說幫我打聽一下。我叮囑她設法在藏人圈裡打聽，在西寧的藏人圈子裡，前果洛州長應該是位知名人物，總不會沒有人知道他住在哪裡吧。

過了幾天，J告訴我打聽的結果：說起達傑州長，她的漢人朋友都一頭霧水，但在藏人圈子裡問，人家都聽說過「達傑州長」，可是都不認識他，也不知道他住在哪裡。各種各樣的「尋人建議」裡，只有一個建議比較靠譜：根據慣例，高海拔地區工作的幹部退休後，通常是住在西寧，政府為他們修建的休養所裡，這是一種特殊待遇。因此，我們應該去找果洛幹休所。找到幹休所，即使他不住在那裡，一定會有人知道他的住處。於是我們開始第二輪打聽。資訊很快就有了：果洛幹休所具體位址不詳，但可以確定是在南川西路某個地標性建築附近，到那裡問附近居民，應該能找到。

一天上午，我們開車去尋找達傑先生。到了南川西路那個「地標性建築」一帶，問了好幾個人，終於找到了果洛幹休所。

幹休所是個灰磚牆圍著的院子，裡面有幾棟灰磚樓房，大門上除了門牌號碼沒有任何標誌。車開到門口，看門的大爺走出門房，問我們找誰。J說找達傑。看門大爺說沒有叫達傑的人住在這個院子裡。J問他是否知道退休的果洛州長達傑住在哪兒，看門大爺說不知道。J問他這兒是不是果洛幹休所？看門大爺說是，不過果洛幹休所有三個吶。他叫我們上另外那兩個去打聽。大爺告訴J另一個果洛幹休所的地址，我們上車，直奔第二個幹休所。

這個幹休所也是個磚牆圍著的家屬院。到了門口，J下車問門房達傑是不是住在這裡。

「達傑？」門房也是個退休老人，他皺著眉，好像在腦子裡搜索本院居民的名字。「好像沒有叫達傑的人。是果洛的嗎？」

「他原先是果洛州的州長，退休了。」J說。

「你們找達州長啊！」門房說：「他是住在幹休所，不過不是這個，他住那邊那個院子。」

J問他「那個院子」在哪裡，門房說很近，不用開車，車放這兒，走過去就成。我們謝過他，剛走了幾步，門房大爺追上來：「我領你們過去！」

我們跟著看門大爺返回大街，鑽進另一條巷子，一進去就看到一個圍牆圈著的院子，大門左邊有個門房。領我們去的大爺說：「就這兒，你們問看門的達州長住哪個樓就行了。」

看院子的老人從門房裡走出來，剛要開口，一個剛走進院子的人聽說我們找達州長，指著第一座樓房說：「達州長就住那兒！」

門房看了一眼我們車上南方某省的車牌，挨個兒打量我們一遍，然後問我們從哪裡來，找達州長有啥事？J反應迅速地說我和H原先是達州長的部下，調回內地了，路過西寧特來看望老領導。門房指著那座舊樓房說：「那邊門洞進去，三樓，右邊。」

院子是我很熟悉的機關幹部家屬院，樓也是我很熟悉的集體主義式的樓房。三樓右邊的門緊閉著。

我輕輕敲門。

門開了，一位滿頭白髮，身材高大，面容清矍的老人站在門口。

「您是達傑州長嗎？」我問。

「我是。」老人說。

「我是李江琳。」我說。

「歡迎！歡迎！我一直在等你！」達州長有力地握住我的手。

往事不堪回首

在客廳裡坐下，達州長先對我道歉，說二〇〇八年「三・一四」事件後，各藏區的老幹部都被列入監控範圍，他們家裡的電話和手機都被監聽，所以他沒有把電話號碼給我。他說連老朋友之間在電話裡說話都很小心，大家都感到很壓抑。

達州長看上去精神很好，他說流利的「西北腔」漢語，還帶著濃重的藏語口音。

我也向他道歉，說我未經允許就引用了他回憶錄裡的資料。他一揮手：「資料寫出來就是讓人參考的嘛！」

我向他道明來意：我對一九五六至一九六二年的青藏高原祕密戰爭研究初步完成，所寫的專著已在台灣出版，但我並未停止對那段歷史的研究。青海藏區是那場戰爭中傷害最大，人口損失最多的地區，大量的史實和細節尚待挖掘。我想問他一些相關細節，同時也想了解一些青海藏區的現狀，特別是有關環境破壞和牧民定居的情況。

「這些都是敏感問題。」我說：「如果您覺得不方便說，我完全理解。」

達州長朗聲一笑：「我已經八十歲了，有些話現在不說，什麼時候說？」於是談話就從一九五八年的果洛開始。

在研究那段歷史過程中，地方誌是重要的資料來源，但地方誌在出版前都經過層層審查，許多細節語焉不詳，甚至有偽造之嫌。比方說，在《久治縣誌》中，有關一九五八年的軍事行動只有這樣一段記錄：

一九五八年五月十五日，康賽部落局部地區在少數牧主的策畫下，抗拒成立智青松多公私合營牧場，掀起武裝叛亂。隨後，康干部落也裹脅群眾加入叛亂。

瑪曲匪首蘭木貢、阿喬帶領齊哈瑪等地區匪眾約八百餘人，竄入久治，與康賽、康干匪眾七百餘名相呼應。叛匪先後燒毀區政府房屋、傢俱，搶劫區上物資，並揚言要圍攻縣城。各區政府人員因事先轉移，未受損害。

七月二十二日，人民解放軍騎一師奉命星夜趕至久治，二十三日拂曉向叛匪發起攻擊。在久德松多、吉黑柔山兩次戰鬥中殲滅了叛匪主力。八月上旬，全縣叛亂基本平息。

一九五九年一月，叛亂平息。平叛中解放被叛亂分子裹脅的群眾一千六百四十人，繳獲步槍一千零一十七枝，子彈四千一百三十五發，刀具二百三十四把，長矛五十二把。

達傑州長在回憶錄裡寫了康賽部落「叛亂」的詳細經過，與上述描述大不相同。當時他在久治縣日慶區工作，他說在此期間，康干部落並沒有發生「叛亂」，康賽部落雖然抵制了合作化，但矛盾的激化與當時久治縣長的處理方式脫不了干係。

「久德松多」即久代松多，在那裡發生的戰鬥是騎兵一師在久治的第一戰，可是《久治縣誌》的記錄中沒有記錄騎一師的「戰果」。達州長的回憶錄裡說，騎一師打了兩小時，「俘敵六人，打死打傷七十二人」。

我問達州長那些「叛匪」是什麼人？久代松多戰鬥裡死傷的七十二人是什麼人？「什麼叛匪，都是牧民嘛！」達州長說：「死傷還不止七十二人。」

他說當時參加清理戰場的一名久治縣幹部告訴他，在那場戰鬥中，騎兵一師部隊對牧民的帳房發射迫擊炮，造成九十多人傷亡。死傷的全部是婦女兒童，其中有十五、六名受傷者被棄之不顧，任她們自生自滅，結果傷者全部死在當地。

他告訴我，當時久治縣的三大部落中，康賽部落頭人康萬慶在成都，哇賽部落頭人俄合保被控制在縣裡，他本人就負責「陪伴」幾個被控制在縣裡的「民主人士」。在軍隊未進入久治縣之前，當地並未發生武裝衝突。一九五八年，果洛被定為「全叛區」，也就是說，軍隊進入果洛後，那裡的藏人全被當成「叛匪」對待，士兵們可以格殺勿論。投降的人呢？雖然高層規定了「四不政策」（不殺、不關、不判、不鬥），但並未執行。久治縣的投降人員不久就被全數逮捕，關進監獄。

我問達州長是否知道青海河南縣的「柯生托洛灘圍殲戰」？那場戰役是一九五八年青海藏區的主要戰鬥之一，兩方資料都證實那是一場相當激烈的戰鬥，但相關資料中均未透露解放軍的死傷人數。達州長說，據他所知，在柯生托洛灘戰役中解放軍死傷人數為一百零五人。那場戰鬥也是騎兵一師打的，剛開始進去三個團，但遭到蒙、藏部落武裝的激烈抵抗，後來又派了一個團增援。達州長還說，騎兵一師師部被部落武裝包圍，差點被端掉，緊急調了一個騎兵連去解圍，才把師部保下來了。

我想起在瑪曲前往河南的途中，我站在瀟瀟冷雨裡眺望黃河灘。意圖渡過黃河，奪路逃生的近萬蒙、藏牧民被騎兵一師包圍在黃河灘上，為保護家人，憑藉土槍、腰刀、長矛的部落武裝背水一戰，死傷慘重。那場大戰的細節至今十分稀少，公開資料中只有幾個數字，而軍方資料也許永遠不會解密。

關於對久治縣牧人的大逮捕，達州長告訴我，逮捕並不僅僅限於一九五八年。仗打完後，為了「防叛」，上級下指標抓人：「十八（歲）以上，六十（歲）以下的，除了生產隊的會計，當會計的和尚……當時僧侶不是要還俗嗎？我們培養了一些會計、統計人員，再一個是民兵，再一個是基層隊幹部，（除了）這樣的人以外，基本上都是要抓起來的。什麼牧主，什麼富牧，什麼貧牧，不管。只要你是男性的，你的年齡在這個階段的，都是想辦法把他抓起來。後面還到五九年、六〇年、六一年還抓，那就是民主改革的補課，民主革命的補課。」

如此「補課」的結果，抓得新成立的公社裡連放牧的人都不夠了。達州長告訴我一個他沒有寫進回憶錄的故事。當時他在久治縣紅旗人民公社擔任大隊長，上面下來抓人指標，各生產隊長到公社開會，公社書記要他們報告自己的大隊能抓多少人。

我當時說，我那個大隊原來已經抓了好多人，剩下一些老人、婦女、小孩，再下來就是一些駐村幹部，當民兵的以外，沒有什麼可抓的。我說：「這次沒（人）可抓。」可是，公社裡的人卻說我們大隊還有個年齡十九歲的人，應該抓起來。

我想了想，說：「他還不滿十八歲，才十七歲呀。」

「那他不是還有一個哥哥在哪裡嗎？」

我說：「這一家男的已經抓走了三個人。他那個哥哥沒有什麼活動啊，我們找不出他有逮捕的理由啊！」

「哎！」公社書記就問了：「那他那個家裡已經抓了三個人，他能滿意嗎？」

其他大隊有個藏人幹部說：「那當然不滿意啊。你家裡抓了人你還滿意呀？你還高興呀？」

「那就抓嘛！」

就把那個人又抓走了，只剩下十七歲的那個沒抓。這個例子就是這樣。所以人抓得害怕啦，大家都非常恐慌。說錯話，什麼脖子上戴個念珠啊，什麼家裡點個酥油燈啊，還有磕長頭的啊，這些都不能，都是不允許的，那就是要抓的理由，說你還搞迷信活動？

正說著，達州長的妻子拎著熱水瓶走進客廳，在我們的茶杯裡添上熱奶茶。達州長的原配妻子已經去世，這是他的第二位妻子。一年前在達蘭薩拉，我遇到他已故妻子的弟弟旦曲白桑，並且採訪了幾個小時。旦曲白桑告訴我關於他姐姐的一段傷心往事。他的姐姐曾有意中人，兩人結婚僅僅一周，姐夫就被抓走了。不久後，為了「統戰」，領導要求當時還是年輕幹部的達傑與旦曲白桑的姐姐結婚。

「那時候，我姐姐天天哭，媽媽也哭。」旦曲白桑說。婚禮的那天，十一歲的旦曲白桑不肯去，大家拉他去，「我抓起一隻茶杯，狠狠摔在地上。」幾十年後提起這件事，旦曲白桑依然很難過。「我那個姐夫，我從小就認識他，相處那麼多年，有感情了。姐姐結婚才一個禮拜，姐夫就抓走了，不知死活，又要我姐姐嫁別人！」那個被抓走的牧人從此音訊全無。那些年在藏區，無數牧人就這樣人間蒸發，誰也不知道他們的下落。

我對一九五八年政府在牧區推行的「帳房街道化」十分不解。將各部落的牧民集中在一個地點，讓他們把帳房和牲畜都集中起來，這樣做明顯是違背畜牧業的生產規律的。達州長在回憶錄裡說，當時的久治縣康賽部落改成了紅旗人民公社，康賽所轄的十多個小部落變成四個大隊，把牧民全部搬遷進大山溝，按順序集中在溝裡。這樣做到底是為了什麼？

「因為要成立食堂嘛，成立了食堂，帳房要集中。」達州長說：「再一個是害怕群眾跑唄，實際上是一種控制。」

牲畜集中放牧，還限定放牧地點，不准離開規定的範圍，怕牧民們趕著牲畜跑了，或者與抗拒合作化，尚未投降的部落聯繫，為那些部落提供方便。大規模合群放牧當時是作為「社會主義優越性」來宣傳的。達州長說當時他親自去向牧民們宣傳，說：「過去是一家一個放牧員，那現在一個二、三十戶的，幾個放牧員就夠了，這不是二十八、九個勞動力嘛，生產力就解放了。」當然，這種「優越性」的結果是大饑荒，在達州長的回憶錄裡，牧民們稱之為「吃草的日子」。

牧人與草原共同的災難

我告訴達州長沿途看到的牧民定居點，問他草原環境破壞是從什麼時候開始的？我讀過的資料顯示，甘青草原的環境破壞與一九五〇年代末的移民開荒有關，除此之外，是否還有其他原因？

談起這個話題，達州長顯得心情沉重。他說青海牧區開荒是從一九五九年開始的。一九五八年他們還顧不上開荒的事兒，一九五九年，上級下達開荒任務，要求他們糧食自給。

「那時候就是有這樣一說：『不怕你做不到，就怕你想不到；只要你能想到，你就能做到！』」達州長說：「要敢想敢做，還要放衛星、大躍進，那一整套東西，當時是這麼個情況。再就是要大開荒。」當時達州長是一個生產大隊的副隊長，到州裡開四級幹部會議，上級布置要開荒。他知道牧區是不能開荒的，由於氣候寒冷，莊稼可以種，但不會有收成。可是公社書記、縣委書記全在「放衛星」，基層幹部們都不敢說實話。

幾十年後，達州長反思當年，認為公社書記們並不是沒有一點實際知識，而是由於恐懼：「可能就是當時害怕反右派，反右傾機會主義，反怕了。所以你說能做到，我也說能做到；你說今年糧食能自給，我說不需要一年。就這樣，開荒！我們那裡，整個牧區，我們久治縣名義上可耕種的草場開過了以後，最後集中到阿萬倉對過，那個地方氣候稍微溫暖一點。河南支邊青年調過來以後就成立國營農場，各公社也集中在這個地方開荒種地。那時候我受的苦真是難以形容啊！」

當時到果洛「支邊」的河南青年有約一萬人，以軍隊建制在果洛牧區開荒。回憶起那些河南青年，達州長歎道：「那些河南支邊青年，那簡直跟勞改犯一樣！所以藏人對這些河南支邊青年很同情。」

那些河南青年有許多沒有活過大饑荒，到一九六〇年代初，牧區開荒種糧的決策者們終於承認，用「人海戰術」來與天地奮鬥是枉然的。大躍進期間建立的國營農場有的改成勞改農場，有的乾脆撤銷，倖存的河南青年集體返回家鄉，留下了大片被掀掉草皮的草原，這就是草原沙化之始。

達州長告訴我，對草原生態最大的破壞不僅是開荒，還有大規模、長時間的人工滅鼠。滅鼠使用的是劇毒的滅鼠藥氟乙醯鈉和磷化鋅。從一九六〇年代初到八〇年代中期，草原滅鼠就是用這些如今已經被國家嚴令禁止的劇毒滅鼠劑。

「開始滅的時候確實效果好，老鼠死的比較多。」達州長說：「慢慢地，這些劇毒藥品有二次中毒，還有三次中毒的情況都發生了。老鼠吃了以後，老鼠的那些天敵，就是說，吃老鼠的鷹啊、狐狸啊、黃鼠狼啊，它們也滅了。牲畜到灑了磷化鋅的草場上吃草也中毒。而且這個東西一年，兩年，一年又一年地進行，下達指標，下達任務。老鼠滅了，老鼠的天敵也滅了。但是老鼠不可能百分之百地滅掉。滅不掉以後呢，老鼠的繁殖力高啊，繁殖力高了以後，它又沒有天敵把它控制起來。」

後果可想而知。

「這樣以後老鼠大氾濫，老鼠把露出地面的草吃了，而且把草根都吃了。那個老鼠洞，遍地都是啊！一些原來是高草的區也沒有草了。沒有草了老鼠更厲害。」達州長說。

歷史上牧民並不刻意消滅老鼠，而是利用老鼠的天敵來控制它們的數量。對於這種導致二次、三次中毒的方式滅鼠，牧民很不滿意。但是，達州長承認，幹部們一直壓制群眾：「什麼東西都搞群眾運動，滅鼠也搞群眾運動，搞『打殲滅戰』這些子東西。組織幾十人，幾百人到那裡，說正在滅鼠啊，上電視啊，一宣傳，上面的，高層的領導人物一看，很紅火啊！你們搞得很不錯啊！滿足啦！實際對這裡面的弊端，群眾是不是真的樂意去做，效果如何，究竟該怎麼辦，他們不知道這一切，也不知道情況。」

達州長說，這樣的滅鼠是繼開荒之後對草場植被破壞最嚴重的事情。一九八〇年代以來，草原生態破壞又增加了新的因素：開礦。

談到這個問題，老州長眉頭緊皺：「礦產資源開發缺乏計畫性和科學性，不顧環境破壞隨意開發。還開發神山，這對信仰宗教的民族來說是不可思議的。我們祖祖輩輩住在這裡，從來不動神山，現在上面卻讓外地人開發，群眾認為是漢人做的，不僅造成環境破壞，還影響民族關係。果洛德爾尼銅鈷礦的開發，污水沒法排出來，造成環境污染。」

我問達州長關於挖蟲草的事兒。他回答說，挖蟲草也是個問題：「很多地方的牧民主要不是靠放牧，而是靠挖蟲草生活。有些牧民把分給他們的草場包租給外地來的老闆，收一年租金，老闆雇人隨便挖蟲草，對草場生態造成較大破壞。」

「聽說蟲草資源也在減少。」我說。

「是在減少。」達州長說：「現在阿壩那邊的人都到果洛、玉樹一帶來挖蟲草了。」

「蟲草越來越少，要是有一天賣蟲草的收入不夠維持生活，草場又遭到破壞，牧民怎樣維生呢？」我問他。

達州長憂心忡忡地回答：「這是個大問題。很多牧民只管現在，不想將來。這個問題目前很難解決，制止又不行，跟群眾造成對立。目前來說沒有辦法。」

我想起二〇一〇年在西寧遇到的一位藏人幹部，他告訴我，他工作之餘與一個北京商人合作做蟲草生意。我問他蟲草到底有什麼醫學價值？

「不知道。」他說：「我從來沒吃過。」

那些炒賣蟲草的外地老闆和相信蟲草「大補」的消費者們是否知道，草原生態破壞並不僅僅影響局部地區，最終他們自己也將成為受害者？

如今草原大面積沙化已經成為一個不可迴避的現實，政府的應對方式是禁牧和限牧。對於牧民來說，這是一個災難性的決策。一方面是人口增加，另一方面卻是禁止或限制放牧，牧民們何以維生？

達州長說：「現在就住到牧民定居點。我不讓你養牲畜，你的牲畜養到很少的程度，很少的一個數量，這樣以後咋辦？我給你一些定居點，你到定居點去住的話，每家給你一點補助。補助性的，給你一點。這樣以後，牧民裡面也有一些人學一門技術，開車啊，拉貨啊。有些人做縫紉，搞這個也有。但技術的培訓跟不上，（有些地方）甚至還沒有。沒下功夫去解決。這部分人咋辦？」

年輕人無所事事，普遍存在酗酒、鬥毆的情況。一些老人孩子出去撿破爛，「在垃圾箱裡翻來覆去，翻來覆去，有的人沒有吃的，垃圾裡面有些食物的話，他去吃那個。」達州長說著，沉重地歎了口氣。

宣傳上一直說對定居的牧民們進行職業訓練，幫助他們實現職業轉型。對此，達州長說，職業訓練是一個細活，需要長期努力。「但是，這就是我們說的『先積後贏』，這個成績出得慢唄，這一種成績你這一屆感覺不一定是你的成績，成了下一屆、再下一屆的成績，所以一些人認為，他這一屆出成績的事情要幹，下一屆，再下一屆出成績的事，不引起注意。」

那麼，牧民對定居怎麼看？

達州長說：「有一些老牧民，牲畜一再地往下壓，壓，壓，減少，賣給販賣牲畜的人，他們心裡難受啊。我們祖祖輩輩靠的是牛羊嘛！靠這個來生存，來發展。我是草原上的牧民，離開了草原，畜牧，就是牛、羊、馬，我們沒有其他的本事。意思就是說，我們生存的能力太弱了，我們祖祖輩輩就這麼過來。再一個，他們說老天爺給我們安排的也是這麼些地方，我們在這個地方住，我們不住到城裡面去。我們就是有我們自己的一種光明的前景，我們發展，我們很自由，我們樂意這樣生活。偏要改變我們的生活習性，生存條件，那你開始的五年是國家體制，再過五年咋辦？再過五年誰給我們體制啊？一旦不能解決，我們還不死？我們成了乞丐了嘛，我們成了名副其實的乞丐。我們的下一代咋辦哪？他們就是考慮這個問題。」

一路上看到那些定居點，我一直有點疑惑：牧民定居除了「保護生態」這樣一個堂而皇之的理由之外，是否還有便於控制牧民的因素？

達州長說，雖然沒有公開說，但這個因素確實存在。幾年前他在海南州就聽牧民中流傳一個說法：如果再發生一九五八年那樣的事情，我們跑不掉，一顆炸彈就解決問題了。

也就是說，「有關方面」如果認為牧民定居便於減少「不穩定因素」的話，未來的情況很可能恰好相反。

「『藏獨』變成一個章子，到處蓋！」

我問達州長：「您認為目前藏區最嚴重的、亟待關注的問題有哪些？」

他說：「我認為最嚴重的問題是監控『藏獨』。」達州長說：「『藏獨』成了一個章子，隨便敲，弄得藏族幹部人心惶惶。一旦被戴上了『藏獨』這頂帽子，就成了像文革中的『牛鬼蛇神』那樣，各方面都受影響，不得翻身。」

這樣一來，為了避免被扣上「藏獨」這頂大帽子，一些藏人幹部表現極左，對自己的同胞極壞，他們參與監控，為了符合漢族幹部的想法，任意指定監控對象，有時甚至是為了報私仇。「被群眾認為是

『漢人的狗腿子』。」很明顯，在藏區，「幹群關係」十分緊張。「連我這樣的幹部，有些群眾都說是……你們漢人叫『漢奸』，一些群眾叫我們『藏奸』。」達州長說。

第二個嚴重問題是宗教問題。談到這個問題，達州長有點激動，看得出來，他內心很不平靜。他直言不諱地說出對藏區宗教問題的看法。他認為藏區的宗教問題有兩個方面：「一是搞維穩把一些大的，在藏地有名的，多多少少出過一點事的寺院作為監控寺院，把其中有學問的，有影響的僧人作為危險分子監控起來。這些寺院監控後，寺院裡所有的僧人心裡壓力很大，他們心裡能舒服嘛？加上自從五〇年代以來，歷次運動都以寺院為目標，僧人一直提心吊膽，每次出事先包圍寺院，抓捕控制僧人。」

他告訴我，二〇〇八年「三．一四事件」後，政府宣傳說在寺院裡發現武器。「你知道那些武器是什麼武器？」我點點頭。

「那是原先打獵的藏民發誓不殺生以後交給寺院，表示『金盆洗手』，以後再不打獵殺生了，然後把獵槍啦，刀啦交到寺院裡。電視宣傳拿這些當『藏獨』的證據，漢族看了信以為真，藏族看了當成笑話。『寺院武器』是一種誣陷，是在製造問題。」達州長說。

在藏區寺院，通常是護法神殿裡，時常會看到這樣的「武器」，通常是獵槍、腰刀、長矛之類，而且在護法神殿裡掛了很長時間，早已不能使用。對於了解西藏文化的人來說，這並不奇怪，但這些「武器」被政府拿來做政治宣傳，在不了解其特定文化環境的人們心目中，就造成了全然不同的印象。

「人是要講『以心換心』的嘛，像這樣抓把子，找岔子，怎麼能讓藏族心服呢？」達州長繼續說：「在寺院裡搞『寺教』（按：即「寺院愛國主義教育」）活動，批判達賴喇嘛，是千不該、萬不該的事，不僅不能割斷跟達賴喇嘛的聯繫，只會增強達賴喇嘛的威信，增強群眾的宗教感情。漢族武警、幹部在寺院裡把達賴喇嘛像丟在腳下踩，老百姓、僧人看著，嘴裡不敢說，心裡能不憤怒嗎？」

在信息時代，政府已經不能完全壟斷信息。很多時候，民眾比官員知道得更多。達州長對我說：

「現在的社會不像以前那樣封閉，通過電腦、廣播，還有那個『鍋』（按：衛星接收器），在牧場上安上一個『鍋』，牧民就能看到國外的電視，聽到國外的藏語廣播，達賴喇嘛在外面做什麼，說什麼，群眾比幹部更清楚，欺騙宣傳沒有用，反而起反作用，群眾很反感，說政府說謊騙人。」

可是，這種欺騙宣傳對漢人相當有效。這些年來，在中國內外我遇到過很多人，他們對藏區的歷史和現狀一無所知，卻堅定不移地相信西藏「自古以來是中國的一部分」、達賴喇嘛是「分裂分子」等等。每一波這樣的宣傳都會引爆漢人的民族主義情緒，這樣的情緒反過來又造成藏人的強烈反感。幾十年來，藏人沒有話語權，他們無法言說本民族的歷史和遭遇，也不能說出自己真正的感受，但是，這並不等於他們對這一切無動於衷。

達傑州長說，宗教問題的第二個方面是寺院教育。藏傳佛教有自己的一整套傳承和教育方式，有自己的「紮倉」體系。紮倉相當於經學院，有一套完整的制度。出家僧人在紮倉學習，從入門學到最高的拉然巴格西學位。一九五八年的「反封建運動」中，這套制度被廢除，目前只存在於印度流亡社區的寺院裡。

「人家既然出家，當然就是想要學經，爭取學到最高學位嘛！」他說：「五〇年代以來，紮倉一會兒關一會兒開，斷斷續續，沒法形成完整制度，僧人沒法接受完整的佛學教育。目前學位體系殘缺不齊，有學問的教師奇缺，年輕僧人在境內學經無望，拿不到拉然巴格西學位，只好去印度。十七世噶瑪巴為什麼跑掉？還不是因為在境內今天開會，明天活動，得不到傳承嘛！沒有學問對活佛的聲望會有很大影響，老百姓會看不起，不承認他們。」

他說佛教界人士最擔心的是後繼無人，現在很多大寺院都被重點監控，僧人的行動受限制。「他們心裡壓抑，積壓久了總有一天會發洩出來。二〇〇八年的事就是一次壓抑的總爆發。」

他告訴我，有一年他去拉薩，大昭寺到處是便衣，監視遊客和朝拜的人；還強迫掛家家戶戶掛國旗，成了「紅海洋」，就像文革那樣，一片紅。「這是形式主義！」他的語氣中流露出憂慮：「文革都過去這麼多年了，還在搞這樣的形式主義，搞什麼『紅旗村』、『紅旗家庭』。」

我問達州長：「據說有些地區有『吃藏獨飯』的現象，包括一些藏族幹部也是這樣，您認為這種情況是真實的嗎？」

達州長回答：「我聽到過這樣的說法：『藏獨分子統統槍斃以後，我們吃什麼？』」他大笑。他告訴我，協警辦案時，辦出了「藏獨」案子就立了功，可以從協警轉成正式警察，享受公務員待遇，因此協警為了自己的利益，也製造了一些冤案。他還聽說在「三・一四」事件中，解放軍士兵也有類似的想法。他們借機立功提幹，否則就要退伍回家。因此，有些人希望亂，越亂越好，他們可以從中得到好處。

這樣的情況由來已久。一九五〇年代的「平叛」過程中，類似的情況相當普遍。一九五六到一九六二年的戰爭中，無數藏、蒙、回、彝民眾的鮮血染紅了軍隊和地方幹部的一頂頂烏紗帽。一九八〇年代初胡耀邦主政時期，對那場「叛亂」平反的最大阻力來自軍隊和「平叛」過程中的「積極分子」。這些人後來占據了各級領導位置，否定「平叛」就否定了他們的「歷史功績」，也否定了他們升官的合法性。因此，「平叛」本身是不能平反的，最多只能承認「擴大化」。然而，卻沒有人為導致無數冤魂的「擴大化」承擔責任。

達傑州長告訴我，他不久前給中央遞交了一份報告反映藏區的情況，但沒有交給中央統戰部。他毫不隱諱地說出他對中央統戰部的不滿：「我們最希望的是中央制訂出符合藏區實際的政策，可是國家民委、統戰部等參謀部門沒有好的參謀人員，（他們）只懂吹拍，吹喇叭抬轎子，專門挑領導愛聽的話說，報喜不報憂。阿壩地區自焚事件發生後，統戰部長朱維群到阿壩去視察，我聽那邊的人說，朱維群對當地的幹部說：『自焚事件好處理，上下統一口徑，把自焚當邪教處理。』」

我恍然大悟：「原來是這樣！這次我到了阿壩州的部分地區，沿途看到一些有關『反邪教』的標語，一些村莊的村委會宣傳欄上還有藏漢雙語、圖文並茂的『反邪教』宣傳，我還奇怪，藏區反什麼『邪教』？」

「這就對上了。」達州長說：「這不是把藏區再次搞亂嗎？把藏傳佛教搞成『邪教』，這樣搞是要出大事的！」

他繼續說：「還有『西藏自古以來是中國的一部分』這個說法，這不符合事實嘛，什麼是『自古以來』？這種說法引起藏人反感。」

「我也認為這個說法過於模糊。『古』到什麼時代？史學上這是說不通的。」我說。

「國內敢說真話的人不多。」達州長說：「學者們不管是漢族還是藏族，寫的東西都是迎合性的，只反映片面的情況。」

這些年來，藏區各級幹部多次向中共高層遞交「上書」，但都是石沉大海。達州長說，他把報告寄給了某高層官員的辦公室，不久後，他收到辦公室寄來的回執，表示收到了，除此之外，再無下文。

在西寧，我三次拜訪達傑州長。在他簡樸的家裡，達州長留H和我吃飯，說要我們嘗嘗「道地的藏餐」。餐桌上放著一盆糌粑，一盆酥油，達州長遞給我一個小碗，往碗裡舀了一大勺酥油。他看著我往碗裡加了一點奶茶，用手把糌粑調好，捏成小團送進嘴裡，誇道：「不錯不錯，看來你已經習慣了我們藏人的吃法！」說著，他的妻子端上一大盤手抓羊肉，我抓了一塊，沾了點鹽，邊吃邊贊。達州長說這是天峻縣的羊肉：「是天然放牧的羊，現在這樣的羊肉不多了！」

離開西寧前，H和我去他家，把他要的資料給他，說第二年夏天我會再來西寧，下回我一定要設法去果洛和玉樹。達州長給了我幾篇他寫的文章，把不久前就當前藏區形勢給中央的上書給了我，還說我要去果洛的話，他將盡力幫助。

H和我起身告別，達州長要送我們下樓，我請他留步。老州長站在門口，目送我們走下樓梯。在拐角上，我回過頭，達州長站在家門口，微笑著對我說：「再見！一路順風！」

圖11-1：達傑州長

第十二章

折多河邊談古今

川藏南路第一鎮

康定城是甘孜藏族自治州的首府，一個非常有名的古鎮。我們回程時一路往南，遇到三一八號國道時，決定沿這條公路往西走一段，到康定去看看。

從成都經雅安、瀘定、康定到理塘，再到巴塘，在巴塘附近越過長江的上游金沙江，就進了西藏自治區。這條路就是歷史上著名的川藏南路。為什麼叫南路呢？因為在這條路的北方，還有一條東西向的路，經汶川、理縣、馬爾康、爐霍到德格，在德格附近越過金沙江進入西藏自治區，這就是現在的國道三一七號公路，亦稱川藏北路。北路進西藏後到達藏東重鎮昌都，然後南下，在邦達和南路會合，往西去拉薩。

歷史上，從中國內地去西藏首府拉薩，無論是清代的駐藏大臣，還是茶馬交易的商販駝隊，大多走的是川藏路。他們沒有很多別的選擇，如果不走川藏路，一般就走青藏路，即從青海省會西寧經格爾木到拉薩，也就是現在青藏鐵路的路線。青藏路在青藏高原上，相比之下雖然平坦一點，但海拔高，氣候嚴酷，路途遙遠。在沒有公路、鐵路的年代裡，對於漢人來說，青藏路更可怕。六十多年前，毛澤東決定占領西藏的時候，起初決定由彭德懷負責的西北局從青藏路進藏，但由於路途和季節的原因，不得不改變計畫，由在成都的西南局指揮從川藏路進藏。無論是青藏路還是川藏路，進藏的路都很不容易。在高海拔地區翻山越嶺，其艱難可想而知。道路條件和歷史上的技術能力，是決定漢藏關係的一個明顯因素，由此也可以推測歷史上的西藏和中原政府之間的關係。

川藏路是古老的商道。商人們從雲南、四川前往西藏，遠及印度，從事茶馬交易。馬幫駝隊的鈴聲，在川藏路上不知響了多少年。走川藏路，不是北路就是南路，川西的這一大片地區，只有這兩條線路是東西方向，順著河溝而行，其他地區均為一道道南北向的峻嶺。川西那些出名的城鎮，也都是在這兩條線路上，其中最具歷史地位的，就是康定。

康定在歷史上以「漢藏交界點」出名，康定以東為漢地，康定以西為藏地。康定是川藏南路上第一個藏人重鎮，「康定」這個地名卻是一個道道地地的漢人名字。「康」來自於這個區域的統稱，這裡屬於藏人稱之為「康」的地區，「定」則來自中原政府對這塊地方的最大願望：安定，太平無事。不過，康定這個地名是很新的，稍早一點的時候，這裡名叫「打箭爐」。這是一個很有武俠小說中西部邊塞風格的地名。

「打箭爐」這個地名來源於一個民間傳說。傳說三國時，蜀漢丞相諸葛亮帶兵到此，在此地設爐打造弓箭。可是這個傳說即使在本地也不怎麼流傳，史學界更不會採信，因為歷史上並無其事。藏人稱這個地方為「達折多」（Dartsedo），「達」意指經幡，「折」意指峰尖，「多」意指二水交匯，合起來的意思是「經幡下兩河交匯之處」。上世紀前五十年的中文文獻中，「打箭爐」是一個常用的名稱，這個名稱其實是漢文人對藏名「達折多」的誤譯。

中文文字有個特點，組成一個詞的每個漢字本身都是有意義的，象形文字本身又有文學形象，因此在音譯其他語言中的地名時，選用的漢字會頑強地表達自己的意思。當「達折多」音譯成「打箭爐」時，這個地名帶有「西部意境」，符合人們對蠻荒西部的想像，令人想起漢文古籍中關於「戍邊」、「定遠」之類的記載，以及民間文學中豐富的「西征」故事。不過，「打箭爐」和「達折多」在語音上近似，稍加探究就會知道，「打箭爐」在歷史上一直是個藏人城鎮。於是，當中原統治者武力征服該地後，就將之易名為「康定」。

康定現在是甘孜藏族自治州的一個縣，也是州府所在地。三一八號國道從雅安開始進入大山，過了二郎山以後，遇到大渡河，就順著大渡河北轉，這段公路是三一八號國道和二一一號省道併在一起。過了瀘定，有條湍急的河流從西面匯入大渡河，這條河有兩個名字，一叫折多河，一叫康定河。三一八號國道在此和二一一號省道分開，三一八號國道順此河繼續西行，穿過康定縣城。

在康定縣城裡，有條小河從北往南匯入折多河，這大概就是「經幡下兩河交匯之地」的兩河交匯。地圖上，和三一八號國道一同穿過康定城的這條河，在兩河交匯前標名折多河，交匯後則標名康定河。這個標名法頗具象徵意義，在交匯之前，康定以西，此河流經的是藏區，交匯之後，康定以東，就進入漢區了。

康定被稱之為「打箭爐」的時代，是名副其實的邊城。康定真正進入國人的視野，始於上世紀三十年代劉文輝建立西康省。西康之「康」，即藏地康區的「康」，西康之「西」，卻是漢人站在內地得出的方位，就像西藏之「西」一樣。西康建省可追溯到上世紀初，趙爾豐在改土歸流時期提出的「平康三策」，第二策即改康地為行省，改土司歸流官，設置郡縣。不久後，趙爾豐在辛亥革命中被殺，大清終結，共和開始。史稱「康藏糾紛」或「康藏戰爭」的一系列重大事件也發生在這個地區。上世紀三十年代，劉文輝在和劉湘的爭奪中失利，退守川西，一九三九年成立西康省政府，劉文輝任省主席，省會就設在康定縣城。

康定縣政府的所在地，還有一個名稱叫爐城鎮，這個爐就是打箭爐的爐。打箭爐既然是一個誤譯，爐城鎮顯然也是漢人起的名字，這裡不曾有過打箭的爐子。但是打箭爐至少是有來由的，可以說是漢藏文化交融的產物。康定和西面的理塘、巴塘一線，是歷史悠久的商貿和民族交流的走廊，有深厚的文化積澱。這也是我們在藏區一路走來，一定要到康定的原因。

現在的康定縣城，坐落在折多河流經的山谷裡，山谷逼窄，市區伸展餘地不大。流經城區的折多河經過整修，石砌駁岸，河水湍急，河水衝擊水底卵石，激起一路晶瑩水花，喧鬧的水聲終日不斷。

莫名其妙的情歌之鄉

如今的康定已是個新城，建築風格與內地其他二、三線城市差別不大。除了馬路上還有一些藏族婦女仍然穿著民族服裝以外，這裡的藏文化痕跡已經很淡了。

不過，由地名引出的糾結，誤解最深的是這裡號稱「情歌之鄉」。

康定被扣上「情歌之鄉」的桂冠，是因為一首在中國內地極流行的民歌〈康定情歌〉。這首歌的前四句唱道：

跑馬溜溜的山上，
一朵溜溜的雲喲，
端端溜溜的照在，
康定溜溜的城喲。

這首歌曲調動聽，歌詞通俗，在中國幾乎人人知曉，人人會唱。可是這首歌的來龍去脈，多年來卻並不清楚，歌詞中提到「李家的大姐」、「張家的大哥」，說明這首歌雖然提到了康定城，但它是一首漢人的歌，與藏人無關，不可能是康定的藏人民歌。事實上，這首歌到底是不是一首民歌都無法確定。如果是民歌，為什麼沒有一個地方出來認領呢？如果不是民歌，它的作者是誰？

一九九六年夏天，康定縣所在甘孜州的地方報紙《甘孜報》懸賞萬元尋找〈康定情歌〉的作者，全國數十家報紙爭相轉載。相關線索浮現。後經《四川日報》的幾名記者深入實地尋訪調查，終於得知，〈康定情歌〉的作者名叫李依若（一九一一—一九五九），是四川省宣漢人。宣漢是在四川省東部，接近現在重慶的地方。據說這首歌是李依若採用宣化地方的一種民歌曲調譜寫的，這種宣漢民歌曲調就叫「溜溜調」。也就是說，這首歌的風格和當時還普遍叫做打箭爐的康定沒有關係。那麼，為什麼要唱到「康定溜溜的城」呢？

記者們尋訪到的故事很落俗套，據說作者的同學兼女友是康定人，而且也姓李，所以歌詞裡唱到「李家溜溜的大姐」。兩人一同到康定的跑馬山去遊玩的時候，李依若創作了這首歌。

現在康定縣城河東的那座大山確實叫跑馬山。不過，到那裡一看就知道，這山太陡太高，馬是沒法在上面溜溜地跑的，猴子上去還差不多。顯然，跑馬山是照著〈康定情歌〉來命名的，這山原來有個藏名，就叫折多山。

現在中國各地流行挖掘地方上的文化歷史，以發展旅遊，吸引人氣，提高經濟，所謂「文化搭台，經濟唱戲」。康定這個地方，不是沒有歷史，也不是沒有文化特色內容，而是人們不知道怎麼對待它的豐富歷史，於是就抓住〈康定情歌〉這首典型的川東民歌風格的歌曲，先附會出一個不能跑馬的跑馬山，再生造出個「情歌節」，憑空打造出一個並無歷史積澱的「情歌之鄉」，好像到那時候，康定城裡的人們，一開口就是情歌溜溜地唱。今人的想像力，怎麼會如此讓人哭笑不得呢？

當代藏史獨一人

我們特地來到康定縣城，只是為了拜訪一個人，一位藏人歷史學家，澤仁鄧珠先生。

西藏作為古代曾經的強盛帝國，近代史上曾經的「事實獨立」國家，有著悠久的歷史。曾幾何時，吐蕃帝國強盛得可以和大唐抗衡，逼得大唐皇帝把文成公主遠嫁到拉薩去和親。當成吉思汗的蒙古鐵騎橫掃歐亞大陸的時候，卻被西藏的喇嘛說服，皈依了藏傳佛教。西藏過去是一個封閉的國家，即使是那些西方傳教士和探險家，在幾百年的時間裡，能到達拉薩的也是屈指可數。於是，西藏的漫長歷史，更多了一層神祕。

藏民族擁有優美文學的歷史也很長，但是歷史上有文化的人都是寺院的喇嘛，再加上政教結合的權力結構中僧官高於俗官的規定，使得藏人歷史記載和史學附著於其宗教史。西藏和藏民族的通史著作出現得相對晚。

西藏歷史上的第一本歷史著作是《紅史》，成書於一三六三年，這是藏族史學中第一部綜合性的通史著作，講述了佛教的建立和傳承，印度王統、西夏歷史、蒙古王統、吐蕃王統，以及吐蕃佛教的傳承等。《紅史》奠定了後來藏族史籍的體裁。注重宗教史，特別是藏傳佛教各派的傳承，成為藏族歷史著作的特點。

十五世紀末，出現了一本由僧侶編纂的史書《青史》，該書用編年體形式，敘述了吐蕃帝國時代的史實，西藏佛教的創建和發展，特別是噶舉派的歷史。此書成為了解西藏早期歷史，特別是宗教源流的重要依據。一九四九年有了該書英文譯本，一九六八年翻譯成漢語。

上世紀初，封閉的西藏開始面對來自印度和中國內地的現代性影響。第一個具有現代意識的學者是安多僧人根敦群培。根敦群培天資極高，先在拉卜楞寺修習因明學，後來在拉薩哲蚌寺學習，以後在印度等地遊學多年。一九四五年，他返回拉薩後開始撰寫西藏政治史《白史》。據說，他之所以把這本歷史著作命名為《白史》，是為了表示在藏傳佛教四大派中，他寫的歷史將中立地敘述史實，不偏袒任何一派。根敦群培是第一個具有這一現代史學觀念的藏族史學家。可惜的是，《白史》剛寫了一部分，根敦群培就被噶廈政府逮捕關進了監獄。後來他雖然得以釋放，但不久就去世了，沒有完成他計畫撰寫的這部歷史著作。

對於我們這些在西藏之外生活的外人來說，如果不想窮究藏傳佛教的歷史，而只是想了解西藏的一般政治、社會和文化歷史的話，上述史書都不是合適的閱讀材料。事實上這些史書的非藏文版都出現得較晚。

但是，在一九五九年達賴喇嘛流亡印度以後，出現了一本很快就流行甚廣的西藏歷史，那就是夏格巴．旺秀德丹所著《西藏政治史》，這是第一部不以佛教傳承為主要內容的現代意義上的史書。這部歷史學著作非常重要，在此之後的任何藏史著作都繞不開這部著作。《西藏政治史》是用現代的寫法來寫西藏歷史，和以前的西藏歷史著作都不一樣。但是，由於上世紀下半葉的西藏問題是一個高度政治化的議題，而作者夏格巴本人曾經是西藏噶廈政府的噶倫（部長），他是在流亡中寫下這本書，所以此書毫不避諱其目的是要用西藏歷史來證明，西藏曾經是一個獨立的國家。《西藏政治史》是一部帶有現實政治色彩的史學著作。

西藏的學術傳統和中國社會不一樣。中國人是特別重視歷史的。從司馬遷開始的中國史學傳統，歷史記載就沒有中斷過，修史有一定的規範，歷代都很重視。於是中國人就有了對「史」的敬畏，無論是帝王將相，還是文人騷客，內心裡都把「青史留名」看得很重。藏文化以佛教的價值觀為核心，相比漢人更為世俗的價值觀念，藏人的觀念較為超越。相比我們所熟悉的漢文化學術傳統，藏人的詩學很發達，出口成詩的人即使在牧人市民中也比比皆是，但是藏民族的史學不甚發達，系統性的史學著作較少。

上世紀五〇年代後，除了夏格巴的《西藏政治史》，以及西方藏學界利用英印政府的檔案所撰寫的西藏歷史外，好的西藏歷史著作乏善可陳。流亡藏人中進入西方社會的知識精英中，出現了如次仁夏加、達瓦諾布等史學家，但是還沒有出現一部涵蓋整個藏民族的通史巨著。在中國內地，由於政治環境和學術氛圍的原因，人們對漢族學者寫出一部好的西藏歷史根本不抱希望。

可是，新世紀的第一年，二〇〇一年八月，西藏人民出版社出版了一部洋洋近千頁的史學著作《藏族通史．吉祥寶瓶》，作者是得榮．澤仁鄧珠。

澤仁鄧珠是土生土長的藏人，在藏地生活了一輩子，得榮縣是他的家鄉，位於甘孜州南部，靠近雲南的地方。澤仁鄧珠出生於貧窮的家庭，他懂事的時候，中共已經在他的家鄉建政，他十幾歲就參加工作，進了甘孜州檔案局。他雖然沒有受過系統嚴格的史學教育，但是幾十年不中斷的學習，以及檔案局的工作，使得他掌握了撰寫史學著作的第一條件：史料。他是用漢文工作的，也用漢文寫作。於是，他成為中國第一個用漢文寫出西藏通史的藏人史學家。

在《藏族通史．吉祥寶瓶》的告讀者語中，澤仁鄧珠介紹自己的這部書，全書五十三章，一百二十餘萬字，分自然地理、社會歷史、政治、經濟、軍事外交、宗教、教育、文化、文學藝術、科學技術、風俗習慣、交通郵政和體育十二大系列，有史志合一的性質，上至六十萬年前，下至一九五一年〈十七條協議〉為止，空間範圍覆蓋整個西藏三區。

這是我讀到的用漢語撰寫的最佳藏史著作，作者就住在康定縣城裡。我來康定要是能見到他，跟他交談，就算是這次藏區行中見到了藏地的文化精英。想到這一點，我不由得產生了期待的興奮。H有他的電話號碼，在路上就給他打電話，回話是：「歡迎到康定來。」

把酒暢談，人生一快

我們進入康定縣城時，已是暮色蒼茫。和澤仁鄧珠先生在約好的路口見了面，安頓了住宿，就到一家小小的藏餐館，邊吃邊談。

說起來，我跟澤仁頓珠曾有過一面之緣。二○○四年，我在紐約皇后區圖書館舉辦「西藏文化節」。這個文化節長達一周，期間邀請了兩位僧人現場製作了一個「壇城」，即用彩沙繪製的宗教畫。文化節的主要活動在週末的兩天，壓軸的節目是流亡學生表演的西藏歌舞。

禮拜天下午，我的同事帶著一位穿康巴藏服的藏人來找我，說這位來自境內的客人想跟文化節的主辦者談談。他看到主辦者是我這個漢人，好像有點吃驚，問我為什麼舉辦這樣一場活動。我告訴他，我策畫這場文化節的主旨，是希望讓藏人來展示自己的文化。我希望從藏人的角度，而非從漢人或西方人的角度，來了解西藏文化。這位客人帶著濃厚興趣參加了那天下午的全部活動。文化節結束後，他特意找到我，向我道謝，並且給我一張名片，上面的名字是得榮．澤仁頓珠。

說起這件事，他想起來了，沒想到八年後在康定重逢，我們不禁感歎人生的奇遇。

這是一家小得不能再小的餐館，廚房餐廳加在一起也不過普通小商店的店面那麼大，餐廳裡只能勉強放下兩三張茶几那麼大的小餐桌。餐廳主人利用廚房上面的空間，加了一個人不能直立的低矮閣樓，作為第二個就餐空間，可以放一張餐桌，供五六個人就餐。我們和澤仁鄧珠就獨占了這閣樓上的小空間，談話比較方便。

我們剛坐下，老闆就上來湊著澤仁鄧珠說了幾句悄悄話。澤仁鄧珠點點頭，老闆下去，隨即上來了一個中年男子，雙手捧著一條哈達。他把哈達獻給澤仁鄧珠，連連彎腰致禮，說了一番我們聽不懂的話，然後告別走了。澤仁鄧珠有點不好意思地笑了笑。我明白了，澤仁鄧珠在藏人中是個名人，他因自己的著作獲得了同胞的極大尊敬。有人看見他來到這家餐館，趕緊藉這個機會來向他表示敬意。

康定縣城街道上餐館很多，大多是川菜館。藏文化在飲食方面受漢文化影響很深，特別是康區和安多。而漢族飲食方面，偏辣的川菜又是最普遍的。我們一路上，川菜到處都有，要躲開川菜倒還真不容易。這家小小的藏餐館供應家常藏餐。我們要了青稞酒、犛牛肉、糌粑和酥油茶，邊吃邊聊，聽當代西藏民族最出色的史學家給我們講解藏族歷史。

藏族歷史悠久複雜，傳統西藏三區在歷史上有分有合，其中的故事非常複雜，這部藏族歷史又涵蓋了藏族的政治、經濟、社會、文化等方方面面，撰寫這樣一部單卷本的通史，不僅需要掌握各種來源的資料，而且要在時間、空間和內容三個維度上擺放好這些資料，才可能把藏族歷史講清楚。這是非常不容易的。澤仁鄧珠先生在這方面做得非常出色。他從內容布局，分自然地理篇、社會歷史篇、政治篇、社會經濟篇、宗教篇、科學技術篇、文化篇、文學藝術篇、教育篇、軍事與對外交往篇、風俗習慣篇、交通郵電體育篇，各篇再按年代敘述，兼顧區域差別。這部史書幾乎覆蓋了藏族作為一種文明形態的一切，上至天文地理，下至服飾稱謂，包羅萬象，面面俱到。它不僅是一部通史，也是一部有關藏民族的百科全書。

特別難得的是，作為政府檔案局的幹部，他在業餘時間撰寫這樣一部史書，還要處理好藏族歷史所涉及的敏感性政治問題。這本書從一開始就是打算在中國出版，而中國的出版業對於這樣的題材和內容有嚴格政治審查。這本書不僅從史學學術規範來說是一本好書，經得起時間的沖刷，而且還要通得過審查，「政治上不犯錯誤」，這對於作者來說，無疑是個相當大的挑戰。作者在引言中特地把這個問題提了出來，正面面對「藏史研究中的政治敏感問題」。

我們難得來到康定，聽澤仁鄧珠先生親自給我們上一堂西藏歷史知識課，當然很想拿一本《藏族通史‧吉祥寶瓶》請他簽名。可是，我們都沒提簽名本的事，他也不提，因為我們此前已經知道，這本書早已被「封存」，在目前的狀況下，不可能找到一本實體書了。

莫須有的封殺

這本書於二〇〇一年八月由西藏人民出版社正式出版時，印了一千五百冊，定價人民幣八十八元。澤仁鄧珠用稿費買了自己的著作兩百本，分送中央領導、藏區的省一級主要領導、中央相關部門、甘孜州的領導和國內知名學者等。其餘一千多冊就在拉薩和藏區四省的省會城市的大書店裡出售。我們甚至都不知道，其他省分的書店裡曾否賣過這本書。可是，書還沒有賣完，澤仁鄧珠就從甘孜州文化局的同事那裡得到一個消息，他們收到了西藏自治區新聞出版局給全藏區新聞出版部門的一個電傳，要求將此書立即「收回封存」。接到電傳的單位立即下令將此書下架，《藏族通史・吉祥寶瓶》一夜之間就在書店裡消失了。

澤仁鄧珠受到極大的震動。作為一個歷史學家，這樣一本巨著的作者，不知什麼人悄悄下個命令就把書封殺了，他當然有權知道個中原委。他辛辛苦苦寫了這本書，出版後自己花錢買了，寄送給當時的中央領導江澤民、胡錦濤、李鐵映、丁關根、王兆國、阿沛・阿旺晉美以及中央統戰部、宣傳部、民委、藏學研究中心等等，他相信自己的動機是清白的，也自信這是一本忠實於史實的書。他說：「如果有政治問題我敢這樣做嗎？」

他確認這一消息的真實性後，親眼看到甘孜州的書店裡，他的書已經消失，於是立即啟程前往北京，向有關方面申訴。

在北京他拜訪了中央宣傳部、中央統戰部、國家民委、國家新聞出版總署等部門，要求他們作為主管領導部門，回答為什麼封殺《藏族通史・吉祥寶瓶》。他要求這些領導部門的人指出這本書裡到底哪裡有政治問題：「你們指出問題來，我就認了，該怎麼處置就怎麼處置。」

可是，中宣部、新聞出版總署、國家民委等單位的接待官員都說，他們根本不知道這個事情，現在作者親自來反映，他們才知道。這樣的事如果不是發生在西藏，他們作為國家主管部門，一個電話協調一下就可以解決的，但是一說到西藏，就比較麻煩。他們都表示為難，擺出一副愛莫能助的抱歉表情。

澤仁鄧珠對這樣的答覆自然不能釋然。他不依不撓，到中央統戰部遞交申訴材料。中央統戰部最後委託《中國西藏》雜誌社社長代表統戰部給澤仁鄧珠一個答覆。這個答覆只有四句話。澤仁鄧珠說，既然是統戰部的答覆，希望能得到一個書面的答覆，社長說，統戰部認為，效果是一樣的，就用不著書面答覆了。於是，他們用口頭形式給了澤仁鄧珠那四條答覆：第一條，中國第一部漢文版《藏族通史》的作者是得榮．澤仁鄧珠，這一事實無人能否定；第二條，《藏族通史》所印一千五百冊據知已經全部發行到了國內外讀者手裡，西藏下發的「收回封存」電傳只是一個形式，事實上沒有書可以收回封存了；第三條，作者應得稿費據知已全部支付，這是作者應得的報酬；第四條，關於《藏族通史．吉祥寶瓶》是否有什麼問題，這是出版社的責任，不是作者的責任，任何一級領導和部門都不會找作者說這本書的事，如果有人來為此事給作者說什麼，可以直接讓統戰部出面解決。

澤仁鄧珠最後得到的是同行友好的勸告：你就當什麼也沒發生，什麼也沒聽到，回四川去，該怎樣工作就怎樣工作吧，沒你的事了。

就這樣，澤仁鄧珠回到了康定，繼續他在這個山城的日常生活。封殺他著作的人始終沒有出面，他不知道是誰下的命令，也不知道封殺的理由是什麼。作者只看到權力在運作，卻無法得知這是什麼部門、什麼機構的權力，是哪個部門、哪個人只用一句話就封殺了他嘔心瀝血的著作。他在北京申訴的時候，接觸到的文化界同行們都對他表示同情，心有戚戚，卻都幫不了他的忙，連到底是誰封殺他的著作也不告訴他，只勸他回去算了。事實上，只要稍微有一點學術訓練和知識教養，不難看出，對這樣一部難得的史學著作下達封殺禁令，實在毫無道理。可是，作為權力中心的那些官員，為什麼就不能出面糾正一下，至少做得漂亮一點呢？為什麼在這個問題上，北京反而害怕拉薩呢？

我們這些不明底細的人，自然無法回答這個問題。對《藏族通史．吉祥寶瓶》的批評，有這樣一個說法，那就是認為澤仁鄧珠的這部史書違反了一條潛規則，這部書名之為「藏族通史」，把藏民族作為一個整體來寫了幾千年的歷史，這就有可能讓讀者產生一個印象，原來六百萬藏族有幾千年共同的文化，共同的歷史傳承。這六百萬人現在一半生活在西藏自治區，另一半生活在周邊四省，儘管他們屬於一個民族。

這是一個事實，這可以由史實來證明。就是這一條，讓有些人看了不舒服。這些人有權，偏偏沒文化。

據說，西藏自治區政府向中央政府申請經費，要設立一個龐大的專案，花費一千萬經費，組織各路專家來編纂一部包羅萬象的權威性的《西藏通史》。

《西藏通史》是官方要組織編纂的，而《藏族通史》上面有人聽了就不舒服。其中之難言的微妙心理和政治因素，具有鮮明的中國特色。如果治史必須受制於現行行政管轄框架，等於把民族史和地方誌混為一談。中國有句俗話，秀才遇見兵，有理說不清，此之謂也。

我們和澤仁鄧珠在藏餐館的閣樓上聊著他的書，聊著藏人自己寫出藏人的歷史，不知不覺聊得很晚了，周遭靜悄悄的，沒有一點聲息。到了告別的時候，我們走下陡窄的木樓梯，這

圖12-1：得榮．澤仁頓珠

才發現餐館老闆早就把餐館大門拉上了，老闆自己就在下面坐著，一聲不吭地聽我們談話。和老闆坐在一起的還有四個身披袈裟的僧人。在我們聊得興致勃勃的幾個小時裡，他們幾個人就在下面聽著，連一聲咳嗽都沒有。看到我們下來，他們都站起來，微笑著向澤仁鄧珠問候，然後我們互道保重，在折多河邊告別。

到塔公草原去

第二天，我們一早起來，還是去這家藏餐館吃早飯，酥油茶、糌粑、餅子和饃饃，都是我喜歡的早餐。藏餐館生意很好，除了我們，來的都是藏人。這次我們坐樓下，旁邊緊挨著就是幾個藏族年輕人，一看就知道不是城裡人，而是來自草原。他們是典型的康巴漢子，腰板挺直，臉色黝紅，眼睛閃亮，大聲地說笑。我跟他們打了個招呼，就攀談起來了。問他們的名字，那個特別活躍的年輕人說，他叫晉巴嘉措。問他們是哪裡人，他回答說來自塔公草原，到康定來買些東西，順便玩玩。H問他是怎麼來的，是騎馬來的嗎？他笑了，說是騎摩托來的。我們說，我們正想著要是能上塔公草原去看看就好了，他立即接口說，行啊，我帶你們上我家去。我們相視一笑，大家立馬決定，上塔公草原去，到這位藏人家裡做客去。晉巴嘉措和他的同伴說了一通我們聽不懂的話，然後對我們說，半個小時以後在門口會齊，現在他要去辦點事。

半小時後，我們又回到藏餐館門口，不見晉巴嘉措。正不知道該怎麼辦的時候，見晉巴背著一個大口袋來了，看樣子像是一袋麵粉。他把袋子放到車後，大家一起擠進車裡。

晉巴會說漢話，但不流利，所以話不多，卻是自來熟的性格，看他的眼神，就知道他一個勁兒地想跟旁邊的人開玩笑。於是我們就一路走一路開玩笑，有些聽得懂有些聽不懂，不管懂不懂，大家都笑個不停。汽車在三一八號國道上繼續往西，沿著折多河前行，過了一個叫折多塘村的小山村，公路轉向北，順著另一條山溝走。汽車開始爬坡，明顯感覺海拔高了，兩邊的山變得柔緩而開闊，高原景象漸漸出現。道路曲曲彎彎，一會兒在溝的右邊，一會兒在溝的左邊，時不時還來個一百八十度的轉彎。公路漸漸地接近山口，卻不知道從何處湧來濃霧。到達海拔四千二百九十八米的折多山埡口時，四周已經籠罩在濃霧之中，幾十米外就是一片乳白色，什麼也看不清。

畢竟到了埡口，大家興高采烈地停車，下來拍照，儘管照片上除了乳白色的濃霧，看不到風景。每次拍照大家都把晉巴推到當中。埡口的風又冷又濕，幾分鐘就把人吹得六神無主，於是大家又紛紛招呼上車。

從折多山埡口下來，三一八號國道將繼續往西，前往新都橋、理塘、巴塘，進入西藏自治區。晉巴指示我們的車拐上了一條往北去的小公路。這路修得不錯，路上的車卻不多。這是專為康定機場修的公路。康定機場據稱是世界上海拔第二高的機場。

此時四周已經是高原景色。天地開闊，道路平緩，兩邊不再是逼仄的山峰陡坡，而是綠色的牧場。不知何時霧也消散了，天空湛藍，草原碧綠，景色令人心情舒暢。

這兒人煙稀少，公路邊偶爾出現一兩座帳房，或者是藏式的石頭房子。在一座帳房旁邊，晉巴大叫停車。他跳下車來，吃力背起他的大口袋，匆匆走進帳房，又匆匆地出來。有一個男子跟著出來，向我們的車揮了揮手。晉巴上車說，這是給這位朋友捎帶的麵粉。

翻過一個小坡，眼前是一個平緩的大下坡，起伏的草場一直鋪到地平線。遠處的坡底隱約可見一條小溪，溪旁有兩棟二層樓的藏式石頭房子。晉巴說，那就是他家，是他們家的冬窩子。真是世外桃源！

我們把車停在晉巴家旁邊的公路旁，順小路慢慢走下去。晉巴說，這個季節家裡人都趕著犛牛和羊群去了夏季牧場，那裡騎馬得走兩天，現在只有他的岳母等老人在冬窩子看家。

這兩棟房子是兩戶人家，晉巴家是其中之一。小溪就在家門口潺潺流過，我伸手試了試，溪水冰冷刺骨，晉巴笑笑說，那是雪山上融化的冰水。二層樓的底層是馬廄，還用來堆放柴火、乾牛糞等雜物。我們到了門口，晉巴的岳母和一男一女另外兩個老人出來迎接。我們從木樓梯上了二樓。二樓正中是藏人家庭最好的房間，既是日常吃飯的地方，也是佛堂，大鏡框裡是一幅達賴喇嘛的照片，我們雙手合十致禮，達賴喇嘛用全世界都熟悉的微笑，看著我們這些人在餐桌邊坐下來。酥油茶立即就端上來了。

老人們都不會說漢話，只是一個勁地微笑著。H從手機裡把我採訪達賴喇嘛的照片調出來，給晉巴的岳母看。老人看到照片，一邊望著我，一邊用詢問的表情問照片上是不是我，我點點頭。她口中發出嘖嘖的驚歎聲，恭恭敬敬地把手機舉到頭頂，觸額致敬，表示頂禮，然後把手機給另外兩個老人看。老人們輪流看著手機上的照片，望著我說了好多我聽不懂的話。我知道，他們在讚歎我的福分。對於藏人來說，能夠見到達賴喇嘛，能夠和達賴喇嘛交談，那是一生中了不起的福報。

告別的時候，我把手腕上的腕珠給了晉巴，這是達賴喇嘛尊者加持過的腕珠。晉巴給我們每個人一大堆禮物，蟲草、糌粑、酥油，還有他從著名的塔公寺仁波切那裡求得，用來煨桑的乾柏樹葉。

第十三章

暮訪紅崖村

沒有任何標識的勝地

我知道達賴喇嘛的出生地在現在的平安縣石灰窯鄉紅崖村，離西寧市不遠，但不知道怎樣去。問X，他說幾年前去過，不過是別人帶他去的，怎樣到那裡他一點兒印象也沒有。

J找朋友打聽，順便了解那裡的大致情況。過了兩、三天，她的朋友回話說紅崖村沒有駐紮武警，但可能會有「便衣」，還給我們兩個建議：一、最好不要開外地車牌的車；二、最好不要沿途隨便打聽。那位朋友告訴我們從西寧到石灰窯鄉的路線，可是到了石灰窯鄉後怎樣找到紅崖村呢？他說到了石灰窯再問。這番話讓我不知怎樣才好，一邊說「不要隨便打聽」，一邊說「到了再問」，這不是自相矛盾麼！H說那就見機行事吧。

X開著朋友的車從西寧出發的時候，已經快到下午五點了。在平安縣城下高速公路，我們馬上迷失方向，轉進了縣城。平安縣城很普通，看不出任何特點。我們在城裡繞來繞去，最後繞到城邊一個比較安靜的地方。路邊停著一輛大卡車，司機是個紅臉漢子，站在車邊跟人說話。卡車駕駛室的儀錶盤上放了一尊佛像，後視鏡上垂著像是護身符的掛件，擋風玻璃上方還掛了一條小小的經幡。司機看來是個藏人。

「這個司機應該知道吧？」H說。我想他的潛台詞是：「問藏人可能比較安全吧？」

X把車停到卡車旁邊，J下車問司機。紅臉漢子指手畫腳跟她說了一番話。我們掉頭往回走時，司機趕上來叮囑：「記住，先左拐，再右拐，高速路旁邊的小路，直直往南走，到了那裡再問！」

按照司機的指點，我們順利地找到了那條沒有標識的省道，拐上狹窄的公路，「直直往南走」。從朋友那裡得到的信息是，那條省道到了某個地方會分岔，我們應該走標示「石灰窯鄉」的路。

在西藏歷史上，這個地區是「宗喀」的一部分。「宗喀」指的是黃河以北、湟水（宗曲）以南、拉吉雪山，即化隆縣八寶山兩邊的地區。這一地區大致涵蓋現在的湟中、平安、大通和化隆諸縣的部分地區，以及西寧市南郊一帶。這一帶曾有許多藏人部落，統稱「宗喀十八族」。「十八族」裡有六族與塔爾寺有密切關係，是塔爾寺的主要僧源之一，也是寺院的屬民，因此稱為「塔爾寺六族」。這六族中有個叫「祈家族」的部落，居住的地方叫「祈家川」，也就是現在的平安縣三合鄉和石灰窯鄉一帶。達賴喇嘛的家族應該就屬於祈家部落，不知何故，中國境內關於「塔爾寺六族」的研究隻字不提這點。

平安縣是一九七九年才建立的縣。在此之前，這裡屬湟中縣。達賴喇嘛的故鄉在湟中縣時稱為「湟中縣祈家川當采村」，劃入平安縣後，卻改成了「石灰窯鄉紅崖村」。這個村子的藏文名字叫塔澤（Taktser）村，「當采」或許是Taktser不大準確的音譯，「紅崖」卻與「塔澤」毫無關聯。據說「紅崖村」這個名字來源於村前的紅色斷崖。

石灰窯是一個回族鄉，這個鄉在民國時期稱為唐隆台鄉，一九四六年劃歸湟中縣，一九五八年，這個鄉成為「紅星公社」，到一九六一年又從紅星公社分開，另外成立了一個「石灰窯公社」，一九八四年八月改成石灰窯回族鄉。如果說「湟中縣祈家川當采村」多少還保留了一點歷史痕跡，「平安縣石灰窯回族鄉紅崖村」就完全抹掉了歷史。

約十來公里後，路邊果然出現標示「石灰窯」的路牌。沿著那條路走了不久，公路進入一個小鎮，穿過小鎮，路邊出現一個交通檢查站。一個穿著普通的男人站在檢查站前，幾乎靠近公路中央的地點，每輛朝石灰窯鄉方向去的車都得在他的面前減速通過。我們的車朝著他開去時，不得不減速，那個男人仔細看了看車裡的人，沒發現可疑之處，遂退後幾步，X一踩油門，通過檢查站。

「傳說中的便衣。」我對H笑道。

J說是看樣子是檢查西方人的，如果我們倆是金髮碧眼的老外，肯定會被擋住。

我們已經進入了石灰窯鄉，可是紅崖村在哪裡？X說他一點兒印象也沒有，J說應該下車找人問一下。可是怎麼問？直接問紅崖村？

我突然想起來，達賴喇嘛自傳裡提到過村子上方有座寺院，十三世達賴喇嘛曾到過那座寺院，而且站在寺院裡久久注視他出生的房子。我猜想寺院就在村子周圍的山上，找到了寺院不就找到村子了嗎？

我對J說：「別問村子，問寺院就成！」

「寺院叫什麼名字？」J問我。

我腦子裡一片空白。我問H：「你記得那座寺院的名字嗎？」他搖頭。

「那……」我靈機一動：「就問這附近有沒有一座很有名的寺院。」後來我才想起，那座名寺是宗喀巴大師剃度出家的夏宗寺，也叫峽峻寺。

事後證明，我對寺院位置的推測大錯特錯，但是向人打聽寺院倒是對的。

前方路邊有幾座房子，經過時我們才看到有幾個回族人蹲在一座房子門口聊天。X趕緊靠邊剎車，J跳下車，跑回去問路。過了一會兒，她打開車門對我說：「這位大爺要搭我們的車。」我這才看到一位回族大爺站在她身後。

我往車裡擠了擠，大爺上了車，在我身邊坐下，說：「你們往前走，沒多遠，轉個彎朝上走，達賴的家就在那裡。」

我不知道這位大爺怎麼就看出了我們的來意。

幾分鐘後，公路右邊出現一條岔道，路邊有條小河，一座簡單的雙孔水泥橋跨過小河，橋頭有座一米多高的磚砌廣告牌，上面寫著「石灰窯鄉下河灘村二〇〇三年退耕還林示範區」。橋的那端停著一輛拖拉機，幾個人站在拖拉機旁邊聊天。

回族大爺說：「把我放這兒。你們過橋，往山上走，山頂就是達賴的家。」原來這位好心的大爺是用這樣的方式，不動聲色地為我們指路。

過了橋，公路繞山而行，越繞越高。山上梯田層層，山窪裡青稞金黃，山坡上松林深綠。我想起達賴喇嘛自傳中的描述：他出生的小村在一座群山環抱的山頂上，四周圍繞著良田，山上植被繁茂，草色鮮綠。

公路繞到山頂，視線豁然開闊。蒼藍的天邊高聳著一脈黛青色山巒，淡金色的雲凝在山頂，面對高峰的圓形山頭上豎著兩座彼此相連的經幡。達賴喇嘛的自傳裡寫到村子的南面有座名叫「阿美其利」的神山，山較低的坡上覆蓋著大片森林，森林之上是草坡，山頂上是裸露的岩石，還有一片終年不化的雪。山脈最高的峰頂想必就是那座神山了。

公路把我們引入一個小村。路邊三層朱紅底座上，立著一塊天然岩石，上面刻著三個塗了紅漆的大字：紅崖村。

與時代糾葛的院落

村子裡很安靜，四周看不到一個人。應該是晚炊的時候了吧，可是村裡看不到炊煙。村子臨街的院牆刷成統一的粉、白兩色，大門也都是一模一樣的半藏半漢式，連門樓和鐵門的顏色也是一模一樣的。這個村子顯然經過政府規畫過的「美化」。村莊的房頂上看不到經幡，家家房頂上也不見五星旗，說明這個村子還不是個「精品旅遊村」。

沿著水泥鋪的小路走到坡頂，面前出現一座大院。新砌的青磚院牆有三米來高，大門右側牆邊的腳手架尚未拆除。院門是新修的彩繪藏式寺廟式門樓，大紅門邊堆著水泥磚，路邊還堆了一大堆沙子。幾個男女建築工人坐在大門對面牆根下休息，他們一聲不響，看著我們走進大門。

這個院子早已不是達賴喇嘛出生時的模樣，而且現在它不再是住宅，而是寺廟。

歷史的畫卷在我腦中徐徐展開。

這座即將完工的寺廟曾經是座單層四方形農舍，平頂屋簷邊鋪著藍綠色的瓦，裝著刺柏木做的雨水管。房子坐北朝南，大門正對著阿美其利神山，院牆是石砌牆根，上面用黃土壘成，院子當中立著瑪尼杆。

房子何時建造無從查考。一九三〇年代，這戶農家的男主人名叫祁卻次仁，他的妻子名叫德吉次仁。他們是自耕農，擁有約四十畝地。西曆一九三五年七月六日夜晚，一個男嬰出生在這個院子的畜欄裡，幾天後，當地寺院的喇嘛為他取名「拉莫頓珠」。

當德吉次仁抱起初生嬰兒的時候，她一定不會想到，這個孩子將成為一個歷史不可能遺忘的人物。他將站在藏民族歷史的拐角上，承擔繼往開來的重大使命。

我們沉默地走進院子。

現在的達賴喇嘛故居是個兩進的院子，院子裡正在施工，裡頭放了幾輛手推車，地上的水泥大方磚鋪了一小半，走廊上的木雕還沒有上漆，幾個男女工人正在忙碌著。正在幹活的工人抬頭看著我們，一個穿黑褲子，迷彩上裝的中年人轉過身，朝我們走來。我以為他要說什麼，畢竟我們是未經許可擅自進入。可是他走了幾步又停下了，似乎欲言又止，轉身返回原處。

前院右側有座小小的佛堂，雙重歇山式屋頂，簷角高挑，屋頂上有雙鹿卻沒有法輪，大概尚未安裝。佛堂的彩繪大門關著，門前裝了保護性的金屬邊框加有機玻璃簡易門，左側有個大轉經筒，基座前立著一個精緻的鐵質煨桑爐。佛堂也在維修，外牆重新粉刷過，屋簷下掛著一根臨時排水管，基座上的舊水泥已經撬掉，露出裡面的紅磚，大門前的水泥台階顯然剛剛修好。

我走進內院。兩棵不大的刺柏中立著一根瑪尼杆，杆子的下半段綁著無數條各色哈達，兩邊的小香爐裡青煙裊裊。我深深彎腰，額頭觸碰瑪尼杆，內心翻江倒海。

從農家子拉莫頓珠到當今名滿天下的第十四世達賴喇嘛丹增嘉措，是一段漫長而複雜的歷史，而那段歷史的源頭就在這裡。

幾個月前，我在美國明尼蘇達州羅徹斯特市見到達賴喇嘛，當時他與近百名來自中國大陸的留學生交談，我應主辦方邀請參加那次交談會，向學生們介紹當下中國的佛教狀況。次日上午，我去參加達賴喇嘛的講經法會。會場在當地體育館內，舞台上安置尊者的法座，法座背後懸掛一幅巨大的釋迦摩尼堆繡唐卡。文化不同、膚色各異的人們坐滿了整個體育場，聽這位從小山村裡走出來的精神領袖講解佛經。此時，達賴喇嘛已經流亡近五十三年了。

從一九九九年第一次在中央公園見到達賴喇嘛，至今我已經專訪過他很多次。我漸漸熟悉了他那口著名的「破英語」，在他的帶領下一步一步走進那段鮮為人知的歷史，同時也一點一點地了解他的思想和他的情感。這一切，此時此地，無從言說。

達賴喇嘛最後一次走進自己出生的院子是一九五五年三月，那時他從內地返回西藏，途經西寧，順便回家探訪親戚。

出生在這個院子裡的拉莫頓珠被認定為第十三世達賴喇嘛的轉世靈童，在拉薩坐床後，他的家族循例成為貴族，噶廈政府出資重建他家的居所。當時不止是「重修」，而是「擴建」，原先的單層平頂農舍擴建成兩層兩進的院子，青磚院牆，雕樑畫棟。但是整個家族已經隨他遷往拉薩，他家原先的土地和房屋都贈送給他的堂姐洛賽一家。噶廈政府後來擴建的房子，一部分留作達賴喇嘛家族的居所，一部分由洛賽一家居住。

一九五〇年代初，中共在這一帶開展土改，洛賽一家被劃為「地主」，土地房屋均被沒收，當作「勝利果實」分配，達賴喇嘛的姐夫有一名親屬還因「幫地主轉移財產」被勞教。夏宗寺遭到嚴重破壞，寺內財產被搶劫一空。直到一九五三年一月，西藏赴內地參觀團赴京，達賴喇嘛的姐姐次仁卓瑪和姐夫朋措紮西隨團前往，途經西寧時返鄉探親才知道這些情況。當時次仁卓瑪提出要求，要把留給達賴喇嘛的院子改成小學，當地政府自然無權決定，這件事不了了之。一九五五年達賴喇嘛返鄉探親時，將他的故居改為村裡的小學，時稱「達賴小學」，一九五九年之後，這所小學易名「紅崖小學」。文革期間，達賴喇嘛故居遭到嚴重破壞。

一九八〇年代初，中國開始改革開放，鄧小平派人聯絡達賴喇嘛的二哥嘉樂頓珠，兩方開始接觸。胡耀邦當政時期，西藏及各地藏區為「平叛擴大化」平反，釋放了五〇年代「平叛」時期被捕而當時仍在監獄裡的犯人，為被冤死和錯殺的民族上層人士和宗教領袖平反，恢復名譽，並且糾正了大批冤假錯案，國家撥款給受害者家屬少量賠償，並允許達賴喇嘛先後派出三支考察隊到藏區考察。雙方關係似乎開始解凍。一九八四年第二次中央西藏工作座談會後，形勢似乎進一步好轉。一九八五年，國家撥款三十四萬元重建達賴喇嘛故居，據稱是為了表示歡迎達賴喇嘛返回。

這是一九五九年之後中共對藏政策在文革後撥亂反正的大形勢下發生的重大轉變。一九八〇年三月十四日、十五日，中共中央總書記胡耀邦在北京主持召開了西藏工作座談會，是這次政策轉變的標誌。這次轉變給了很多漢藏幹部和民眾極大的希望，特別是藏區的民眾，他們切盼達賴喇嘛回到西藏，回到他的人民當中。一九八〇年後的五年也是中國改革開放在政治上給人以希望的年代。

但是胡耀邦、趙紫陽在西藏推行的「新政」並非沒有阻力。恰如中共內部的保守勢力正在竭力地抵制整個中國的政治改革，在中共的涉藏幹部中，有一些自認為對占領和改造西藏立下汗馬功勞的「老西藏」，以及中共在西藏培養的「民族幹部」，本能地抵制這一轉變。胡耀邦、趙紫陽領導和組織了那幾年裡中國政治的良性變革，也堅定地推行了新的對藏政策。這一受人歡迎的政策在一九八四年二、三月間的第二次西藏工作座談會上達到了最高點。胡耀邦在會上發表了多次重要講話。西藏的未來顯示出令人鼓舞的可能性。

但是，中國的政治形勢在一九八五年後開始又一次的轉向，對藏政策的形勢也隨之逆轉。一九八七年胡耀邦在政治上失利，一九八九年天安門事件後趙紫陽被軟禁，西藏的形勢在一九八九年的拉薩事件後急轉直下，拉薩經歷了長達一年多的戒嚴。

一九八九年拉薩和北京的槍聲不僅標誌著西藏曇花一現的「新政」徹底終結，也宣告了中國政治改革事實上的死亡。

達賴喇嘛從未見到過重建的祖居，雖然一九八九年初，達賴喇嘛或許有一次機會返回故里。

那年一月二十八日，十世班禪喇嘛在日喀則猝然圓寂。中共中央決定為他舉行隆重的葬禮，並考慮邀請達賴喇嘛參加。但是，應該怎樣邀請？以什麼樣的規格邀請？為此，人大副委員長阿沛·阿旺晉美和統戰部長閻明復共同主持了一個小型會議討論此事，參加者包括原西藏自治區人民政府主席兼區黨委書記多傑才旦、中國藏學研究中心副總幹事索郎班覺、西藏自治區區委常委彭哲（朋措紮西）、中央統戰部二局局長張聲作和西藏處處長李國清等，著名作家降邊嘉措為閣明復翻譯。此外，還有幾個身分不明的年輕人。

與會的藏人幹部一致同意，應該邀請達賴喇嘛來參加十世班禪喇嘛的葬禮。他們認為，邀請達賴喇嘛不僅「有利於促進和加強藏區安定團結的局面，有利於祖國統一和民族團結，在國際上也會產生積極影響，樹立我們良好的國際形象，可以省去很多不必要的麻煩」。他們認為，如果達賴喇嘛接受邀請，政治上不會「出亂子」，但不可避免地會引起「一時的宗教狂熱」。

但「身分不明者」有不同意見。其中一個擔心達賴喇嘛回來會「助長國內的民族情緒和藏獨活動」，另一個則認為「把達賴請進來，就是把禍水引進來，就會天下大亂」，甚至說「達賴就是第二個霍梅尼。」討論以什麼名義邀請達賴喇嘛時，與會者與「身分不明者」有明顯爭執。最後歸納為三個方案：一、以治喪委員會主任楊尚昆的名義；二、以萬里委員長的名義；三、以中國佛教協會會長趙朴初的名義。這三個方案裡，與會的藏人幹部認為應該以楊尚昆或萬里的名義邀請，「身分不明者」則認為只能以趙朴初個人名義邀請。會後，這三個方案被遞交給中央。事關重大，只能由最高層來作決定。

中共中央採納的是「身分不明者」的意見：以趙朴初個人名義邀請達賴喇嘛參加十世班禪喇嘛的追悼會。這顯然是在刻意降低這一邀請的等級，在藏人看來，中央的這一邀請方案等於羞辱性地拒絕達賴喇嘛參加十世班禪喇嘛的追悼會。達賴喇嘛沒有接受邀請。

此後，國際上一直認為是達賴喇嘛拒絕接受邀請參加十世班禪喇嘛的追悼會，因而失去了一次與中共和解的機會。其實，表面邀請而實質拒絕是中共中央對這一事件的既定處理方針。當時中共內部保守勢力如日中天，壓根兒就不願意讓達賴喇嘛參與班禪喇嘛的治喪事宜。

在一次訪談中，我曾詢問達賴喇嘛相關情況。他告訴我，當他得到十世班禪喇嘛圓寂的消息後，曾向中國政府提出派一個代表團去為班禪喇嘛念經超度。從宗教角度來說，這是順理成章的做法。但是這個提議立即被拒絕了。後來，他得到中國政府通過駐印度大使館，交給西藏流亡政府駐新德里辦事處轉交給他，以趙朴初個人名義發出的邀請，而且是在追悼會的兩、三天前才轉交的。他告訴我說，他並不擔心自己的安全，但時間如此緊促，即使他不考慮其他因素，也來不及準備。

九十年代是中國政治保守勢力獨霸舞台的年代，胡耀邦、趙紫陽開創的對藏政策新氣象漸漸消退，到一九九四年的第三次西藏工作座談會，黨內保守勢力對藏政策的強硬化正式完成，中共決定在西藏問題上全面以達賴喇嘛為敵。以後的十幾年裡，中國政府加強了對達賴喇嘛的攻擊，甚至由國家最高層領導人出面，對達賴喇嘛個人發起公開謾罵。中國政府在國際上迫於壓力而佯裝和達賴喇嘛對話，其實卻不可理喻地破壞任何有實質意義的溝通，從而導致藏區群眾的極度痛苦，最終形成今日藏區的緊張形勢。這一切，都是中共在一九九四年第三次西藏工作座談會前後確立的對藏政策的必然後果。

我返回前院，問一個坐在門檻上休息的女人：「達賴喇嘛出生的牲口棚在哪裡？」

她指著小佛閣：「在那裡。」

X和我走到佛堂的玻璃門前，合十禮拜。

剛要離開，穿迷彩上衣的中年人走來，對我們說：「等等，我打開門，你們進去拜吧。」他打開玻璃門，推開佛堂大門，站在門邊，示意我們進去。

我們把鞋子留在門外，走進佛堂。

這是間很小的佛堂，大致為正方形，天花板是三層斗拱彩繪藻井，牆上彩繪佛本生故事，掛著多幅唐卡。佛堂正中供著一座鍍金佛塔，佛塔左側立著一尊十一面千手千眼觀音像，右側的法座上放著真人大小的達賴喇嘛鍍金坐像。塑像頭戴黃色法冠，身披黃緞法衣，右手結說法印，手腕上掛著一串紅瑪瑙念珠和兩串珍珠念珠，面帶微笑，形態逼真。塑像右臂邊探出一枝托著經書的鍍金蓮花，這是文殊菩薩的象徵。經書代表智慧，蓮花代表慈悲，蓮花與經書象徵悲智結合，這正是對達賴喇嘛的最佳寫照。

禮拜後，我問站在大門邊的男人能不能拍照。他猶疑片刻，點頭應允。我拍了幾張照片，向他道謝，走出佛堂。男人關上佛堂大門，回到正在鋪地磚的工人那裡。

走向大門時，一個正在鋪地磚的男人突然走到我身邊：「這裡還有好看的呢。來，我指給你看。」我趕緊轉身，跟著他返回院子。

男人走到院子角落的一棵樹下，移開靠在樹上一大塊三合板，指著樹幹對我說：「看！樹上的經文！」

樹並不大，深絳紅色的樹幹只有碗口粗。樹根部分為好幾枝，因此枝葉相當繁茂，看上去有點像樹叢，而非一棵單獨的樹。這棵樹很可能是一九八五年重修達賴喇嘛故居時栽的。

按照他的指點，我看到樹幹上有幾個藏文字母。

「是刻上去的嗎？」我問。

「當然不是。」男人說：「是天然的！」

我對著樹幹上的字母拍了幾張照片。男人把三合板放回遠處，笑著對我說：「一般我們

圖13-1：達賴喇嘛出生的畜欄已改建為佛堂

不告訴別人。」返回紐約後，我在互聯網上搜查，確實沒找到這棵樹的照片。

面對故居大門的神山

X說上次他來的時候，見過達賴喇嘛的堂姐，還跟她合過影，不知老人是否健在。他想問問村民。我也想在村裡走走，了解一點村子的現狀。根據一九五三年二月九日的新華社《內部參考》，這個村子當時有三十二戶，其中有九戶漢人。我在前院的一個窗台上看到門牌顯示，達賴喇嘛故居是「紅崖村五十五號」，顯然這個村子已經擴大了很多。

故居的左側有戶人家，房院很普通，看上去與村裡人家一樣。我走到門口，想探問尊者堂姐家在何處，是否健在？一位灰衣老者迎上來，笑微微地說：「這裡是我家，參觀達賴喇嘛的故居請到隔壁去。」我道明來意，老者似乎有點驚訝，回答說尊者的堂姐就是他母親，已經去世了。原來他就是達賴喇嘛的堂外甥貢保紮西。

他問我們從哪裡來？我回答說我們從美國來，今年五月我在美國見過達賴喇嘛，尊者身體很健康，精神旺盛。說話間，H拿出手機，給他看我在二〇一〇年採訪達賴喇嘛的照片。我告訴他，H和我下個月會到達蘭薩拉去採訪尊者。

「家裡都好嗎？」我問。

「都好！都好！」他說：「見到達賴喇嘛，請他放心，全家都好。」

我問他村子裡駐了武警嗎？他說只有在形勢特別緊張的時候會有武警，平常有警察，不過現在已經走了。貢保紮西告訴我，每天有一百多人從全國各地來拜訪達賴喇嘛故居。但西方人不准來。

「我們不是西方人。」我笑著說。

我問他村裡現在有多少戶？他說村子裡陸續遷進來幾十戶人家，現在有六十多戶，多數是藏人。重修達賴喇嘛故居的經費從哪兒來？他說是他向中央統戰部申請來的，由他兒子主持重修工程。正說著，穿迷彩上衣的中年人走過來，貢保紮西說那就是他兒子。我向他合十道謝，對他說我會把剛才拍攝的佛堂內部照片印出來，帶給達賴喇嘛。

我問他為什麼把大門改成寺廟式？貢保紮西笑了：「信佛的人到寺廟來拜佛不是很正常嘛！」我明白他的苦心。我們不就是以詢問寺廟的方式找到這裡的嗎？

我突然想起達賴喇嘛在自傳裡寫到的神山。貢保紮西指著遠處的黛色山脈：「那就是。那座山像睡佛。那邊是佛頭，在我們家大門口看得更清楚。」他帶我們走到達賴喇嘛故居門口。「看！佛頭正對著我們家大門。」

我明白他說的「我們家」指的是達賴喇嘛的故居。這個故居也是他家族的祖屋。貢保紮西一家是達賴喇嘛留在境內的唯一親屬，他們一家守護尊者誕生的祖屋已經守了三代。

「房子修好，我也放心了。」貢保紮西撫摸著大門的紅色柱子，內心的欣慰溢於言表。

告別時，他送我們走下山坡。我們一再請他留步。

「見到達賴喇嘛，告訴他我們家的房子修好了。」他叮囑我：「不要多說。他很忙，沒工夫管這些事。你告訴他房子修好就行了。」我向他保證，我會把照片給尊者看。

村子依然出奇地安靜，甚至聽不到雞鳴狗吠。我朝村後張望，遠處一家平房頂上，一個穿著藏袍的女人遙遙對我們招手。一個穿著紅花衣服的小女孩從路上跑過，奔到村前的空地裡。

黛青色山巒靜默地聳立，天長地久地守護著這個小小的村莊。

夕陽的餘暉裡，高山深壑形成的佛首仰對金色祥雲。神山之下的小村風光壯美，靈氣氤氳。

後記

藏區之行結束後不久，我途經台北轉往印度，繼續做歷史訪談。二〇一三年一月，我在南印度哲蚌寺參加為期五天的第二十六屆「心智與生命研討會」，即達賴喇嘛與科學家的第二十六次討論會，然後返回南昌。

在家鄉濕冷的冬天裡，我一邊整理、研讀資料，一邊做各種安排，計畫夏季再次前往青海。在那段日子裡，雖然我已經有了達傑州長的電話號碼，但想到連達州長這樣的老幹部，電話也被監控，我一直沒有打電話問候他。

三月裡的一天，我收到一位陌生人的電郵通知，達傑州長在兩天前因肝癌去世。我凝視著螢幕，彷彿又聽見老人爽朗的笑聲：「我已經八十歲了，有些話，現在不說，什麼時候說?!」

我決定寫下自己在藏區旅行的見聞。我在心裡對達傑州長道歉：我又一次未經允許引用您的話語。但是，我相信您所說的一切，並不僅僅是想讓H和我兩個人知曉而已。

四月裡，我持中美往返機票赴紐約處理家事。就在返回中國的前兩天，我接到中國駐紐約領事館通知，我的回國簽證被註銷，領事館官員表示，依照慣例，他們不需要說明理由。

在紐約炎熱的夏季裡，我開始寫這本書。寫作過程中，X來信告訴我，一路伴隨我們，帶給我們許多快樂的大狗Moma突患急病去世，J把它葬在洱海邊一個風景如畫的地點。

藏區的形勢依然緊張不安。在本書初稿將要完成時，甘肅省夏河縣阿木去乎鎮僧人次成嘉措舉火自焚。他是二〇〇九年以來西藏境內第一百二十四位自焚抗議者。

二〇一三年十二月二十一日完稿於紐約

歷史大講堂
藏區祕行

2014年12月初版　　定價：新臺幣320元

著　者　李　江　琳
發行人　林　載　爵

出版者　聯經出版事業股份有限公司
地址　台北市基隆路一段180號4樓
編輯部地址　台北市基隆路一段180號4樓
叢書主編電話　(02)87876242轉225
台北聯經書房　台北市新生南路三段94號
電話　(02)23620308
台中分公司　台中市北區崇德路一段198號
暨門市電話：(04)22312023
台中電子信箱　e-mail：linking2@ms42.hinet.net
郵政劃撥帳戶第0100559-3號
郵撥電話　(02)23620308
印刷者　文聯彩色製版印刷有限公司
總經銷　聯合發行股份有限公司
發行所　新北市新店區寶橋路235巷6弄6號2樓
電話　(02)29178022

叢書編輯　陳　逸　達
封面設計　廖　　　韡

行政院新聞局出版事業登記證局版臺業字第0130號

本書如有缺頁，破損，倒裝請寄回台北聯經書房更換。　ISBN　978-957-08-4485-6 (平裝)
聯經網址：www.linkingbooks.com.tw
電子信箱：linking@udngroup.com

本書圖片由李江琳提供

國家圖書館出版品預行編目資料

藏區祕行/李江琳著．初版．臺北市．聯經．2014年
12月（民103年）．272面．14.8×21公分（歷史大講堂）
ISBN　978-957-08-4485-6（平裝）

1.旅遊文學　2.西藏自治區

676.669　　103022437